영화로
읽는
명작소설

이현숙 지음

청어
도서출판

"읽기 어려운 소설, 영화로 다시 만나다"

소설 속 인물들은 영원한 친구가 되고 애인이 된다
다양한 인간 삶이 내 삶에 스며들었으리라 믿는다

영화로
읽는
명작소설

저자의 말

소설은 쓰기도 힘들지만 읽기도 힘들었다.

내가 쓴 작품을 다시 읽는 일 조차 힘들었음을 고백하려 한다.

일찍부터 글자를 좋아했던 것 같다.

땅바닥에 떨어진 종이 한 장도 주워서 읽어야 시원했다.

좋은 글은 오려서 오래오래 보관하는 습관이 있었다.

그런 나의 성향은 자연히 문학의 길에서 늘 서성이게 했고, 그저 책이 좋아서 늘 옆구리에 끼고 다녀야 편했다.

다 읽지 못해도 책장에 책이 가득하면 기분이 좋고, 한 권의 책 마지막 장을 덮을 때마다 느꼈던 희열이 삶의 행복이었다.

소설 속 인물들은 영원한 친구가 되고 애인이 된다.

다양한 인간 삶이 내 삶에 스며들었으리라 믿는다.

읽기 어려웠지만, 감동을 준 소설들, 상하권 또는 3권, 5권, 대하소설들이 사실은 몇 번씩 다시 읽기 어려웠다. 그래서 원작 소설이 있는 영화를 찾아보게 됐다.

소설과 영화 사이 약간의 간극이 있을지라도 다시 읽기 어려운 두꺼운 책들을 2~3시간 영화로 감상할 수 있음에 기뻤고, 영화가 있어 너무 감사했다.

　영화로 소설을 다시 읽었던 기쁨을 독자들과 나누고 싶었다.

　책을 사랑하는 사람들과 나의 책을 공유하고 싶다.

2022년 12월

이현숙

차례

위대한 개츠비

미국 소설가: 피츠제럴드
2013년 영화/감독: 바즈 루어만
주연: 레오나르도 디카프리오, 캐리 멀리건

"나의 삶은 저 빛처럼 돼야 해, 끝없이 올라가야 하지."

위대한 개츠비는 미국의 피츠제럴드가 1925년도에 발표한 대표 소설로서 20세기 가장 위대한 미국 현대 소설이다. 제1차 세계대전이 끝난 후 눈부신 성장을 한 1920년대는 미국인들에게 재산을 늘릴 수 있는 최적의 시대였다. 이러한 경제성장의 그늘에서 자라나는 또 다른 것이 있었다. 사람들의 도덕적 타락과 부패다. 위대한 개츠비의 영화 속 화려하고 현란한 배경이 당시 삶을 시각적으로 보여주고 있다. 소설의 화자인 닉 캐러웨이는 결국 개츠비 앞에 위대한을 붙여 넣었다. 그 이유는 왜였을까. 왜 위대한 개츠비인지 궁금증을 파헤쳐 보자.

위대한 개츠비는 흙수저로 태어난 한 젊은 남자의 이상적 사랑을 다루고 있다. 이상적 사랑이란 한계가 있는 사랑, 그러니까 환상을 사랑으로 착각하며 한 여인에게 모든 것을 바친 사랑이다. 강 건너편에 사는 데이지의 집 선착장에 켜져 있는 초록 불빛, 그 불빛 속에 있는 데이지만 가진다면 완벽하게 금수저가 될 수 있었다. 그는 데이지에게 헌신적인 사랑을 표현하지만 이루지 못하고 비극적인 죽음을 맞는다.

그에게는 엄청난 부를 이루기 전 과거가 숨겨져 있다. 가난한 미국 중서부 출신인 그는 켄터키주 캠프 테일러에서 장교로 근무하던 중 상류층 미모의 여성인 데이지를 만나 사랑에 빠진다. 그러나 제1차 세계대전에 참전하면서 유럽 전선으로 떠나고 데이지는 곧 시카고 출신의 돈 많은 톰 뷰캐넌과 결혼했다. 그로부터 5년 뒤 전쟁이 끝나 귀국한 개츠비는 데이지가 이미 남의 아내가 되었다는 사실을 알지만 그녀를 다시 찾기 위해 수단과 방법을 가리지 않고 재산을 모은다.

부자가 된 개츠비는 그녀를 기다리며 매일 같이 환락의 파티를 여는데 그곳에 초대된 사람은 유일하게 닉 캐러웨이뿐이고 모두가 밤을 즐기기 위해 찾아든 사람들이다. 그 환락 속에는 개츠비의 부 후견인 마이어 울프심이라는 조직 폭력계 거물의 부조리가 기생하지만 개츠비는 오로지 데이지만이 희망이다. 왜냐하면 던져 버리고 싶었던 가난이라는 신분을 깨끗이 지워버릴 수 있는 배경이 그녀였기 때문이다. 여성편력이 많은 데이지의 남편 톰에게는 머틀 윌슨이라는 정부가 있었고 데이지는 남편의 불륜을 알지만 풍요와 안락함에서 톰 곁을 떠나지 못하고 있다. 그런 그녀에게 어느 날 개츠비가 다시 나타나 집요할 정도로 사랑을 강요하며 밀어붙인다.

"데이지 이제 다 끝났어. 저 사람한테 진실을 말해줘. 사랑한 적이 없다고. 그리고 모든 걸 기억에서 영원히 지워버리는 거야."

속물이지만 뼛속부터 부를 가진 톰이다. 데이지가 톰을 떠나지 못하면서 혼란만 주는 사태가 발생한다. 게다가 그들은 모두 귀족이며 엘리트다. 개츠비는 데이지가 자신에게 다시 올 거라 생각하게 되고, 톰은 잔뜩 화가 나 있다. 톰의 제의로 그들은 단판을 짓기 위해 차를 타고 호텔로 갔다. 가는 길에 톰이 제안한다. 개츠비와 데이지가 자신의 파란색 쿠페를 타고 가고, 자신이 개츠비의 노란색 쿠페를 타고 가겠다는 것이다. 가난한 사람들이 사는 일명 쓰레기 계곡을 지나서 뉴욕의 호텔로 간다.

예일대 출신인 톰과 닉 그리고 귀족 출신인 데이지와 여자골프선수 조던, 그 사이에서 흙수저 출신 개츠비는 톰이 자신의 과거에 대해 공격성 질문을 하자 계속 흥분하고 변명하다가 흐트러진 모습을 보인다.

"태어나기를 다르게 태어났지. 피가 다르지, 당신이 무슨 말을 하든 뭘 훔치든 그건 영원히 바뀌지 않아."

그리고 처절하게 원했던 상류층으로의 삶의 목표는 그토록 사랑했던 여자의 속물근성으로 좌절되는 사고가 일어나고 만다. 결국 서로 화가 나고, 데이지는 개츠비의 다그침에 밖으로 나간다. 개츠비가 따라 나가고 노란색 쿠페를 게이지가 운전하고 개츠비가 옆에 탔다. 쓰레기 계곡을 빠르게 지나간다. 그때 톰의 내연녀 머틀이 남편과 다툼을 하며 뛰쳐나오고 사망하는 사고가 발생한다. 그 사고로 톰은 개츠비를 제거할 기회를 얻는다. 톰은 머틀의 남편 윌슨에게 개츠비의 집을 가르쳐주고 아내가 외도한 사람이 개츠비라고 말한다. 윌슨은 권총을 들고 개츠비의 저택으로 간다. 자택 수영장에서 데이지의 전화를 간절히 기다리고 있던 개츠비다. 그러나 윌슨의 총을 맞고 그의 환상은 끝난다. 자신의 안위만을 생각하고 있는 데이지를 끝까지 믿고 기다린 개츠비의 사랑은 허망한 죽음으로 좌절되었다. 데이지는 이미 사고를 개츠비에게 떠넘기기로 하고 남편과 함께 멀리 떠나기로 한 상태였다. 그리고 개츠비의 장례식은 화려한 파티와는 달리 아무도 와주는 사람이 없다. 닉 캐러웨이는 이러한 개츠비의 마지막을 지켜본 사람이다.

소설의 배경은 톰처럼 재산을 세습 받은 부유한 귀족들이 사는 이스트 에그와 뉴욕시 쪽에 더 가까운 웨스트는 개츠비처럼 갑자기 떼돈을 번 신흥 부자들이 살고 있는 곳이다. 또 그 사이에 조지 윌슨의 자동차 정비소 근처에 있는 쓰레기 계곡에 사는 사람들이 있다. 에클버그라는 안과의사의 커다란 광고탑이 내려다보이는 쓰레기 계곡에는 가난한 사람들이 산다. 그와 달리 개츠비의 저택에서는 주말마다 화려한 파티가 열리고 아침이면 껍질만 남은 과일들이 그곳 쓰레기 계곡으로 버려지는 것이다.

소설 속 화자로서 소설을 써내려간 닉 캐러웨이는 "결국 그는 옳았다. 내가 잠시나마 인가의 속절없는 슬픔과 숨 가쁜 환희에 대해 흥미를 잃어버렸던 것은 개츠비를 희생물로 삼은 것들, 개츠비의 꿈이 지나간 자리에 떠도는 더러운 먼지들 때문이었다."며 개츠비가 왜 위대한지를 밝히고 있는 것이다. 그리고 책의 말미는 이렇다. 그리하여 우리는 조류를 거스르는 배처럼 끊임없이 과거로 떠 밀려가면서도 앞으로 앞으로 계속 나아가는 것이다.

벤자민 버튼의
시간은 거꾸로 간다

미국 소설가: 피츠제럴드
2009년 영화/감독: 핀처
주연: 브레드피트, 게이트블란쳇

"영원한 건 없어, 당신을 사랑한 내 마음은 영원해."

피츠제럴드의 소설을 하나 더 소개하고자 한다. 소설 제목은 '벤자민 버튼의 기이한 사건'이지만, 영화 제목은 '벤자민 버튼의 시간은 거꾸로 간다'로 상영되었다. 단편소설이어서 쉽게 읽을 수 있지만 영화는 한 인간의 삶과 주변 사람들의 삶까지 깊이 있게 다루어서 내용 면에서 상당히 차이가 있고 더 진한 여운을 남긴다. 소설은 벤자민의 특이한 탄생이 긴장감을 주며 계속 읽게 만든다. 한 남자가 첫 아이를 기다리며 의사에게 다급히 묻는다. 그런데 보통의 남편들이 모두 그럴 지언데 어쩐 일인지 의사의 태도가 이상하다.

"아내는 건강한가요?"

"그렇지."

"딸인가요, 아들인가요?"

그런데 막 태어난 아이가 80대 노인의 모습이다. 의사는 매우 황당한 표정을 지으며 화를 내고는 급히 가버린다.

　"지금 여기에서 그런 걸 묻다니 직접 가 보게 정말 터무니없어!"

　한 장인 시계공이 제1차 대전에 참전한 아들을 생각하며 거꾸로 가는 대형 시계를 만들었다. 그 시계는 루스벨트 대통령이 보는 앞에서 걸리게 되는데, 참고로 루스벨트 대통령의 아들과 손자 10명은 모두 참전용사다. 아들 넷은 1차 대전에 참전하여 조종사 막내는 전사했으며, 중년에 다시 입대한 장남도 노르망디서 사망했다. 이러한 사실을 볼 때 거꾸로 가는 대형 시계가 역에 걸린다는 것은 전쟁에서 전사한 아들들을 그리워하는 미국 부모들의 당시 마음을 대변하고 있다는 생각이 들었다. 전쟁이 끝날 무렵 1918년 뉴올리언즈 한 병원에서 벤자민 버튼이 80대 노인의 모습으로 태어났다. 기이한 사건이라고 한 것처럼 상상하기 힘든 이야기를 소설가는 창작했고 영화는 더 각색해서 삶의 감동을 준다. 허리케인이 상륙하는 와중에 병원 침대에 누워 있는 데이지 할머니가 중년의 딸 캐롤라인에게 일기장을 건넨다. 그 일기장 속에 벤자민 버튼의 삶이 담겨있다. 벤자민은 요양원 앞에 버려졌지만 흑인 요양사 퀴니가 아들로 키운다.

　요양원에는 다양한 삶을 살아온 노인들이 입소하고 한 노인이 죽으면 또 한 노인이 그 자리를 채운다. 80대의 아기 벤자민은 요양원에서 노인들의 이야기를 들으며 생활하던 중 시간이 지날수록 자신이 젊어진다는 것을 깨닫게 된다. 어느 날, 열두 살이지만 육십 살 외모가 된 벤자민은 푸른 눈을 가진 이웃 여섯 살 데이지를 알게 되고 이후 오랜

기간 만남과 헤어짐을 반복하며 사랑이 싹튼다. 벤자민은 18세가 되던 해에 마이크 선장을 따라 예인선 선원으로 일하면서 사회에 눈을 뜬다. 늙은 외모의 벤자민을 꺼리지 않고 일할 기회를 준 고마운 사람인 것이다. 마이크 선장은 자신의 꿈은 예술가가 되는 것이었는데 그 꿈을 이루었다며 몸을 보여준다. 전신에 문신을 한 그는 자신의 몸이 예술이라며 큰 자부심을 갖고 사는 사람이다. 그러나 문신 예술가 마이크 선장은 전쟁에서 총에 맞아 죽는다. 예술가는 작품을 남긴다지만 마이크 선장은 죽음과 함께 그의 예술도 끝난 것이다. 그는 뱃일의 거친 삶에서 예술을 이룬 것만으로 행복하게 전사를 한 사람으로 명언을 남긴다.

"현실이 싫으면 미친개처럼 날뛰고 욕하고 신을 저주해도 되지만, 마지막 순간엔 받아들여야 돼."

마이크 선장은 벤자민의 삶에 큰 의미를 준 사람으로 남는다. 벤자민은 우연히 시한부가 된 아버지 토마스 버튼을 만나게 된다. 노인의 얼굴로 태어난 아이를 요양원 앞에 버렸던 아버지였다. 이후 아버지 이름을 따라 벤자민 버튼이 되었고 아버지의 단추공장을 이어받아 부도 갖게 된다. 세상에 기이한 모습으로 태어나 많은 멸시를 받았지만 점점 인생의 운이 나쁘지는 않았던 것이다. 그는 해가 갈수록 젊어졌으며, 요양원 노인들에게서 일찍부터 얻은 삶의 지혜가 있었다. 또 청년 때 마이크 선장을 알게 되어 배운 사회생활이 큰 도움이 된다. 또 아버지를 만나 부도 얻게 되었고, 마침내 데이지를 알게 되어 사랑도 하기 때문이다.

일기장을 읽어가던 딸 캐롤라인이 병상의 엄마 데이지에게 죽음이 무섭냐고 묻자 데이지는 죽음 뒤가 궁금하다고 대답한다. 그렇다. 죽음 뒤에는 무엇이 기다리고 있는 것일까. 하지만 오래 산 것 같은데 하나도 기억이 안 난다 또는 자기가 누군지 어디 있는지 자주 잊어버리게 되는 시기가 누구에게나 온다. 벤자민이 요양원에서 보았던 노인들이 그랬고, 노인으로 태어나 점점 젊어지며 아기가 되어가는 벤자민의 삶도 그랬다. 그래서 삶에서 꿈을 이루는데 시간제한은 없다. 현재가 바로 꿈을 이루는 시간이고 마음속에 영원히 남는 것들이 있다.

"영원한 건 없어, 당신을 사랑한 내 마음은 영원해"라고 데이지의 혼잣말처럼 말이다.

늙어가는 사람들과는 완전 반대로 젊어지는 벤자민이다. 그는 남들이 미리 알지 못하는 경험을 통해 모험적 삶을 살게 된 것이다. 그러던 어느 날 첫사랑 데이지를 찾아가지만, 그녀는 세계적인 발레리나가 되어 있고, 연인이 있음을 알게 되면서 양로원으로 다시 돌아왔다. 그런 벤자민을 퀴니는 친엄마 같은 모성애로 받아준다. 늙은 간난 아기를 맡아 키운 퀴니의 벤자민에 대한 아낌없는 모성애도 대단하다. 그러다가 어느 날 데이지가 교통사고로 다리를 다쳐 발레를 못하게 되는 일이 발생한다. 그러한 계기로 결국 둘의 사랑은 통하고 딸 캐롤라인을 얻는다. 그렇지만 젊어지는 자신이 짐이 될 것이 걱정된 벤자민은 재산을 처분하여 데이지에게 남기고 어디론가 떠나버린다.

15년이 지난 어느 날 벤자민이 데이지를 찾아왔지만 데이지는 이미 다른 남자와 재혼하였다. 그날 서로를 잊지 못한 둘은 뜨거운 하룻밤을 보내지만 이미 청소년 모습이 된 벤자민은 중년이 된 그녀와 모습이 어울리지 않음을 안다. 이후 벤자민은 어린아이로 변해가면서 노인처럼 치매증세를 보였고, 과거에 대한 모든 기억은 사라졌다. 그리고 마침내 아동복지센터에서 데이지에게 일기장을 전해준다.

데이지는 벤자민이 다섯 살 아이가 되었을 때 손자를 돌보듯 함께 살게 되었다. 갓난아이가 되어버린 벤자민은 데이지 품에서 눈을 감는다. 일기장의 마지막 장과 함께 강력한 허리케인이 몰아치고 있음을 간호사가 알릴 때 데이지도 평온히 눈을 감는다. 장인이 만든 거꾸로 가는 시계 또한 허리케인 폭풍 속에 잠겨 버린다. 어느덧 역에는 거꾸로 가는 시계가 사라지고 2003년을 알리는 숫자가 쓰인 전자시계가 세상의 변화를 알려준다. 영화의 마지막 자막이 다양한 삶의 여운을 남기며 감동을 준다.

"누군가는 강가에 앉아 있는 것을 위해 태어난다. 누군가는 번개에 맞고, 누군가는 음악에 조예가 깊고, 누군가는 예술가이고, 누군가는 수영하고, 누군가는 단추를 잘 알고, 누군가는 셰익스피어를 읽고, 누군가는 어머니다. 그리고 누군가는 춤을 춘다."

트와일라잇

미국 소설가: 스테프니 메이어
2008년 영화/감독: 로버트벤튼
주연: 크리스틴 스튜어트, 로버트 패틴슨

"난 네가 두려운 게 아냐, 나는 너를 잃을까 그게 두려운 거야."

어떻게 죽을지 깊게 생각해본 적은 없다. 하지만 사랑한 사람 대신 죽는 건 괜찮은 방법인 것 같다. 영화의 시작 자막이 불멸의 사랑을 말해주고 있다, 그러니까 사랑하는 사람을 위해서 죽는 것이 결코 죽지 않는 것이라는 것을 암시하고 있는 것이다. 그래서 지금 사랑을 꿈꾸는 자에게 가장 추천하고 싶은 영화가 트와일라잇이다.

이 영화를 처음 본 그날부터 트와일라잇은 내가 가장 좋아하는 영화 중 하나가 되었다. 그래서 책을 시리즈로 모두 구입했다. 사랑은 서로 살아온 환경을 전혀 모르는 상태에서 어떤 끌림의 감정으로 생겨난다. 그러나 서로 이해하지 못하고 받아들이지 못하면서 점차 계산적으로 변해간다. 순간 열정적이던 사랑도 어느덧 안개처럼 서서히 사라지고 만다. 트와일라잇은 완전 다른 환경 속 남녀가 수많은 역경을 이겨

내며 하나가 되어가는 감동을 준다. 인간의 피를 먹고 사는 뱀파이어를 사랑하게 된 여인과 그 먹잇감을 사랑하여 자신을 절제하는 뱀파이어, 그들의 사랑은 그래서 그 어떤 사랑보다도 완벽한 사랑이다. 하지만 내가 말하는 완벽한 사랑이란 오로지 사랑 그대로만 남은 가장 유치한 사랑일지도 모른다.

트와일라잇은 미국 여류소설가 스테프니 메이어의 판타지 로맨스 소설이다. 2005년 출간한 트와일라잇에 이어 뉴문, 이클립스, 브레이킹 던으로 2008년까지 쓴 시리즈는 세계인의 사랑을 받은 명작소설에 올랐다. 트와일라잇은 인간과 뱀파이어와의 오싹한 스릴 속에 펼쳐지는 불멸의 사랑 이야기이며 2008년 영화로 개봉되면서 계속 시리즈 영화로 만들어졌다. 작가 스테프니 메이어는 세 아들을 둔 평범한 주부였다. 그녀는 2003년 1월 너무나 생생한 꿈을 꾸었는데, 매혹적인 뱀파이어와 사랑에 빠지는 꿈을 꾼 것이다. 이후 쓰기 시작한 첫 작품이 '트와일라잇'으로 세계적인 베스트셀러 작가가 되었고 영화로도 성공했다.

소설에서 세 가지는 아주 확실하다고 전해주고 있다. 첫째, 에드워드는 뱀파이어였다. 둘째, 얼마나 큰 부분을 차지하고 있는지 알 수 없지만 그의 일부는 내 피를 갈망하고 있었다. 그리고 셋째, 나는 돌이킬 수 없이 무조건적으로 그를 사랑하고 있었다. 어쩌면 한 사람을 알아가는 단계의 세 가지인지 모른다.

첫째 그는 누구다.

둘째 그가 자꾸 내 주변을 맴돌고 있다.

셋째 점점 나도 그에게 끌리고 있다.

사랑은 서로 어떤 순간 끌림에서 시작된다. 재미있고 똑똑하고 신비롭고 완벽하고 잘생기고 게다가 손으로 승합차 한 대쯤은 거뜬히 들어올릴 수 있는 남자, 그 남자가 주인공 에드워드다. 모든 여성이 좋아할 남성상이다. 그러나 그는 인간의 모습을 한 뱀파이어였다. 이야기는 소녀 벨라가 엄마와 둘이 살다가 이혼한 아빠에게 오면서부터 시작된다. 소도시 경찰서장인 아빠가 살고 있는 포크스는 유난히 산림이 많은 곳이다.

포크스로 전학 온 첫날 생물 시간에 짝으로 앉은 벨라에게 에드워드는 강한 유혹을 느낀다. 사람의 피를 먹고 사는 뱀파이어와 달리 동물의 피를 먹고 사는 에드워드다. 그래서 학교에서는 에드워드 가족이 뱀파이어인 줄은 전혀 알지 못한다. 그들 가족의 모습은 뛰어난 외모를 갖고 있어서 학교에서도 인기가 있지만 자기들끼리만 어울린다. 철저히 뱀파이어 가족으로 구성되어 있고 에드워드 아버지는 그곳 의사로서 명성도 있다. 그들은 동물의 피만 먹고 사는 선한 뱀파이어 족이지만 불멸의 뱀파이어는 분명했다.

에드워드는 벨라에게서 유독 강력한 피의 유혹을 계속 받는다. 사람의 피에서 강한 유혹을 받는 건 처음이었다. 에드워드는 벨라의 체취에 끌리는 자신을 절제하기 위해 의자를 멀리 떨어져 앉거나 벨라에게 유별 혐오스런 행동을 취하게 된다. 사람이 먹잇감으로 보이는 것은 참으로 오랜만이었다. 그래서 행여 실수로 어느 순간 그녀를 덮칠까봐 두려웠던 거였다. 그런 자신을 누르기 위해 자꾸 이상한 표정을 짓게 되고 그녀를 무섭게 흘겨본다. 그녀에게 화난 표정을 짓거나 냄새를 피하는 행동도 한다. 그러나 그를 모르는 벨라는 첫날부터 자신을 괜히 미워하는 에드워드에게 큰 불쾌감을 갖는다. 그런데 시간이 지날수록 에드워드의 묘한 표정과 행동에 벨라는 야릇한 끌림이 간다. 어쩌면 남녀의 사랑은 서로 다른 신비스러운 면을 보면서 시작되고 서로가 숨기고 싶어 하는 어떤 비밀을 엿보게 되면서 가까워지는 것인지 모른다.

인간이라면 첫인상이라든가 어떤 행동이라든가 손이 예뻐서라든가 그런 끌림의 감정들이겠지만, 뱀파이어 에드워드는 벨라에게서 처음 피의 유혹을 느낀 것이다. 유독 그녀의 피에 유혹을 받은 에드워드는 다른 사람들의 마음을 읽을 수 있는 능력이 있지만 이상하게도 벨라의 마음만은 읽히지 않았다. 그러던 어느 날 벨라는 학교 앞에서 차 사고를 당할 뻔한다. 그런데 순간 에드워드가 나타다 그녀를 아찔하게 구해낸다. 이 소식은 학교의 빅 뉴스가 되고 관심사가 된다. 하지만 벨라는 자신을 혐오하던 그가 갑자기 나타나 신비스런 힘을 발휘하는 모습에서 궁금증이 생기고 더 가까이 다가서게 된다.

그리고 벨라는 에드워드 켈렌가의 정체를 알고자 서점에 들른다. 그 길에서 벨라는 괴한을 만나는데 어디선가 나타난 에드워드가 또 다시 그녀를 구해주게 된다. 사랑이란 눈에 보이지 않아도 순간순간 옆에 다가서고 나타나는 것일까. 사랑의 둘째처럼 늘 그 곁에서 맴돌고 있는 사람, 그렇게 서로는 저절로 다가서 있는 것이다.

에드워드와 벨라는 어느덧 서로의 마음이 좁혀져 가고 있다. 벨라는 에드워드에게 자신의 마음을 고백하지만 에드워드는 가까워지는 것이 두렵다. 혹시라도 순간적인 실수로 그녀를 먹어 버릴 수도 있다는 무서움에서다. 에드워드는 자신이 뱀파이어라는 것을 알려주지만 이미 자라난 사랑의 싹을 도려낼 수는 없다. 에드워드가 뱀파이어라 해도 사랑하겠다는 벨라에게 에드워드는 자신이 벨라를 보면서 느끼는 고통을 말해 준다.

"넌 그저 나랑 함께 있는 매 순간 목숨만 걸면 되니까 별로 힘든 것도 아니겠지, 그저 본성을 져버리고, 인간다운 면모를 등지면 되는 거야… 과연 그럴 만한 가치가 있을까?"

둘은 서로 사랑하는 마음을 확인하며 다른 환경을 알게 되고, 이해하며 사랑을 키워간다. 벨라는 사랑하는 사람의 먹이가 되어도 괜찮겠다는 생각도 한다. 차라리 에드워드와 똑같이 뱀파이어가 되어 마음껏 사랑하고 싶은 벨라, 절대로 그렇게 하고 싶지 않은 에드워드. 그들의 사랑은 벨라의 피를 쫓아오는 또 다른 뱀파이어와의 대결 속에서 위험에 처하게 된다. 그리고 이루어질 수 없었던 사랑은 벨라가 뱀파이어가 되기로 결정하면서 불멸의 사랑이 되어 간다.

"사자가 양과 사랑에 빠진 꼴이야."

"바보 같은 양."

"정신 나간 사자."

벨라와 에드워드의 대화가 사뭇 슬픔을 준다. 흡혈귀인 뱀파이어와 인간의 사랑을 그린 트와일라잇은 내용 면에서 처해진 환경 그 이상을 뛰어넘는 작품이다. 보통 사람들의 수많은 사랑 이야기와 같은 이야기, 섬뜩한 흡혈귀 뱀파이어가 인간을 해치지 않는 선한 뱀파이어일 수도 있다는 설정은 험난한 역경을 넘은 아름다운 사랑의 완성을 말해주고 있다.

인생의 베일(The Painted Veil)

프랑스 소설가: 서머싯 몸
2007년 영화/감독: 존 커랜
주연: 나오미 왓츠, 에드워드 노튼

"그들은 함께 있어서 행복한 적이 없었고,
헤어짐조차 끔찍하게 어려웠다."

요즘 서른 살이 훨씬 지나고도 결혼하지 않는 청춘들이 늘어나고 있다. 그 첫 번째 이유가 경제적 문제를 꼽는다. 그 경제적 이유라는 것이 두 가지로 나뉘는 것을 본다. 하나는 부모가 가난하여 도움을 받을 수 없어 스스로 자립할 수 없는 경제적 상황이고 또 하나는 반대로 부유한 부모 환경에 너무 많이 갖추어서 짝을 찾지 못하는 경우다. 그러나 두 경우 모두의 공통점은 상대를 고르는 눈이 너무 높다는 점이다.

인생의 베일은 허영심과 야망으로 콧대 높던 한 여인이 나이에 쫓겨 사랑 없는 결혼을 하면서 겪는 인생이야기다. 그래서 지금 짝을 만나지 못하고 방황하는 청춘, 사랑을 하지 못하고 나이를 먹어가는 많은 청춘에게 진정한 사랑이 무엇인지 알게 해주는 명작일 것이다.

인생의 베일은 프랑스 작가 서머싯 몸의 소설로서 3대 불륜소설에 속하며, 사랑 없는 결혼의 비극이 어떤 것인지 알려주고 있다. 2007년 개봉한 영화는 나오미 왓츠의 매력과 환상적인 중국 배경이 아름답게 펼쳐진다. 소설은 맨 앞장에 '오색의 베일, 살아 있는 자들은 그것을 인생이라 부른다.'라는 19세기 영국의 낭만주의 시인 셸리의 인용문이 있다. 삶이란 오색의 찬란함 속에 감추어진 험난한 인생길이라는 것일까 아니면 오색의 빛처럼 누구나 겪는 자신만의 여정이 따로 있다는 것일까.

여주인공 키티는 큰 출세길이 없어 보이는 남편 세균 학자 월터 페인을 사랑하지 않는다. 노처녀가 되어 급히 자신을 좋아한 남자와 결혼한 것이다. 키티에게 남편이란, 자신의 허영적 욕망을 채워주는 남자여야 했다. 그런 그녀의 성향은 어머니에게서 배어졌다. 어머니의 허영에 찬 화려한 결혼 기대를 받고 자란 키티에게는 오로지 모녀의 욕망을 채워줄 수 있는 남자가 필요했던 것이다. 그런데 결혼한 남편 월터 페인은 그런 남자가 아니었다. 게다가 그녀는 활발해서 사교계 활동을 좋아하지만, 남편은 엄숙한 성격으로 사치를 좋아하지 않았다. 월터는 학자인데다 지나치게 예의 바르고 차갑게 느껴져서 둘의 성격은 완전 달랐던 것이다.

그들 삶의 터 홍콩은 당시 영국 식민지로서 영국 상류층이란 높은 직위에서 영향력을 갖춘 사람들이었다. 그리고 1920년대 사회는 남성중심사회였다. 여성들의 삶은 남편 직위가 사랑의 갈증을 채워주는 큰 매개체였으며 외적 허세를 내세우는데 매우 중요했다. 그래서 키티의 아버지는 변호사였지만 어머니의 욕망 때문에 자신의 뜻대로 살지 못한다. 아내에게 변호사란 직업이 허영적 욕망을 채워줄 수 있는 직업은 아니었나 보다. 겨우 생계를 책임진 남자로 취급받는 아버지였다. 어쩌면 돈이 최고가 된 자본주의 사회 구조가 식민지 개척에서 시작되었을까 싶다. 하지만 돈이 사랑을 채워줄 수 있는가라고 묻는다면 무조건 부정만 할 수 없을 것이다. 부부의 행복을 때로는 돈이 좌우할 수도 있기 때문이다. 페인트의 다양한 색깔처럼 다양한 우리 인생의 베일은 자신의 행복 조건에 따라 삶이 결정될 것이다. 당신의 행복조건은 무엇인가.

키티의 채워지지 않는 욕망은 결혼 후 석 달이 안가 유부남과 불륜을 하게 된다. 평소 가슴에 자리 잡고 있던 자신의 이상형을 찾은 것이다. 장래가 촉망하며 똑똑하고 부드럽고 외적으로 멋진 외모를 가진 찰스 타운샌드와의 불륜이다. 그와의 사랑이 진정한 사랑이라고 생각한 키티는 그러나 중요한 순간에 찰스에게 배신감만 얻는다. 또한 불륜 사실을 안 남편 월터는 큰 상처를 받고 키티를 증오하게 된다. 세균 학자이자 의사인 월터는 아내에 대한 증오심으로 불타오른다. 그러다가 아내를 협박하다시피 하여 콜레라가 창궐한 중국으로 아내를 데리고 떠난다. 사람이 죽어가는 그곳은 불륜을 저지른 여인 키티가 정신적으로 형벌을 받는 곳이며, 월터 또한 아내를 용서하지 못해 그곳에서 차라리 죽기를 바랐던 죄악의 벌처럼 지옥과 같은 곳이다.

부부가 중국으로 간 시작이 그렇다 해도 월터의 헌신적인 의사 생활은 그곳 사람들로부터 존경받는 인물이 된다. 월터는 아내를 사랑했었고 내면이 무척 따뜻한 사람이었지만 표현이 서툴러 사랑받지 못한 사람이었다. 키티는 남편 월터가 자신을 왜 사랑하게 된 건지 의문이 갈 정도로 어울리지 않는 성격에서 방황했던 것이다. 그런 반면 불륜 상대 찰스는 그녀에게 사랑의 깊이를 알려준 사람이었고, 끊임없이 사랑하게 만드는 마력의 남자였다. 그러나 찰스는 불륜이었고, 월터는 남편이었다. 진정한 사랑이라고 생각했던 찰스와의 사랑도 그러나 물거품처럼 사라져갔고, 그녀 옆에 있는 남편은 콜레라와 사투하며 살아간다.

남편 월터는 자신의 선택에서 처절할 정도로 인내와 절제로 살아가고 있는 것이다. 그러한 남편을 보면서 키티는 남편의 존경스런 면을 새롭게 알아가지만 둘 사이는 이미 냉랭하고 사랑 없는 동거일 뿐이다. 키티는 중국의 광활한 대 자연 풍광을 보며 인간의 부질없는 굴레를 조금씩 깨닫게 된다. 또 희생 봉사하는 수녀원 수녀님들에게서 커다란 삶의 가치를 발견한 그녀는 그곳에서 자신의 무가치를 깨닫고 수녀원에서 도울 일을 찾게 된다. 그리고 그녀에게 새로운 사실들을 알게 해주는 남편 월터의 동료 워딩턴은 이렇게 말한다.

"도(道), 우리들 중 누구는 아편에서 그 길을 찾기도 하고 누구는 신에게서 찾고, 누구는 위스키에서, 누구는 사랑에서 그걸 찾죠. 모두 같은 길이면서도 아무 곳으로도 통하지 않아요."

그러나 그녀에게 생각지 못한 험한 길이 남아 있었다. 임신을 알게 된 것이다. 남편은 그녀에게 혹시 자신의 아이냐고 묻지만, 그녀는 확실하게 대답하지 못한다. 그 무서운 길은 얼마 되지 않아 월터가 콜레라에 감염되는 상황에 직면하는데, 죽어가는 월터에게 "월터 제발 날 용서해 줘요. 너무나 미안해요. 당신에게 잘못을 저질렀어요. 뼈저리게 후회해요. 내 사랑."이라고 고백한다. 그렇지만 그녀는 가슴의 언어와는 분명히 다른 입의 언어로 말하고 있는 것이었고, 죽어가는 월터는 한마디를 남긴다.

"죽는 건 개였어."

월터의 이해하기 어려운 마지막 말이었다. 개 같은 죽음을 애초부터 자초한 자신에 대한 후회와 경멸의 말이었을까. 그는 아내를 용서하지도 미워하지도 못하는 자신을 학대하며 죽어간 것이다. 영화가 소설과 다른 부분은 마지막 부분이다. 월터가 콜레라에 걸려 죽으면서 키티가 남편에 대한 존경심과 뒤늦게 진정한 사랑을 깨닫게 되는 점이다. 그러나 소설에서 월터는 자신을 실험대상으로 하여 자살한 암시를 남기고 그녀는 남편의 죽음 후에도 울지 않았고 사랑의 마음은 어디에도 드러나지 않는다. 그리고 홍콩으로 돌아온 그녀는 집요하게 매달리는 찰스와 또 한 번 육체의 본능에 이끌려 관계를 갖는다.

사랑이 언제 와서 어디로 사라졌는지 모르게 그를 오랫동안 증오했으면서도 자신 안에 남아 있는 육체의 본능은 따로 움직였다. 인생의 베일 속에 감추어진 수많은 색깔들, 그 색깔들이 때때로 다르게 나타나는 것인지도 모른다. 영화의 마지막 장면은 5년 후다. 그녀는 런던에서 어린 아들 월터와 장미를 산다. 그리고 그때 불륜의 남자 찰스와 길에서 우연히 마주친다. 다섯 살 아들이 저 아저씨 누구냐고 묻는다. 그녀는 별사람 아니라고 대답한다.

마담 보바리

프랑스 소설가: 귀스타브 플로베르
2015년 영화/감독: 소피 바르트
주연: 미와 와시 코스스카, 에즈라 밀러

"사랑에 빠지는 건 쉽지만 사랑을 지키는 건 어렵다."

봄엔 아름다운 꽃들이 지천으로 만개한다. 피어나는 화려한 꽃들이 시선을 유혹한다. 꽃들은 봄바람에 앞다퉈 피어난다. 저마다 색깔도 다르고 향기도 다르고 모양도 다르지만 모두 예쁘다. 마치 보바리 부인이 연인을 만나기 위해 화려한 치장을 하고 밖으로 나가는 자태처럼 말이다.

마담 보바리는 프랑스 소설가 귀스타브 플로베르 작품으로 여러 번 영화로 제작되었다. 불륜의 끝판왕을 보여주는 보바리 부인의 핵심은 아름다운 한 부인이 욕망의 극치와 방탕으로 가정을 망치는 비극적 이야기다. 1857년 프랑스에서 발표되자 선정적이고 음란한 내용이라고 기소되었으나 나중 무죄판결을 받으며 더 알려졌다.

이러한 경우가 우리나라에서도 몇 년 전 작고한 마광수 교수의 즐거운 사라가 있다. 작품이 외설적이라는 이유로 마 교수는 결국 구속되기까지 했다. 중세나 현세나 남녀의 은밀한 이야기를 다룬 작품들은 끊임 없이 예술적 논쟁거리가 되는 것은 안타까운 일이다, 그러나 마담 보바리가 고전 명작인 이유는 심리묘사와 뛰어난 은유적 표현에 매료되게 하는 탁월한 문장을 갖추었기 때문이다. 그럼 마담 보바리는 어떤 이야기인가.

샤를르 보바리는 무관심한 아버지에 질린 어머니의 유일한 희망과 기대에서 힘들게 의사가 되었다. 그는 부모의 뜻에 따라 자기보다 나이가 더 많고 돈푼이나 있는 과부와 결혼했으나 부인이 죽자 엠마 루오라는 처녀와 재혼을 했다. 엠마는 농가의 딸로 루앙에 있는 수녀원 기숙학교에서 얼마간 수준 있는 교육을 받은 여자였다. 그녀는 결혼에 대한 지극한 낭만적인 공상이 머릿속을 지배하고 있었는데 신데렐라 증후군의 환상적 사랑을 꿈꾸는 여자였다. 그러나 의사로서 바쁜 생활을 하는 남편의 대화는 일과를 말하는 것이 고작이었고, 그것이 그가 아내를 사랑해서 나누는 전부였다. 그러한 일상 속에서 엠마는 자신이 꿈꾸었던 낭만적이고 세련된 생활, 감미롭고 밀월 같은 신혼, 사랑의 속삭임이 그리웠다. 그러나 표현할 기회도 용기도 갖지 못한 엠마는 남편과의 친밀감이 사라지고 내면의 간격은 어느새 멀어지고 있었다.

엠마는 자신이 남편에게 안겨주고 있는 행복 그 자체까지도 원망하고 있었다. 그런데도 샤를르는 엠마가 행복하다고 믿고 있었고 다행히 딸을 하나 낳았고 잠시 행복했다. 그러나 엠마는 신경질적으로 시골 의사인 남편이 바보처럼 느껴졌고 생활이 너무 권태로웠다. 아내의 내적 혼란을 전혀 눈치채지 못한 샤를르는 아내의 모든 것이 사랑스럽게만 보이고 귀중하게 느껴지는 사람이고 성실한 의사일 뿐이었다. 남편은 멋진 아내가 있는 것만으로도 행복했지만 아내는 그런 생각만으로 사는 남편이 한심하게 보이는 것이다. 그러던 중 남편에게서 환멸과 싫증을 느껴가던 엠마는 대화가 통하는 젊고 잘생긴 서기 레옹과 서로 끌리게 된다.

봄꽃들이 화사하게 만개하여 누군가를 기다리듯 사랑이 목말랐던 보바리 부인의 가슴에 레옹이란 봄바람이 불어온 것이다. 그렇다 해도 그때 그들의 사랑은 플라토닉 사랑에 지나지 않았다. 서로 마음은 끌렸으나 레옹이 떠났기 때문이다. 이후 엠마는 다시 사랑할 기회가 온다면 꼭 잡고 말겠다는 생각을 하며 레옹을 그리워한다. 얼마 후 부와 권력을 가진 로돌프가 그녀에게 의도적으로 접근하고 둘은 몇 년간 짜릿한 불륜관계를 이어간다. 문제는 그러한 여인 옆에 꼭 사기꾼이 접근한다는 것이다.

불륜이 둘만의 사랑으로만 끝날 수 있다면 그만이겠지만, 욕망을 쉽게 내려놓지 못하니 일이 생기는 것이다. 엠마의 욕정은 대담성까지 갖게 되는 것이고 사기꾼은 그런 기회를 이용하여 올가미를 친다. 그녀는 로돌프에게 깊이 빠져 외모를 가꾸고 비싼 의상을 사 입는다. 그뿐 아니라 집을 호화스럽게 가꾸며 빚을 내어 사치를 일삼는다. 그런 와중에도 남편은 아무것도 모른 채 아내가 행복한 생활을 한다고 생각하는 사람이었다.

어느 날, 엠마는 남편 샤를르에게서 아주 떠나버리고 싶어진다. 사랑스런 아내의 일상에 무슨 일이 벌어지고 있는지 아무것도 모르는 남편이다. 엄마는 그런 남편이 더욱 지겨워졌다. 가정에서 마음이 완전 떠나 있던 엠마는 로들프에게 다른 곳으로 둘이 떠나자고 조르기 시작한다. 결국 로돌프는 그런 엠마가 지겨워져 몰래 혼자 떠나고 만다. 엠마는 로돌프가 떠나자 병이 난 환자처럼 앓는다. 그러다가 엠마는 다시 젊은 레옹을 만나 불같은 사랑을 하게 된다. 레옹과의 사랑을 이어가기 위해 그녀의 모든 생활이 거짓말로 이어지고, 사치와 향락은 가정 살림을 위태롭게 할 정도로 심해진다.

그녀의 사치로 빚은 늘어만 갔고, 결국 집까지 차압 당하는 상황에 직면한다. 그러나 파산에 직면한 엠마를 도와줄 그 사랑했던 남자들은 아무도 없다. 벼랑 끝으로 몰린 엠마는 우연히 봐두었던 약제사의 비소를 먹고 자살을 하지만 샤를르는 아내를 살리기 위해서 온갖 노력을 기울이며 간호한다. 그러다가 어느 날 서랍을 정리하던 샤를르는 엠마가 로돌프와 주고받은 편지를 발견하고도 그저 아내에 대한 애틋한 연민으로 치부해버린다. 그런 후 또 서랍을 정리하다가 레옹과 주고받은 편지들을 발견하고서야 샤를르는 아내가 가까운 이웃 둘과 밀회를 나눈 실체를 알게 되면서 넋이 빠진 사람처럼 살게 된다. 샤를르는 결국 이 모든 게 운명 탓이라고 돌리며 시름시름 죽어간다. 혼자 남겨진 딸 베르트는 먼 친척 아주머니에게 맡겨졌으나 가난해서 생활비를 벌도록 방직공장에서 일을 한다.

영화는 엠마가 로돌프를 만나기 위해서 다니던 숲길에서 비틀거리다가 쓰러져 죽으면서 시작하고 마지막에 다시 숲길에서 끝이 난다. 마담 보바리는 보바리즘이라는 용어를 탄생시켰다. 인간이 자신의 환영

을 좇아 자기를 실제와는 다른, 분수 이상의 존재로 생각하는 정신작용
을 말한다. 유혹하듯 아름답게 피어나는 색색의 봄꽃들이 어느 하루 된
바람에 부들부들 떨어댄다. 엠마처럼, 사랑에 목마른 마담 보바리의 목
소리처럼 말이다.

　"당신도 날 떠나려는 거죠?"라며.

무진기행(안개)

한국 소설가: 김승옥
1967년 영화(안개)/감독: 김수용
주연: 신성일, 윤정희

"누구에게나 자신만의 무진이 있다! 당신의 무진은 있나요?"

안개, 무진의 안개, 무진의 아침에 사람들이 만나는 안개, 사람들로 하여금 해를 바람을 간절히 부르게 하는 무진의 안개, 그것이 무진의 명산물이 아닐 수 있을까!

그 안개는 어쩌면 서울과 무진 사이에 놓인 하나의 장막 같은 것일지 모르겠다. 왜냐하면, 주인공 윤호중은 각박한 서울에서의 삶을 잠깐 동안 무진에서 도피하려 했지만 안개 속에서 보이는 것은 자신의 자화상뿐이었다. 그래서 명산물이라고 했던 것일까.

김승옥 소설가의 무진기행은 한국 문학 사상 가장 화려한 찬사를 받은 단편소설이다. 특히 문학도들에게는 꼭 필사를 해야 할 교과서 같은 소설로 통한다. 무진기행은 1967년도에 영화 '안개'로 제작되었는데 김승옥 작가가 직접 각색하였고 신성일 윤정희 배우가 열연한 추억의 한국영화다.

흑백 영화 속에서 잔잔히 흐르는 주인공들의 표정과 움직임이 마치 그 옛날 내가 전혀 알지 못하는 시대인데도 마치 내가 꼭 살았던 시대처럼 아련하다. 그것은 안개에 가려진 듯했다가 다시 햇빛으로 나아가 웃고 있는 우리들의 일상이고, 때로는 그 안개 속에서 머물러 현실을 도피하고 싶은 허무함이다.

주인공 윤호중은 서울의 돈 많은 과부와 결혼하여 출세길에 올라 있는 서른세 살의 남자다. 그는 재직 중인 제약회사 주주총회에서 전무 자리에 앉히려는 아내와 장인의 권유로 잠시 무진으로 내려온다. 무진은 그의 고향이자 젊은 시절 어둠의 그림자가 안개처럼 드리워진 곳이고, 과거에도 현재에도 안개 속에 가려 희망이 보이지 않는 시골 마을이다. 무진에서 고시에 합격하여 세무서장을 하는 친구 조를 만나게 되고, 그 자리에 끼어 있는 하인숙이라는 젊은 여선생을 보게 된다. 서울에서 성악을 전공했다는 하인숙은 밤마다 속물 기질의 조 집에서 세무서직원들과 함께 화투를 치며 심심한 일상을 보내고 있었고 조가 그날 노래를 부탁하자 목포의 눈물을 부른다.

'그 여자의 〈목포의 눈물〉은 이미 유행가가 아니었다. 그렇다고 〈나비부인〉중의 아리아는 더욱 아니었다. 그것은 이전에는 없었던 어떤 새로운 양식의 노래였다. 그 양식은 유행가가 내용으로 하는 청승맞음과는 다른 좀 더 무자비한 청승맞음을 표현하고 있었고 〈어떤 갠 날〉의 그 절규보다도 훨씬 높은 옥타브의 절규를 포함하고 있었고, 그 양식에는 머리를 풀어헤친 광녀의 냉소가 스며 있었고 무엇보다도 시체가 썩

어가는 듯한 무진의 그 냄새가 스며 있었다.'

하인숙은 소설 속 표현처럼 무진의 안개 같은 여자이다. 무진의 안개는 밤 12시면 울리는 통금 사이렌 소리와 함께 밤새 무진을 적막으로 몰아넣는 것처럼 한동안 자신을 잃어버리는 무아의 시간이다. 그 시간은 자신의 의지대로 할 수 없는 시간이어서 무작정 흘러가는 시간이고, 현실을 떠나서 또 하나의 주어진 현실로 떠나는 도피시간이기도 하다.

"그렇지만 여긴 책임도 무책임도 없는 곳인걸요. 하여튼 서울에 가고 싶어요. 절 데려가 주시겠어요?"

"생각해 봅시다."

"꼭이에요. 네?"

그녀는 처음 만난 유부남에게 서울로 데려가 달라고 한다. 어디 갇혀 있는 것도 아닌데 그녀는 갇힌 새처럼 날아가고 싶어 하는 절규의 지저귐을 한밤에 윤호중에게 흘려 놓는 것이다. 무조건 서울에서 왔다는 이 남자에게 여자는 무조건 서울로 데려가 주면 되는 것처럼 말이다. 밤새 청산가리를 먹고 방죽에서 자살한 여인의 시체처럼, 이미 그녀의 절규는 이 무진에서 시체가 되어가고 있는 모습이었다. 다음 날, 둘은 오래된 연인처럼 서울이라는 지명 하나로 하나가 되는 듯하다. 그녀는 "서울에 가고 싶어요. 단지 그것뿐예요."라고 또 지저귄다.

서울에서 공부했던 자신이 시골 음악선생으로 와 있는 처지를 서울에서 왔다는 이 남자에게 보상이라도 받는 것처럼 그녀는 맡겨버리고 싶어 한다. 그리고는 다시 "선생님, 저 서울에 가고 싶지 않아요."라며 "전 선생님께서 여기 계시는 일주일 동안만 맛있는 연애를 할 계획이니까 그렇게 알고 계세요."라고 속삭인다. 남자도 헷갈린다. 남자는 서울로 가게 될 것이라고 말하지만 안개는 서서히 걷히고 현실은 다가온다.

"27일 회의 참석 필요, 급 상경 바람 영"이라고 쓰인 아내의 전보를 받는다. 모레면 무진을 떠나야 하는 것이다. 윤호중이 고향 무진에서 속물처럼 느껴졌던 친구 조보다도 더 속물인 자신의 자화상을 바라보는 순간이다. 하인숙을 잠시 사랑한 것은 자신의 그 옛날 어둠 속 자신을 본 것이다. 그녀를 햇빛 속으로 끌어내고 싶은 욕망, 그리고 무진을 떠나 서울에서 출세의 길로 달려가는 자신의 과거는 이미 무진의 안개와 같았다.

'덜컹거리며 달리는 버스 속에 앉아서 나는, 어디쯤에선가, 길가에 세워진 하얀 팻말을 보았다. 거기에는 선명한 검은 글씨로 '당신은 무진읍을 떠나고 있습니다. 안녕히 가십시오.'라고 씌어 있었다. 나는 심한 부끄러움을 느꼈다.'

벌레이야기 (밀양)

한국 소설가: 이청준
2007년 영화(영화: 밀양 Secret Sunshine)/감독: 이창동
주연: 전도연, 송강호

"신의 사랑 앞에 사람은 무엇인가?"

영화 밀양은 신앙이 삶에서 어떤 색깔의 빛으로 자리하는지 깊이 생각하게 만든다. 이청준 소설가의 단편소설 「벌레이야기」를 2007년 전도연 송강호 주연 '밀양'으로 개봉되었고, 제목 밀양처럼 밀양시가 배경이지만 한자는 密陽(비밀밀, 볕양)이며, 영어 제목 '비밀스러운 햇빛 Secret Sunshine'으로 전도연이 칸 영화제 여우주연상을 받은 영화다.

33살 평범한 주부였던 신애의 삶이 어느 날 무너지기 시작한다. 피아니스트의 꿈을 가졌지만 결혼과 함께 꿈도 버렸는데 남편마저 교통사고로 떠난다. 삶의 희망을 상실한 그녀는 사랑했던 남편의 고향 밀양으로 향한다. 새로운 삶을 꿈꾸며 어린 아들 준과 함께 서울을 떠난 것이다. 가던 길에서 자동차 고장으로 밀양에서 카센터를 운영하는 노총각 종찬의 도움을 받게 되는데 그때부터 종찬의 삶에는 신애가 스며든다. 밀양에서 새 생활을 시작하는 그녀가 자리를 잡을 수 있도록 도움을 주려 애쓰는 종찬, 그는 주변에서 흔히 볼 수 있는 오지랖 넓은 약간은 속물근성과 순진성이 묻어나는 시골 남자다.

밀양에서 피아노 학원을 운영하며 자리를 잡아가던 그녀의 삶은 그러나 또다시 무너져 내린다. 아들 준이 유괴를 당하고 결국 죽어서 발견된다. 그녀는 밀양에서 집을 짓기 위해 땅을 알아보고 있었고 그녀의 땅 살 돈에 욕심을 낸 사람이 생긴 것이다. 범인은 아들이 다니던 웅변학원 원장으로 밝혀진다. 새 삶의 한 가닥 희망이었던 아들을 보낸 신애의 밀양 생활은 절망적이지만 안간힘을 쓰며 살려 한다. 상처에는 약이 필요하지만 그 어떤 약으로도 치료될 수 없을 것 같은 고통, 그 고통을 없애줄 치유의 약이 약국에 있었다. 건너편 약국의 독실한 기독교 신자 여 집사의 손길이 약이다. 신애는 약사의 안내로 교회에 나가게 된다. 교회가 치유가 될 수 있을 것 같았다. 그때 흥미로운 사람이 종찬이다. 그는 신애가 교회가 나가자 덩달아서 교회에 나간다.

그에게서 신앙의 조물주는 하나님이 아니고 신애인 것이다. 그녀를 위해서라면 무엇이라도 할 수 있을 듯 항상 가까이 있는 남자, 그 남자가 어쩌면 그녀의 구원자일 수도 있다. 절망적인 인간에게 종교는 평온과 위안을 준다. 신애는 자신에게 벌어진 지난 아픈 상처들조차 하나님이 자신에게 더 큰 사랑을 알게 하기 위한 은혜로 받아들인다. 모든 것은 하나님의 큰 섭리 안에서 성취되고, 그녀의 신앙심은 교도소에 있는 살인범을 직접 만나 용서하고 하나님 사랑의 길로 안내하려 마음먹기에 이른다. 드디어 아들을 죽인 살인범을 용서하고자 교도소를 방문한 신애, 그러나 놀랍게도 살인범은 신애도보다도 더 평온한 얼굴을 하고 있는 것이 아닌가.

살인범은 이미 신에게서 완전히 회개하고 용서를 받았으며 누구보다 안식을 누리고 있다고 말한다. 한 술 더 떠서 그는 신애를 위로하며 하나님의 사랑을 이야기 하는 것 아닌가. 그 살인자의 모습을 보던 신애는 가슴에서 미어지는 아픔을 가누지 못하고 분노를 토해내고 만다.

"이미 용서를 얻었는데 내가 어떻게 다시 용서를 해요? 내가 그 인간을 용서하기도 전에 어떻게 하나님이 먼저 용서할 수가 있어요? 난 이렇게 괴로운데… 그 인간은 하나님의 사랑으로 용서받고 구원받았어요. 어떻게 그러실 수 있어요?"

그녀는 그동안 구원이라는 온갖 거짓말로 속삭여온 하나님에게 광기에 가까운 분노를 느낀다. 자신의 고통을 구원과 사랑 용서라는 거짓말로 덮어버린 교회였다. 교회에서 들어온 모든 말들이 거짓처럼 보이자 하나님에 대한 복수심으로 더욱 무너져 내린다.

그녀는 신에게 아들을 죽인 죄인을 용서할 권리를 빼앗긴 분노로 잠을 못 이룬다. 자신의 아들을 죽인 살인자를 신이 먼저 용서하다니, 신을 용서할 수 없다. 교회를 용서할 수 없다. 그토록 위대한 신이라고 생각했건만, 배신감만 안겨준 신이었다. 그 신 앞에서 꿈틀거리는 한 마리 벌레처럼 발버둥 칠 수밖에 없는 신애였다. 방안에서 벌레처럼 꼼지락거리다가도 뛰쳐나가 교회의 신에게 도전해보지만, 결국 손목을 긋고 벌레 같은 몸으로 정신병원에 가게 된다.

종찬의 도움으로 정신병원을 나와 미장원에 간 신애, 신애는 머리카

락를 자르다가 살인범의 딸이 미용사인 것을 보고 미친 사람처럼 뛰쳐나온다. 그리고는 스스로 머리카락을 자른다. 누구에게 맡겨서 자르지도 못하겠는 머리카락이다. 자기 스스로 잘라낸 머리카락이 바람에 날려 어디론가 흩어진다. 몸의 분신인 머리카락이 흩어지듯 더욱 나약해진 신애, 그녀는 애벌레처럼 빛을 보기 위해 안간힘을 써 본다. 애벌레를 지나 나비가 되면 가볍게 날아갈 수 있을까. 그러나 그녀의 삶은 슬프기만 하다.

"내가 당신의 거울이 되어줄게요."

그녀 옆에는 다행히 거울이 되어주겠다는 종찬이라는 남자가 있다. 보이지 않는 하나님은 그녀의 고통을 살인자의 고통과 똑같은 위치에 놓았다. 그녀는 그것을 참을 수 없다. 종찬은 고통 속에 사는 그녀 곁에서 보이는 하나님처럼 변함없이 사랑의 메시지를 주고 있었다.

어느 날 갑자기 사랑하는 가족이 내 옆에서 사라지는 상상을 해본 적이 있던가, 그런 일은 상상조차도 무섭고 끔찍한 일이다. 그저 일상 속에서 늘 함께 있을 것만 같았던 소중한 사람을 잃어버린 아픔, 그것도 무참한 사건 속에서 어떤 손도 써볼 수 없이 보내야만 했던 사람, 그 일을 겪어보지 않고는 어떤 말이 위안인지 용서인지 감히 꺼내기 어려운 것이다. 자신이 사랑하는 사람들을 먼저 보내고 혼자 남는 때를 생각해보자.

영화 밀양은 이청준의 소설 벌레이야기와 전개는 약간 다르지만 선과 악을 구별하지 않는 종교적 구원 앞에서 개인적 고뇌는 그 누구도 가늠하기 어렵다는 점을 말해주고 있다. 살인자가 하나님의 구원을 얻어 평온히 형장에서 사라지고 알암 엄마가 고통을 견디지 못하고 자살하는 소설 이야기, 밀양의 살인범과 신애가 똑같이 믿었던 하나님이지만, 어떤 것이 과연 구원일까 생각하게 만든다. 신 앞에서 용서할 권리마저 빼앗겨버린 인간, 나는 벌레만도 못한 인간인가라는 절규는 작가의 표현대로 '너무도 인간적인' 것이었다.

포스트맨은 벨을 두 번 울린다

미국 소설가: 제임스 M. 케인
1946년 영화/감독: 테이 가넷
주연: 라나 터너, 존 가필드, 세실 켈러웨이

"사랑에서 두려움을 느낄 때 사랑은 더 이상 사랑이 아니야.
그건 미움이야."

"당신이 제대로 하면 그렇지 않아. 당신은 똑똑해. 프랭크, 난 절대로 당신을 조금도 속이지 않았어. 당신이 방법을 생각해내 봐. 방법은 아주 많아. 걱정 마. 궁지에서 빠져나오려고 지독한 고양이로 변해야 했던 여자는 내가 처음이 아니잖아."

제임스 M. 케인의 첫 소설 〈포스트맨은 벨을 두 번 울린다〉는 실제 신문을 떠들썩하게 장식했던 살인 사건에서 모티브를 얻은 작품이다. 이 소설은 누아르 소설의 창시라고 불리는 고전문학으로 추리소설 범죄소설로서 도덕적 모호함을 다루고 있다. 욕정과 탐욕에 사로잡힌 남녀가 자신들의 감정을 순수한 사랑이라 여긴다. 그러기에 사랑에 방해가 되는 장애물을 제거하기로 한다. 그러나 누군가를 죽이고 얻어내려는 탐욕이 어찌 순수할 수 있으랴. 결국 순수한 사랑이라는 멋진 칼집이 서서히 벗겨지는 순간 날카로운 의심의 칼날이 드러난다. 순수는 사라지고 서로 의심의 칼을 겨누며 불행으로 향해 가는 것이다.

소설의 불륜 이야기는 영화제작에서 가장 반기는 소재가 된다. 그렇듯 〈포스트맨은 벨을 두 번 울린다〉도 1946년에 이어 1981년 리메이크되어 두 번이나 할리우드에서 성공을 거두었다. 소설의 배경이 1930년 미국 대공황기 소도시여서인지 오래된 흑백영화가 리메이크한 영화보다 더 소설스럽게 다가온다.

떠돌이 생활을 하던 프랭크는 거칠고 야성적인 남자다. 그리고 빈털터리다. 그는 시카고로 가던 길에 식당 겸 주유소가 딸린 '트윈 오크'라는 곳에서 식사를 하게 된다. 그곳 유리창에서 직원 구함을 보고 밥값 대신 일을 하게 되는데, 그곳에서 매력적인 안주인 코라가 보였기 때문이다.

프랭크는 코라에게 첫 눈에 반해 접근하기 시작한다. 그곳 안주인 코라가 남편에 비해 젊어 보인 것이다. 건달에다 떠돌이인 프랭크의 눈에 부부의 모습이 들어온 것은 젊은 코라에게 나이 차가 많은 남편이 매우 따분하고 싫증 나 보인 것이다. 남녀의 주인공을 보면 남자는 건달이고, 여자는 젊음과 미모를 미끼로 사랑 없이 돈 많은 중년 남자와 결혼한 여자다. 경제대공황기 시대 젊은 남녀들의 열정은 헛된 방황이었을까.

미인대회에서 우승을 한 부상이 할리우드 여행이었던 코라는 할리우드에 가서 꿈을 잃고 식당일을 하다 닉을 만났다. 남편과 함께 식당에서 삶을 꾸려가던 코라는 권태기에 빠져있다. 누군가를 따라 이곳을 떠나고 싶은 마음이 굴뚝같던 코라에게 한 남자가 다가오는 것이다. 불황의 시대는 젊은이들에게 삶의 희망을 주지 못했다. 그렇듯 젊은 남녀의 패기는 그들의 삶에 무모함만 남기게 된다. 허황된 남녀의 비뚤어진 생각이 일치를 이룬 것이 문제일 수 있다. 결국 늙은 남편과의 생활이 지겨웠던 코라는 젊은 남자의 유혹에 쉽게 넘어갔다.

둘이 있으면 세상 모든 것을 다 가진 것보다도 순수하고 행복한 그들이 되었다. 여자의 관능적인 매력에 빠진 건달, 답답한 현실에서 벗어나고픈 젊은 주부, 서로가 욕망을 충족시켜줄 상대를 만난 것이다. 그들은 함께 도망가기로 하지만 코라는 자동차도 없는 가난한 생활이 머릿속에 그려진다. 그래서 프랭크를 따라 떠나지 못하고 제 자리로 돌아온다. 다시 돌아온 그들은 그러나 닉의 눈치를 봐야 하는 생활을 견디지 못한다. 결국 둘은 닉을 죽이고 재산을 가로챌 계획을 한다. 닉이 목욕을 할 때 감전 사고를 가장하여 머리를 때려서 죽이려 했다. 하지만 고양이 때문에 정전이 되자 살인미수가 되는데, 때마침 경찰이 순찰을 돈다.

이후 '트윈 오크'를 떠난 프랭크는 다른 도시에서 돈을 조금 벌지만 우연히 닉을 만나게 되어 돌아온다. 닉은 코라와 여행 갈 계획이라며 프랭크도 같이 가자고 한다. 또다시 둘은 닉을 제거할 계획을 하는데, 이번엔 좀 더 완벽한 계획을 세운다. 닉을 자동차 사고로 가장하여 제거하기로 하는데, 술에 취했던 닉은 벼랑에서 떨어진 자동차에서 죽고 코라는 멀쩡히 살아남는다. 다행인지 불행인지 프랭크가 중상을 입음으로서 재판에서 유리한 쪽이 된다. 그러나 아무도 모를 것 같았던 사건 속을 조심히 따라다니는 검사가 있다.

닉에게 살인미수 의심을 갖고 있던 검사는 그들의 미숙한 행적을 파헤친다. 그리고 순수한 사랑이라 여겼던 두 남녀의 계획적인 살인은 서로가 몰랐던 닉의 보험금이 밝혀지면서 서로를 의심하게 된다. 검사는 프랭크와 코라가 불륜을 저지르면서 닉의 보험금을 노리는 코라를 프랭크가 도왔을 것이라고 추측한다.

검사의 추궁에 프랭크는 코라를 고소하게 되지만, 재판에서 변호사는 코라의 혐의를 모두 인정한다고 선언한다. 의뢰인을 변호할 변호사가 갑자기 유죄를 인정한다고 하자 코라와 프랭크는 서로를 더욱 의심한다. 서로가 배신을 했다며 싸우던 둘은 변호사가 검사와의 앙숙 관계에서 절대 질 수 없는 사건이었음을 밝히면서, 변호사는 적극적으로 코라의 유죄시인과 법정 자비를 호소하게 되고, 코라는 집행유예를 선고받고 유명해진다.

재판이 끝나고 둘은 식당으로 다시 돌아왔지만 떠돌아다녀야 직성이 풀리는 프랭크는 정착 생활에 견디지 못한다. 코라는 사건으로 유명해진 식당을 확장하기를 원한다. 거기다 법정에서 싸운 앙금이 남아서 둘의 일상은 싸움이 반복된다. 그러던 중 변호사의 사무원이 찾아와 협박하면서 돈을 요구하는 일이 생기고 둘이 함께 사무원을 폭행하면서 점점 일이 복잡하게 돌아감을 직시한다.

코라와 프랭크는 자신들의 욕망을 위해 살인을 저질러놓고 서로 다툼과 화해를 반복하며 생활한다. 그들의 삶은 모호한 사랑으로 이어지고 서로 범죄의 올가미가 씌워질까 두려워한다. 그러다 그들은 사무원이 협박했던 내용으로 법정에서 문제가 될 단서를 불태워 없앴지만 서로의 믿음과 사랑은 깨져간다. 그리고 불신은 점점 커지면서 코라는 프랭크의 사랑을 확인하기 위해 평소 함께 가던 해변으로 가자고 한다.

"내가 함께 돌아가기를 바라지 않는다면…"

"난 너무 지쳤어요. 오래 못 버텨요."

그러나 코라는 해변에서 프랭크의 사랑을 확인하고 행복했다. 그리고 해변에서 돌아오던 길 자동차에서 키스를 나누던 중 자동차 사고로 코라가 죽는다. 코라가 죽자 프랭크는 살인죄로 기소되고 코라가 남긴 쪽지가 발견되면서 사형을 피할 수 없게 된다.

이 소설은 제목과는 달리 우편배달원이 전혀 등장하지 않는다. 작가 케인은 출판사나 영화사에 보낸 원고의 채택 여부를 초조하게 기다리는 작가의 심정을 말했었다. 자신의 처지에 대해 동료 시나리오 작가 빈센트 로센스와 이야기를 나누다가 우편배달부가 벨소리를 확실히 들었는지 확인하기 위해 항상 벨을 두 번 울리더라는 이야기에서 영감을 얻었다는 것이다. 또 한 가지는 주인공 프랭크의 운명을 은유적으로 표현하는 제목으로 지었다고도 한다. 욕망의 늪 속에서 코라가 프랭크에게 속삭인다.

"내 인생에 있어 큰 실수를 한 건 인정해요."라고.

'생전에 악행을 저지른 망자를 태워 지옥으로 실어 나르는 불 수레'

화차는 일본 여류작가 미야베 미유키의 대표작품으로 1992년 발표한 소설이다. 2012년 변영주 여성 감독, 김민희 이선균 조성하 등 배우들이 등장하며 우리나라 영화로 제작되었다.

"이 여자는 내가 아는 세키네 쇼코 씨가 아닙니다. 당신은 나에게 다른 사람 얘기를 했어요."

지금 내가 결혼을 약속하고 약혼한 여자의 실체가 모두 가짜라고 듣는다면 어떤 심정일까. 결혼 한 달 전 부모님 댁에 내려가던 중 휴게소에 들른 두 남녀, 남자가 커피를 사러 간 사이 약혼녀가 사라졌다. 일본 미스터리 소설을 각색하여 만든 영화 화차는 당시 일본 사회에서 벌어진 자본주의 허상이 만들어낸 비극을 그대로 보여주고 있다. 평범한 삶을 갈망하던 한 여자의 비극적인 삶을 쫓으면서 현대사회의 맹점과 어둠을 가감 없이 그려낸 걸작으로 인정받는다.

'화차'의 뜻은 불교 용어에서 나쁜 짓을 한 악인을 지옥으로 데려가는 불타는 수레라는 뜻이다. 살기 위해 악행을 멈출 수 없는 한 여자의 슬픈 운명이 현재 우리 시대가 안고 있는 사회의 어두운 이면을 보듯 우울한 가슴이 먹먹해진다. 집 한 채를 마련하려다 부채를 진 가장의 몸부림은 결국 신용불량과 개인파산에 이르고 가족 전체를 악마의 소굴로 밀어 넣고 말았다. 아버지가 갚지 못한 빚이 아내와 딸의 빚이 돼버리는 세상, 돈이 한 가족의 삶을 파멸시키는 자본주의 심각성을 일깨우고 있다.

"죽어줘, 제발 죽어줘, 아빠."

아버지가 죽기를 애원하듯 기도해야만 하는 딸이 여기 있었다. 그녀는 범죄를 저지르지 않으면 살 수 없는 삶, 그 악행의 불 수레에서 절대 내릴 수 없는 기구한 운명으로 태어난 여자다. 갑자기 사라진 약혼녀 선영을 찾기 위해 문호는 전직 형사인 사촌형에게 도움을 요청하게 된다. 그녀를 찾아 나선 종근은 그녀의 행적을 파헤칠수록 범상치 않은 지난 사건들을 발견하게 되면서 추적을 멈출 수 없다. 지금까지 강선영이라고 알았던 약혼녀의 실제 이름은 차경선으로 밝혀지는데, 그녀는 왜 자신의 신분을 다른 사람의 신분으로 바꿔치기 했을까. 서서히 밝혀진 차경선은 신용불량에 개인파산을 했고, 이미 결혼도 했었던 여자였다. 그런 사실을 감쪽같이 비밀로 하면서 살아온 그녀의 정체가 서서히 드러나기 시작한다. 아버지의 빚으로 인해 사채업자에게 시달리며 고달픈 생활을 하는 그녀. 겨우 행복을 찾는가 하면 다시 불 수레가 달려와 태우고 마는 삶, 그녀의 운명은 화차에 탄 것처럼 상상조차 할 수 없는 곳으로 빠져 들어간다. 행복해지려고 발버둥을 쳐도 도저히 벗어날 수 없는 나락으로 떨어지는 그녀다.

'돈의 멍에는 거리의 발목까지 휘감는다. 하물며 사람의 발목에는 얼마나 강하게 얽혀들까. 낚아 채인 인간이 바짝 말라 죽어갈 때까지일까. 아니면 죽을힘을 다해 칼을 휘둘러서 발목을 끊어내고 도망칠 때까지일까.'

그녀는 아무런 죄를 짓지 않았음에도 불구하고 자책하고 피폐된 생활을 한다. 세상에 떳떳하게 나설 수 없는 이유가 무엇이던가. 단지 아버지의 빚을 온몸에 칭칭 감은 것밖에 없다. 그녀는 범죄를 계획하게 된다. 사회는 발전하고 있고, 눈부신 도시, 화려한 도시, 모두가 행복할 것만 같은 그 사회에서 그녀를 도울 사회적 제도는 없는 것일까. 몸부림치며 살아보려고 했던 평범한 삶조차 그녀에게는 허락되지 않는다. 어디선가 숨어 살아도 두려움에 몸서리치는 삶, 결국 그녀의 운명 부근에 있던 사람들조차 화차의 화마에 휩쓸리는 불행을 맞는 불행한 운명.

그녀는 자신의 신분을 대신할 대상의 여성을 물색하게 된다. 그리고 선택한 강선영과 친해지고 그녀를 없애기 위해 토막 살인을 하게 된다. 그녀가 강선영의 어머니까지 밀어서 죽였는지는 상상 속에 맡기고 있다. 그런데 죽임을 당한 강선영 또한 얼마나 불쌍한 여인이었단 말인가. 가족도 없이 하나밖에 없는 가족 어머니를 사고로 잃은 강선영은 직장과 술집을 전전하며 살아가던 신용불량에 놓인 여자였던 것이다. 화차를 탄 한 여인의 운명에 다가선 남자들 또한 무슨 불행이란 말인

가. 하지만, 어쩔 수 없는 운명에 허우적거리며 광기 같은 살인을 저지른 여자, 차경선은 너무 불쌍하지만 범죄자이다.

"나 사람 아니야, 쓰레기야."

그녀는 스스로 쓰레기가 되기로 결정한 여자가 되었다. 소설의 시작 즈음에 이런 내용이 나온다.

'상습절도범 소녀가 있었다. 아이는 젊은이들 취향의 고급 브랜드 전문점에서 도둑질을 했지만, 훔친 옷을 입고 남들 앞에 나설 수가 없었다. 과감하게 팔아치울 수도 없었다. 그렇지만 꼬리가 잡힐까 두려워하지도 않았다. 대신 아무도 못 보게 방문을 걸어 잠그고 커다란 전신거울 앞에서 이것저것 번갈아 입어 보았다. 모델처럼 꾸민 후 포즈를 취했다. 오로지 거울 앞에서만 그러면 어울리지 않는다는 핀잔을 들을 염려도 없으니까. 정작 밖에 나갈 때는 늘 무릎이 튀어나온 청바지만 입었다.'

그리고 그 소녀는 지금 어떻게 지내고 있을까. 어쩌면 이미 자기나이 또래 아이의 엄마가 되어 있을지도 모른다는 것이다. 전직 형사의 과거한 상습절도범 소녀에 대한 기억에서 범죄가 또 다른 범죄를 저지르게 할 수 있는 운명적인 요소를 담고 있다고 알려주는 것일까.

일본 소설 속에서는 휴직 중인 형사가 여자의 비밀스런 행적을 하나둘씩 파헤친다. 아름다운 여인 '신조 교코'를 드디어 앞에 두고 있다. 그녀는 또다시 신분을 도용할 여자를 만나기 위해 나섰고, 그것을 미리 알게 된 형사가 그녀를 지금 앞에 두고 있는 것이다. 그동안 쫓아왔던 그녀는 얼마나 작고 가냘픈 여인인가. 마침내 그 가녀린 여자를 찾아낸 것이다. 한국영화의 결말은 다르다. 그녀가 신분을 갈아탈 호두 엄마를 만나기 위해 용산역에 나타난다. 전직 형사 종근과 경찰들이 그녀를 잡기 위해 쫓고, 그녀를 만나고 싶은 문호 또한 그녀를 따라간다. 하지만 문호를 마주한 그녀가 도망치기 시작했고, 그녀는 옥상으로 올라가 철로로 떨어져 자살하고 만다. 아, 슬프다.

어느 살인자의 이야기 (향수)

독일 소설가: 파트리크 쥐스킨트
2007년 영화 향수/감독: 톰 티크베아
주연: 벤 위쇼, 더스틴호프만, 레이첼 호드 우드

"당신은 어떤 향기의 사람인가요."

향수는 2007년 영화다. 주인공의 외모와 18세기 파리의 배경, 오천 명이 넘는 엑스트라 집단연기의 장면 등이 소설 원작 어느 살인자의 이야기를 거의 그대로 시각화하고 있는 뛰어난 작품이다.

자신의 체취를 느껴본 적이 있는가. 만약 느껴보았다면 어떤 느낌이 었던가. 그것은 나의 냄새라고도 할 수 있고, 나의 어떤 향기라고도 할 수 있을 것이다. 때로 우리는 어떤 사람을 지칭하여 그 사람에게서는 어떤 향기가 난다고 말하기도 한다. 그래서 한 사람의 향기는 한 사람 이 살아온 이력을 말하기도 한다. 악취가 진동했던 사람이 어느 날 장 미향을 풍기며 나타나기도 한다. 그런가 하면 라벤더 향기를 지녔던 사 람이 어느 날, 구린내 나는 사람으로 바뀌어 있기도 한다. 항상 변함없 이 오이 향을 가진 너, 아니 커피 향을 닮은 너, 아니 진한 백합 향기를 풍기는 너, 지금 당신은 어떤 향기의 사람인가요. 아니, 주변에 어떤 향수를 뿌리고 있나요.

우리는 향기가 좋은 사람들에게 취하게 되고, 더 친해지고 싶어 한다. 가끔은 그 향기가 인위적으로 만들어져 뿌린 일시적인 향수인 줄도 모르고 우리는 한 사람에게 도취되기도 한다. 그러다가 뿌려진 향수의 향이 거의 사라질 때면 이제 그 사람에게 독설을 던지기 시작한다. 향수는 형체도 없이 사라지고 내가 언제 그에게 취했던가. 내가 언제 너를 좋아했던가. 내가 언제 너를 사랑했었던가. 기억의 모든 것을 없었던 일로 치부해버리고 싶어진다. 그를 가까이 했던 자신이 부끄러워진다. 어디론가 날아가 버린 향수처럼 아무 일도 없었던 것처럼 말이다. 그런 사람의 향기, 사람의 체취를 소재로 하여 인간들의 허상을 적나라하게 보여준 독일 소설가 파트리크 쥐스킨트의 첫 장편소설 '향수'는 1985년 출간되어 30여 개의 언어로 번역되어 천만 부 이상이 팔렸다.

〈어느 살인자의 이야기〉라는 부제가 붙은 이 소설은 18세기 악취가 진동하던 프랑스 파리에서 냄새의 천재로 태어난 장바티스트 그르누이의 삶을 다루고 있다. 작가가 그를 18세기 혐오스런 천재들 중의 하나라고 시작하고 있듯, 태어나자마자 아기가 생선 더미에 던져진다. 더러운 시장 바닥에서 생선을 팔던 임신한 여자가 생선을 토막치고 있다. 그런데 갑자기 진통이 온다. 치마 밑에서 아이가 나오고 있는 것 아닌가. 아이는 세상에 나오자마자 큰 울음소리로 탄생을 알리지만 엄마의 거친 손에 잡혀 생선 쓰레기통으로 쳐 박혔다. 그러나 아이는 엄마의 악행을 용서하지 않으려는 듯 울어댄다. 결국 아이는 울음소리로 어머니를 교수대로 보냈다.

그르누이는 자라나는 환경 속에서 자신의 뛰어난 후각을 알게 된다. 그러나 사람들에게서 이유 없이 꺼리는 인물로 천대받는데, 한 마리 맹수처럼 무서운 기운이 그에게서 감돌았기 때문이었다. 고아원에서 가죽공장으로 팔려간 그르누이는 혹독한 노동을 이겨내며 살아남는데, 세상의 온갖 냄새에 무의식적으로 빠져들며 모든 냄새를 놓치지 않았다. 그는 그때 향기의 창조자가 되리라 마음먹는다. 그러던 중 시내로 가죽배달을 나간 날 인위적으로 만들어 낸 향수가 있다는 것에 눈 뜨게 되지만, 더 치명적인 향기에 취하게 된다. 그 향기를 무작정 따라간 그르누이는 자두를 만지고 있는 붉은 머리 소녀의 뒷 목덜미에 코를 대며 향기에 취한다. 그러나 놀란 소녀는 비명을 지르며 그대로 죽어버렸고 향기도 사라져 버린다.

그녀의 향기를 잊지 못한 그르누이에게 죽은 그녀가 향기의 법칙이 되었다. 이후 향수제조자 발디니에게 자신의 후각 능력을 증명하며 제자로 일하게 된다. 발디니에게 자신의 천부적인 재능을 발휘하며 돈을 벌게 해주는 대신 향수 증류법을 터득하게 되는데, 자신만이 맡을 수 있는 모든 물체의 냄새들, 인간의 체취마저도 간직할 수 없음에 절망하며 병들어 간다. 결국 발디니는 죽어가는 그르누이에게 향수의 낙원인 그라스에 갈 수 있는 문서를 써주고 평생 먹고 살 수 있는 향수 제조법을 얻게 되지만 발디니는 그날로 집이 무너져 죽고 만다.

그라스로 향하던 그르누이는 7년간 산 속 동굴에서 자신이 어떤 사람인가에 대해서 깨닫게 되는데, 그에게 또 하나의 절망은 자신에게는 사람의 체취가 전혀 없다는 것이었다. 어떤 사람들도 갖고 있는 체취, 동물도 냄새가 있고, 돌도 물도 세상의 모든 물체에 냄새가 있는데, 왜 자신은 아무런 냄새가 없단 말인가. 자학하던 그는 다시 최고 향수 제작을 결심하고 그라스로 간다. 그라스에서 예전에 느꼈던 자두 소녀의 향기와 같은 향기를 맡게 된다.

이후 2년간 향수공장에서 향수제작을 한 그르누이는 굉장한 페르몬을 내뿜는 여인 로라의 향기를 13번째 마지막 향기로 쓰기로 하고 아름다운 젊은 여인들을 죽인 체취를 향기로 만들기 시작한다. 그라스는 여인들이 연쇄살인으로 죽자 공포에 질리게 되고, 딸이 있는 집안은 더욱 두려움에 떨게 된다. 그 중에 시의 부집정관 로라의 아버지 앙투안 리시는 예리한 직감을 느끼며 딸을 데리고 피신을 떠나는데, 그르누이는 목적 달성을 위해 따라나서게 된다. 그르누이는 오로지 로라의 향기를 쫓아가고 리시는 딸 로라를 특별 단속하지만 결국 로라는 피살되고 만다. 그르누이는 로라의 향기로 원하던 자신의 향수를 만들어 내는데 성공한 것이다.

〈감동과 겸허, 그리고 감사의 마음이 가슴속에서 솟구쳤다. 고맙다. 그가 조용한 목소리로 말했다. 고맙다. 장바티스트 그르누이, 지금의 네 모습이 자랑스럽다. 그렇게 그는 자기 자신에게 사로잡혀 있었다.〉

살인을 시인한 그르누이는 수많은 관중이 모인 교수대에서 공개 처형을 당할 처지지만, 그가 지닌 향수는 세상 모든 것을 마음대로 조종할 수 있는 능력을 갖고 있었다. 교수대에서 그르누이가 뿌린 향수에 취한 관중들은 서로 옷을 벗어던지며 알몸이 되어 열정적인 사랑을 나누는 괴이한 일이 벌어진다. 정신을 차린 사람들은 자신이 지금 무슨 짓을 한 것인지 부끄러워 어쩔 줄 모르는 상황이 연출된 것이다. 훗날 그들은 자신들의 치부가 드러날까 두려워 그 누구도 그날 일을 입 밖에 내는 사람이 없었고, 살인자로 애먼 다른 사람을 잡아 처형시킨다.

그라스를 빠져나온 그르누이는 자신의 승리가 무서워졌다. 자신이 만든 향수를 통해 사랑보다는 증오 속에서 살아왔던 자신을 깨닫게 된다. 그는 자신이 태어난 파리의 어느 시장으로 돌아가게 되고, 시장 한 길에 서서 남아 있던 향수를 자신의 머리에 모두 부어버리자, 주변 사람들이 그를 에워싸더니 점점 다가와 그를 흔적도 없이 먹어 치워버렸다. 그리고 그들은 아무리 굶주림 속에서 살았더라도 자신들이 이제 사람까지 먹어 치웠다는 사실에 감히 서로 눈을 들여다 볼 수 없었다. 그런데 그러고도 죄책감이 들지 않는 것에 또 한 번 놀라고, 그 반대로 뱃속이 약간 더부룩해도 마음은 날아갈 듯 가벼워졌다.

〈그러다가 처음에는 은밀히, 잠시 후에는 공공연하게 다른 사람의 얼굴을 쳐다보며 미소 지었다. 이상할 정도로 당당한 기분이었다. 그들이 사랑에서 비롯된 행동을 하기는 이번이 처음이었던 것이다.〉

당신, 거기 있어 줄래요

프랑스 소설가: 기욤 뮈소
2016년 영화/감독: 홍지영
주연: 김윤석, 변요한 채서진

"삶은 당신이 잠들지 못할 때 벌어지는 일입니다."

영화 '당신, 거기 있어 줄래요'는 프랑스 소설가 기욤 뮈소의 두 번째 장편소설로 2016년 홍지영 감독에 의해 개봉했다. 2014년 미국을 배경으로 한 소설을 2015년과 1985년이라는 시대 설정 그리고 한국이라는 배경에서 볼 수 있다. 젊은 의사 한수현과 30년 후 폐암 말기인 한수현 그리고 사랑한 여인 연아가 있다.

만약 우리에게 지나온 삶 어느 지점으로 돌아갈 기회를 준다면, 당신은 어디쯤으로 돌아가고 싶은가. 그때 왜 그렇게 해야만 했지? 조금 일찍, 조금만 늦게 만났더라면, 아니 그때 그렇게 행동하지 않았다면, 아니 그때 당신을 떠나보내야 했었는데, 아니야 보내지 말았어야 했는데… 등등 아쉬움이 남는 당신의 지나온 길이었다. 실수투성이였던 과거의 삶이 때로는 부끄럽기도 하고 너무나도 괴로워서 그 시절을 떠올리기도 싫다고 하는 사람들도 있다. 그러나 누구에게나 어떤 간절한 순간이 있었고, 그 시간으로 돌아갈 수 있다면 돌아가서 바꾸어 놓고 싶지만 이번 생은 한 번뿐이라는 것이다.

〈자네는 인생이 한참이나 남은 것처럼 일리나를 대했지. 하지만 사랑은 그런 식으로 하는 게 아니라네.〉

소설에서 30년 전 자신에게 말하고 있는 엘리엇, 엘리엇은 명망 있는 외과의사로 성공적인 삶을 살아왔지만 떨쳐버릴 수 없는 회한이 있었다. 그것은 바로 사랑하는 연인을 사고로부터 구해내지 못한 것이다. 문학이나 영화를 통한 시간여행은 자신의 삶을 돌아보게 하는 신비체험과 같다. 한 번뿐인 우리의 삶에서 돌이킬 수 없는 아쉬움이 남는 지난 회한이 누구에게나 있고, 눈을 감으면 아련히 떠오르는 그때 그 시절이 있었다.

영화에서 소아과 전문의 한수현은 캄보디아 의료 봉사길에서 긴급히 귀국해야 하는 헬리콥터에 오르지 않는다. 앞을 못 보는 한 할아버지가 언청이 아이를 안고 간절히 바라보고 있었기 때문이다. 앞을 못 보는 노인에게 눈이 보이는 사람보다 앞을 더 잘 본다고 말하자, 노인은 "보이는 것보다 보이지 않는 것을 더 믿기 때문입니다. 삶은 당신이 잠들지 못할 때 벌어지는 일입니다."라고 말한다. 수현은 아이의 병을 고쳐주고 노인으로부터 신비의 알약 열 개를 받는다. 노인의 말로는 알약 한 개를 먹을 때마다 원하는 지난 시간으로 이동할 수 있다고 하는데, 그 약으로 정말 노인의 말대로 30년 전의 자신과 마주하게 된다.

2015년의 수현은 사랑하는 연아를 잃은 것에 대한 자책감이 컸기에 간절히 되돌리고 싶어진다. 노인에게서 받은 알약을 한 알 한 알 먹을 때마다 과거로 시간여행을 하게 되는데, 30년 전 연아를 살리게 되면 20년 동안 자신의 삶 전부였던 딸 수아를 잃을지도 모르는 위험에 처하게 된다.

"행복했을 때만 생각해, 그 기억만으로도 살아져."

보고 싶은 사람을 볼 수 없게 된다면 어떻게 해야 하냐는 딸의 질문에 아빠 수현은 다시 만날 수 없다면 기억만이라도 행복하게 해야 한다고 답한다. 죽어 사라지는 것보다는 만날 수 없어도 서로 살아 행복했던 순간들을 기억하는 쪽을 택한다. 수현은 30년 전 자신의 삶을 살고 있는 젊은 수현을 찾아가 연아와 헤어지라고 다그친다. 수현이 그때 연아를 매정하게 내치고 헤어져야만 죽은 연아를 살릴 수 있는 것이다. 사랑하는 사람을 버리라는 30년 후 수현에게 과거 젊은 수현이 묻는다. "미래에서 과거까지 온 이유가 뭡니까?" 그는 "별다른 이유는 없고 단지 연아가 한번 보고 싶었을 뿐이야."라고 대답한다. 과거의 수현은 자신의 미래가 어떻게 되느냐며 진실을 알려달라고 하는데, 한국 최초의 여자 돌고래 조련사였던 연아는 돌고래를 살리기 위해 물 속에 뛰어들었다가 죽고 말았던 것이다.

수현의 딸 수아는 이후 학회에서 만난 여자와의 사이에서 낳은 딸이었고, 수현은 미혼부가 되어 수아를 키워온 것이다. 이러한 자신의 미래 삶을 듣는 젊은 수현은 지금처럼 연아와 사랑을 이어간다면 결국 연아가 죽는 현실을 직시하게 된다. 연아를 살릴 수 있는 방법은 매몰차게 사랑을 포기하는 일이었다. 갑작스럽게 결별을 말하는 젊은 수연에게 연아는 괴로워하기 시작한다. 끝내 실연의 아픔에 괴로워하던 연아는 교통사고를 당해 죽음의 귀로에 놓이게 되고 마는 것이다. 되돌리고 싶었던 30년 전의 이야기는 뜻하지 않은 방향으로 뒤틀리고 있다. 수현은 고통사고를 당한 연아를 살리기 위해 과거로 돌아가 수술을 집도하여 연아를 살리고 떠난다.

과거와 미래의 수현이 합심하여 연아를 살려냈지만 사랑을 이어갈 수 없는 운명이다. 세월은 흘러 수현은 폐암으로 죽게 된다. 그러나 삶은 뜻하지 않은 데서 그 누구에 의해 운명의 반전이 오고 바꾸어지기도 한다. 수현이 과거로 돌아가 자신의 젊은 수연의 삶을 바꾸어 놓은 것으로 인해 절친 태호가 절교한 상황에서도 수현을 찾아보게 된다. 그리고 태호가 수현의 일기장을 보고 모든 사실을 알게 된다. 이후 교통사고 후유증으로 다리를 절며 장애자로 살아가던 연아에게 태호의 이야기를 전해주고 한 개의 알약을 찾아내어 태호의 죽음을 막고 살려냄으로써 수현과 연아는 재회하게 된다.

작가는 노인이 준 10개의 알약, 그 알약을 우리의 삶을 되돌릴 수 있는 10번의 기회의 순간들이 있다고 알려주는 것일까. 당신에게도 그 마지막 한 개의 알약이 어딘가에 숨겨져 있을지 모를 일이다. 아니 아직 10개가 고스란히 어딘가에 남겨져 있을지도 모를 일이다. 인생의 반전을 꿈 꿀 수 있는 기회 말이다. 영화에서 30년 후 수현을 연기한 배우 김윤석은 과거로 돌아갈 수 있다면 "2014년으로 돌아가, 타지 마라, 그 배에 타지 마라."라고 할 것이라고 대답했다고 한다. 시간을 되돌릴 수 있는 기회가 주어진다면 당신은… 어느 지점으로 갈 돌아가 것인가.

남아 있는 나날

영국 소설가 가즈오 이시구로
1994년 영화/감독: 제임스 아이버리
주연: 안소니 홉킨스, 엠마 톰슨

"젊은 날의 사랑은 지나갔지만
남아 있는 날들에도 희망은 있다."

나의 삶이 얼마나 남아 있을까? 이런 생각을 해본 적이 있는가. 지금까지 살아온 나날을 되짚어 볼 때 나는 잘 살아온 것인가. 직장에서 평생 최선을 다해 일했지만 나에게 남은 것은 지금 무엇인가. 그동안 몸 담았던 곳에 대해 자부심이나 자긍심이 있는가. 아니면 연금이라도 남아 있어 다행인가. 일생을 하루라고 볼 때 황혼이 지는 시간대인 저녁시간, 나의 삶을 한 번쯤 돌아보며 남아 있는 나날을 어떻게 보내야 할지 사색해보자. 그대 아직도 쌓여 있는 일이 남아 있는가.

소설, 남아 있는 나날은 일본에서 태어나 5살에 영국으로 이주한 가즈오 이시구로의 작품으로 1989년 맨부커상과 1917년 노벨문학상을 수상했다. 영화는 1994년 안소니 홉킨스의 주연으로 개봉되었고 아카데미 후보에 올랐다. 인생의 황혼기에 나선 6일간의 여행 동안 주인공 스티븐스는 자신이 살아온 삶을 되돌아본다. 평생을 주인 달링턴 경을 위해 일해 왔던 지난날의 회고에서 맹목적인 충직과 직업의식에 투철하게 무장되었던 자신을 깨닫는다. 집사로서 지켜야 할 품위를 삶의 최고처럼 생각했던 스티븐스는 아버지의 임종을 제대로 지키지도 못했던 자신, 사랑의 감정을 보냈던 켄턴 양을 품위로 포장하며 감정을 억누르며 떠나보낸 자신, 오로지 달링턴 홀 집사로서의 자부심으로 무장했던 자신, 그러나 충성스럽게 모셨던 존경하던 주인 달링턴 경의 패망으로 자신의 삶도 송두리째 다른 주인에게 넘겨진 모습이다. 어쩌면 지금 모든 직장인들의 자신인지도 모른다. 스티븐스가 평생 모셨던 달링턴 경은 그에게는 매우 인간미가 넘치고 온유한 귀족 신사였다. 그러나 달링턴 경은 당시 유럽정세에 휘말려 히틀러의 친 나치주의자로 낙인찍혀 종전 후 폐인이 되었고 저택은 새로운 주인에게 넘어간다.

"사실 나는, 달링턴 경께 모든 걸 바쳤습니다. 내가 드려야 했던 최고의 것을 그분께 드렸지요. 그리고 나니 이제 나란 사람은 줄 것도 별로 남지 않았구나 싶답니다."

영화, 남아 있는 나날은 1930년에서 50년대 영국 귀족사회의 모습을 달링턴 홀 저택을 배경으로 보여주고 있다. 큰 저택의 집사인 스티븐스는 달링턴 홀에서 벌어지던 각국 인사들의 회의에서 최선을 다하여 시중을 들었던 일에 자긍심이 컸다. 자신의 감정을 철저하게 절제하며 집사로서의 품위를 지키는 일이 전부였던 삶, 농담 한마디에도 익숙지 못할 만큼 냉정성과 정확성이 몸에 밴 충직한 직장인의 모습이다.

행여 작은 실수 하나로 저택을 찾은 귀족들에게 주인이 난처한 입장이 되지 않을까 노심초사하는 마음으로 살아왔다.

달링턴 경이 패망하고 세상을 떠난 지 4년이 지났지만, 그는 새로운 주인이 된 미국인 루이스를 잘 모시기 위해 예전에 총무로 일했던 켄턴 양을 찾아간다. 켄턴 양은 저택의 총무로서 유능하고 합리적이면서도 약간은 비겁하고 타협적인 전형적인 직장 여성이었다. 그녀는 스티븐스가 철저하게 지키는 집사로서의 품위에 대해서 약간의 도전적 기질을 보이지만, 강하게 자신의 마음을 밀어붙이지는 않는다. 그리고 자신이 스티븐스에게 가진 사랑의 감정을 노출하지도 않는다. 직장에서 자신의 위치를 철저하게 지켜가는 사람들, 한 치의 실수도 용납되지 않는 경직된 삶이지만 자신의 분수를 알고 만족한다.

스티븐스에게 유일하게 감정이라는 것을 흔들리게 한 여성이 켄턴 양이었다. 그러나 켄턴 양은 결국 무반응인 스티븐스를 떠나기 위해 다른 남자와 결혼하였다. 인생의 황혼기에서 그 켄턴 양이 보낸 편지를 읽으며 사랑의 감정을 한 번이라도 만나기 위한 것이 어쩌면 6일 여행의 종점이었다. 그는 위대한 집사라고 자신했던 자신의 삶이 완벽하지 못한 삶이었음을 서서히 깨닫게 된다. 그러나 한편으로는 어리석은 삶이었다고 치부하고 싶지는 않다. 집사로서의 품위를 지키며 최선을 다했던 삶에 자부심이 불끈 넘쳐흐르기도 한다. 그러나 그 큰 저택의 울타리를 벗어난 여행길이 그에게 새로운 세상으로 다가온다. 스티븐스는 달링턴 홀에서 35년 간 집사로서 일하면서 그 저명한 가문에 소속된 것 자체가 긍지였다. 여행길에서 만난 사람들조차 자신이 겪은 저명

인사들의 이야기에 자신을 귀족으로 추측하는 모습에서 달링턴 경과 자신을 동일시하는 욕망을 느낀다.

"거기 달링턴 경이라는 나치가 살았었죠?"

잠깐 들른 상점의 주인이 물었다. 스티븐스는 지금의 주인은 미국인 이고 자신은 그 전 주인은 모른다고 부인했다가 나중 사실을 시인하기도 한다. 스티븐스의 지난 삶은 그저 집사의 품위였을 뿐 한 인간으로서의 품위는 상실했던 삶이었다. 집사의 역할, 집사의 품위는 입는 것이지만 인간으로서의 사고와 행위는 본연적인 것임을 그는 인식하지 못했었다. 결국 인생의 황혼에게 다시 만난 켄턴 양에게 자신의 마음을 전달하지 못하고 온 길로 돌아가는 스티븐스다. 그동안 마음속으로 상상했던 그녀에 대한 감정을 털어놓을 새도 없이 말이다.

여행길 여섯째 날 저녁 바닷가 마을 웨이머스에서 석양 앞에 앉은 스티븐스는 그 좋은 저녁을 누리는 대신 할 일을 생각한다. 새로운 주인과는 좀 더 농담과 유머스럽게 관계를 잘 이끌어 가보려는 것이다. 남아 있는 시간은 많지 않지만 저녁은 아직 끝이 아니다. 영화의 끝이 인상 깊다. 달링턴 홀로 돌아온 스티븐스가 새 주인 루이스와 인사를 나눈다. 그때 비둘기 한 마리가 날아든다. 천장에 몇 번 부딪히고 내려앉은 비둘기를 루이스가 손으로 잡아 창밖으로 날려 보내준다.

"즐기며 살아야 합니다. 저녁은 하루 중에 가장 좋은 때요. 당신은 하루의 일을 끝냈어요. 이제는 다리를 쭉 뻗고 즐길 수 있어요. 내 생각은 그래요. 아니, 누구를 잡고 물어봐도 그렇게 말할 거요. 하루 중 가장 좋은 때는 저녁이라고."

소피의 선택

미국 소설가: 윌리엄 스타이런
1982년 영화/감독: 앨런 J. 파큘라
주연: 메릴 스트립, 케빈 클라인, 피터 맥니콜

"때때로 아주 작은 선택이
당신 평생의 삶을 바꾸어 놓기도 한다."

우리의 일상은 늘 선택의 기로에 놓여 있다. 짜장면을 먹을까, 짬뽕을 먹을까. 삼겹살을 먹을까, 돼지갈비를 먹을까. 무엇이든 먹을 수 있는 것 하나만으로도 얼마나 행복한 선택이란 말인가. 그런 당신은 행복하다. 그런데, 신은 결코 모두에게 행복을 주지는 않았다. 세계 역사는 전쟁의 역사인 것처럼 '사느냐 죽느냐가 문제로다' 하는 고통으로 얼룩져 있기 때문이다.

윌리엄 스타이런의 소설 '소피의 선택'은 나치와 노예제도를 통해 인간이 가지고 있는 양면성을 무겁게 투시하고 있다. 1, 2권으로 된 두꺼운 두 권의 책을 두 시간 반에 읽어 낼 수 있는 기쁨을 주는 영화, 그러나 영화가 끝난 뒤에도 흐르는 눈물을 하염없이 주체하기 힘든 이유는 인간 악마의 선택에 조롱당한 소피의 삶을 보았기 때문이다. 영화 소피의 선택은 여배우 메릴 스트립이 여우주연상을 수상한 작품이다.

스물두 살의 소설가 지망생 스팅고는 새로 이사한 분홍색 아파트에서 특이한 두 남녀를 만난다. 30대 초반의 소피와 그의 연인 유대인 생물학자 네이선이다. 둘은 열렬히 사랑을 나누다가도 갑자기 돌변한 네이선이 욕과 저주의 소리를 지르면서 난장판이 되곤 한다. 소피에게 퍼부어 대는 네이선의 폭언은 그녀에게 상처를 주고도 남지만, 그녀는 받아주며 사랑을 구걸하기도 한다. 스팅고는 아름다운 소피의 매력에 빠져 그녀를 짝사랑하면서도 천재성을 가진 괴짜 남자 네이선과도 친구처럼 지내게 되는데, 그러던 중 네이선의 심한 광기와 파괴적인 행동은 점점 파국으로 치닫는다. 상심한 소피는 사랑하는 네이선에겐 무서워서 말 못했던 자신의 과거 진실을 스팅고에서 말해주기 시작한다.

그녀는 제2차 세계대전 당시 폴란드인이었지만 나치에게 잡혀 아우슈비츠 수용소 생활을 했다. 그녀는 나치의 인종 대학살을 목격했고 전쟁이 끝나 구사일생으로 살아남아 미국으로 망명했었다. 그런 소피를 구해서 장미꽃처럼 피어나게 해준 남자가 네이선이다. 소피와 네이선은 사랑하지만 네이선의 심한 조울성 성격이 소피의 억눌린 과거 상처들을 끌어올려 그녀를 아프게 만든다. 유대인인 네이선은 폴란드인들이 전쟁 중 유대인들을 증오했던 사실들을 들춰내며 소피를 괴롭히는 것이다.

나중 밝혀지지만 네이선은 생물학자도 아니고 정신질환을 앓고 있는 남자였다. 단지 둘은 서로의 상처를 저주하고 학대하는 것이 사랑의 표현방법인 것처럼 피폐되어 있었다. 소피의 아버지는 고국 폴란드에서 대학교수이면서 반 유대주의자였고 유대인 말살 정책을 제안한 사람이었다. 남편은 아버지의 제자였는데 그 또한 아버지와 같이 활동하였고 독일 점령 후 교수라는 이유로 둘은 나치에 의해 처형당한다. 어머니는 이후 폐병에 걸려 죽고 만다.

"누군가를 작별 인사 없이, 위로나 이해의 말 한마디 없이 죽게 한다는 것은 차마 감당할 수 없는 끔찍한 일이에요. 어쨌든 그 끔찍한 운명의 날 바로 전날 밤, 무엇 때문에 그랬는지 지금은 기억도 안 나지만 크게 말다툼을 벌였고, 나는 나가 뒈져! 라고 말했어요. 그 후론 단 한 번도 그를 보지 못했어요."

소피는 스팅고에게 남편에 대한 깊은 애정을 표현했다가 나중에 거짓말이라고 고백한다. 지난 삶에서 유리한 과거만 남기고 싶어 했지만 진실은 결코 사라지지 않았다. 괴로움으로 점철된 지난날을 버리고 싶지만 아버지가 마치 자신의 죽음을 바라고 있었던 것 같은 환상으로 되돌아온다. 소피는 나중 레지스탕스에 소속된 애인과 연류되어 아우슈비츠로 끌려가게 된 것이다. 수용소에서 유창한 독일어 구사 능력과 아버지 밑에서 한 비서경력을 인정받은 소피는 사령관 헤스의 비서로 일하게 되고 어린이 수용소에 있는 아들 얀을 구하기 위해 헤스를 유혹한다. 그러나 헤스가 약속을 지키지 않으면서 아들의 생사는 알지 못한다.

결국 사령관 또한 숙청되어 베를린으로 이주했고 소피는 다시 수용소로 돌아가 생활하게 된다. 소피는 네이선의 광적인 조울증에 괴로워하고 그 곁에서 틈을 탄 스팅고는 소피에게 사랑을 고백하는데 자신과 결혼하여 아버지가 물려준 농장에서 생활하자고 한다. 스팅고는 미국 남부 출신으로 부모님은 노예를 부렸었지만 노예와 인종차별에 대해서 관대한 사람이었다. 아버지의 영향을 받은 스팅고 또한 조상의 노예 매매에서 나온 수익금으로 생활을 이어나가는 사람이다.

나치의 유대인 학살과 미국 노예제도는 인종 차별주의가 낳은 세계사의 아픔이지만, 전쟁과 인종차별은 현재에도 계속되고 있지 않은가. 우리나라의 5·18 민주화운동이나 미얀마에서 벌어지고 있는 민간인 학살 같은 사태처럼 악은 또 다른 악을 재생산하게 된다. 소피는 스팅고의 청혼에 자신은 좋은 엄마가 될 수 없다는 것을 알려주려고 진실을 말하게 된다. 아우슈비츠로 갈 때 소피에게는 열 살 아들 얀과 딸 에바가 딸려 있었다. 아우슈비츠에 도착하면 군의관에게 구별을 받게 된다. 바로 가스실로 갈 사람과 수용소로 갈 사람이다. 소피에게 다가온 술에 취한 군의관이 선택 구별하는 대로 보내지는 것이다.

"저는 폴란드인이에요. 저는 유대인이 아니에요. 제 아이들도요. 제 아이들도 유대인이 아니에요. 이 아이들은 인종적으로 순수한 폴란드인이고요. 독일어도 할 줄 압니다. 저는 기독교인이에요. 독실한 가톨릭입니다."

"구세주 예수 그리스도를 믿는다 이거지? 그분은 '아이들이 내게 오는 것을 막지 말아라.'라고 말씀하셨지. 아마? 하나만 데리고 있어. 넌 유대인이 아니라 폴란드인이라며, 그래서 특별히 봐주는 거야. 하나라도 선택할 수 있게."

"저는 선택할 수 없어요. 선택할 수 없어요."

"그러면 둘 다 보내 버려."

"내 딸을 데려가요!"

울부짖으며 딸을 보낸 소피의 선택은 그녀를 평생 죄의식에서 벗어나지 못하게 했고, 끝내 그녀는 네이선에게 돌아가 둘이서 음독자살로 생을 마감한다.

네 인생의 이야기

미국 소설가: 테드 창
1997년 영화 '컨텍트'/감독: 로버트 저메키스
주연: 조디 포스터, 매튜 맥커너히

"당신의 미래를 알고 있다면,
현재의 당신은 어떤 선택을 할 것인가."

미래가 궁금합니다. 나의 미래는 어떤 길이 펼쳐지나요. 그러나 이미 우리의 미래 한 가지는 정해져 있고 모두 알고 있다. 늙거나 죽는다는 것, 그리고 죽지 않는 사람은 없다는 것이다. 그래도 궁금하다. 자신의 삶 여정 속에서 매번 새롭게 나타나는 무수한 길들, 그 길에 좋은 의미를 부여하여 꽃길이고 싶고 행복하게 살고 싶다. 이 세상에 나는 왜 태어났을까. 그 순간부터 미래가 펼쳐진다. 그런데, 그 미래를 이미 알고 있다면 행복할까. 아닐까. 알 수 없는 그 미래가 매번 궁금해서 점집을 자주 찾는 사람도 있다. 그렇듯 어떤 식으로든 자신의 미래에 대해서 알게 되었는데, 알게 된 미래가 원하지 않는 삶이라면 바꿀 수 있는 방법이 있는 것일까.

미국의 소설가 테드 창은 과학소설이라는 문학 장르에서 인간과 외계인의 소통을 통해 미래를 알게 되는 독특한 삶을 조명하고 있다. 2016년 SF공상과학영화 컨텍트로 개봉된 '네 인생의 이야기'는 테드 창의 '당신 인생의 이야기' 속의 단편소설로 인간과 외계인이 소통하여 평화를 찾아가는 과정에서 과학이 아닌 언어의 힘을 보여주고 있다. 영화 컨텍트에서 12개의 외계 비행물체가 세계 각지 상공에 등장하자 세계는 긴장한다. 그 외계물체의 목적이 무엇인지 알아내는 과정에서 미국에서는 언어학자 루이스와 과학자 이안을 통해 비밀을 파헤쳐간다. 외계 비행물체 높이는 약 450m이고, 이 물체에 대한 만약의 사태를 대비에 주변에 해군 부대가 주둔하여 다른 나머지 11개의 셀이 있는 장소와 통신으로 세계 각국이 실시간 정보를 교환한다. 18시간마다 셀의 아래쪽에서 문이 열리는데, 그 안으로 들어갈 때는 철저히 방호복을 갖추어 마치 7개의 다리를 가진 문어처럼 생긴 외계인 헵타포드와 언어로 소통을 하는 일이다.

루이스는 외계인 헵타포드에게 인간들이 쓰는 언어를 보여주고 그들의 반응을 보며 방호복을 벗어던지고 대화를 적극적으로 시도하는데, 서로 문자를 주고받으며 소통할 수 있는 언어를 찾아내고 해석한다. 그러나 헵타포드가 지구에 온 이유를 밝혀 가는 과정은 긴장감과 신비감 속에서 쉽게 풀리지 않는다. 루이스의 끈질긴 노력으로 헵타포드의 언어를 찾아내지만 그들에게 지구에 온 목적을 묻자, '무기를 준다'는 대답이 돌아온다. 이 무기라는 단어에 놀란 세계 여러 나라들은 의견충돌이 일어나고 전쟁을 할 기세로 치닫는다.

루이스가 그동안 평화롭게 풀어나가려 했던 언어의 소통은 물거품이 되고 미국 기지에도 철수하라는 명령이 내려지지만 루이스는 외계인 헵타포드들을 찾아간다. 그리고 그들이 전달하고자 했던 말이 무기가 아니라 '기술을 준다'임을 알게 되고 그들이 지구에 온 목적이 '3000 년 후 지구의 도움이 필요하다.'였음을 알게 된다. 그들에게 미래의 일을 알 수 있냐고 물어보는 루이스는 이미 자신이 알 수 없는 미래의 기억들을 접하는데, 자신에게 딸이 있는 것을 알게 된다. 루이스는 "그 아이는 누구지?"라고 묻자 외계인은 "루이스는 미래를 본다."라고 대답한다.

외계인들은 인간과는 달리 한 방향으로 흐르지 않는 시간 속에 살고 있는 것이다. 그래서 그들은 미래를 볼 수 있고 그와 관련된 언어를 사용한다. 그들의 언어를 알게 된 루이스 또한 시간이 한 방향으로 흐르지 않는 사고를 하는 외계인들처럼 미래를 알게 된 것이고 아직 자신에게서 태어나지도 않은 딸의 존재를 만나는 것이다. 그 딸은 이번 프로젝트에서 알게 된 이안과의 사이에서 태어나지만, 이안과도 헤어지는 미래 그리고 자신의 아이가 자라나는 과정으로 돌아가기도 하고 딸이 병으로 죽는 미래를 미리 알게 된 것이다. 과거와 현재 미래의 시간이 한마디로 앞뒤가 없이 흘러간다.

우리의 삶이 미래로 흐르고 있다고 생각했던 고정관념이 순간 혼돈스러워진다. 과거로도 흐를 수 있는 것인가 하는 대단히 추상적인 의문을 던져본다. 여기 외계인들의 언어 세계에서는 그 흐름이 꼭 미래가 아닌 과거와 현재 미래가 섞여서 함께 흐르는 것이다. 루이스가 자신의 미래를 볼 수 있게 되면서 중국의 장군에게 전화를 걸어 각국이 외계인으로부터 얻은 정보들을 모을 수 있게 하는 역할을 하고 세계는 평화의 상태를 복원한다. 그리고 외계인들은 지구를 떠난다. 외계인 또한 인간의 폭발물 설치로 한 명이 죽게 되지만, 그들 외계인은 미래를 알기에 자신의 죽음을 받아들였다.

루이스는 이안에게 미래를 알 수 있다면 그 미래를 바꿀 것인지 질문하지만 이안은 루이스에게 사랑을 고백한다. 이안은 루이스에게 아이를 갖고 싶은지 물어보는데, 루이스는 이미 자신의 미래를 알고 있다. 하지만 그녀는 자신의 딸이 일찍 죽는 것과 이안이 나중 자신과 딸을 떠나는 것을 알면서도 아이를 갖고 싶다고 대답 한다.

"이런 의문들이 내 머리에 떠오를 때, 네 아버지가 내게 이렇게 물어. 아이를 가지고 싶어? 그러면 나는 미소 짓고 '응'이라고 대답하지. 나는 내 허리를 두른 그의 팔을 떼어내고, 우리는 손을 마주잡고 안으로 들어가. 사랑을 나누고, 너를 가지기 위해."

오베라는 남자

스웨덴 작가: 프레드릭 베크만
2016년 영화/감독: 하네스 홀름
주연: 롤프 라스가드, 바하르 파르스, 이다 엥볼

"죽지 않으려면 죽을 만큼 버텨야 돼."

죽지 못해 안달인 남자가 있다. 6개월 전 세상을 떠난 아내 곁으로 가려고 매일 자살을 준비하는 59세의 남자, 오베다. 그가 집에서 목매 달아 죽으려는 순간 창으로 비치는 한 가족이 있다. 앞집에 지상 최대 얼간이들이 이사를 온 것이다. 그것도 넷씩이나 가족을 이루어서 심지 어 뱃속에 하나가 더 있다. 오베는 빨리 자살에 성공하여 아내 곁으로 가고 싶지만 왜 이렇게 신경 쓰이는 일이 자꾸 생기는 걸까. 자살을 하 려고 할 때마다 발생하는 주변인들과의 뜻하지 않은 마찰, 무뚝뚝한 데 다 고함을 잘 지르고 사람들과 어울려 지내지 않는 남자다. 아내가 있 는 동안 문제없이 살아왔던 까칠한 한 남자 오베가 자살시도를 하는 과 정에서 그의 성격에 균열을 주기 시작한다.

당신은 가게에서 물건을 살 때나 음식을 먹을 때 어떤 모습인가. 점원의 말을 순순히 따르는 성격인가 아니면 못마땅한 것이 있으면 주장을 내세우는 편인가. 어떤 일에 의구심을 가질 수는 있지만, 당치 않은 주장으로 시비를 가리며 트집을 잡는 사람, 꼴불견일 수도 있다. 그런데 그러한 상황인데도 본인은 절대 시비 따위를 거는 게 아닐 수 있다. 오베가 그런 사람이다. 그저 옳은 건 옳은 것이라고 생각할 뿐이다. 그게 그렇게 잘못된 태도란 말인가? 오베는 혼잣말을 하곤 한다.

아내 소냐는 오베가 모든 것에 시비를 건다고 종종 말했고 그 일로 다투기도 했다. 한마디로 아내는 오베에게 색깔을 주는 여자였다. 세상을 흑백 논리로만 보는 오베에게 아내의 존재는 오베가 볼 수 있는 모든 색깔의 전부였다. 그런 아내가 암으로 먼저 떠났다. 이제 오베에게는 다시 흑백논리만 존재한다. 오베는 아내의 색깔이 늘 그립듯 꽃을 사들고 아내의 묘지에 가서 대화를 나눈다. 그는 회사에서 정리 해고를 당했고, 이제 일상은 오로지 아내를 따라가는 것으로 가득 차 있지만 그 일이 왜 이리 어렵기만 할까. 그리고 주변 사람들에게 그는 왜 괴팍한 노인네처럼 보이는 걸까.

책 '오베라는 남자'는 2012년 스웨덴의 30대 중반 유명 블로거이자 칼럼니스트인 프레드릭 베크만의 블로그에서 처음 시작되었다. 그의 블로그를 통해 오베라는 캐릭터에 반한 독자들이 더 써볼 것을 권하면서 장편소설로 탄생되었고, 세계 베스트셀러에 등극, 2016년 영화까지 제작되었다.

오베가 까칠한 성격이 된 이유는 그가 살아온 환경적 요인이 있었다. 기차를 청소하는 일을 하던 아버지는 매우 성실한 사람이었다. 아버지가 늘 옳은 건 옳은 것이라는 신념을 갖고 행동했던 일들이 큰 영향을 주었다. 오베는 아버지와 사브를 타고 먼저 떠난 어머니를 그리워하며 어린 시절을 보냈다. 그런데 존경하던 아버지도 오베가 열여섯 살이 되던 해에 기차에 치어 세상을 떠났다. 남긴 것은 사브 자동차 한 대, 마을에서 몇 마일 떨어진 곳에 있는 허름한 집, 상처 난 손목시계가 전부였다. 이때 오베에게 신은 좀 빌어먹을 개자식처럼 느껴졌고, 아버지가 남긴 세 가지는 그의 삶에 중요한 가치가 된다. 그는 성실한 아버지 덕에 아버지의 기차 일을 이어서 하게 되지만 삶이 평탄치 못하고 꼬여만 간다. 그런 오베가 어느 날 기차 안에서 소냐를 만나게 되었다. 그녀는 교사지망생이었는데 발랄하고 긍정적이어서 시시때때 오베에게 기쁨을 주는 여자였다.

〈오베는 그녀를 만나기 전 어떻게 살아왔느냐는 질문을 한 번도 받은 적이 없었다. 하지만 누군가 물어봤다면, 그는 살아도 산 게 아니었다고 대답했으리라.〉

그녀의 친구들은 그녀가 왜 오베를 선택했는지 이해할 수 없었고 오베 자신도 이해할 수 없을 정도였다. 오베가 그녀에게 책장을 만들어주면, 그녀는 페이지마다 작가의 생각으로 가득 찬 책들을 거기에 꽂는 여자였다. 청년 시절 실의에 빠진 오베에게 희망이 되어준 여자가 소냐다. 그러나 만삭이 된 소냐는 스페인 여행 중에서 사고를 당한다. 음주 기사로 인해 버스가 전복되어 뱃속의 아이를 잃었고 다리를 쓸 수 없는 장애자가 되었다. 그렇지만 소냐는 건강한 정신력으로 교사의 꿈을 이루었는데, 장애 때문에 여러 곳에서 거절을 당한다. 그러다가 학습능력이 떨어지는 아이들을 모아놓은 학교에 출근을 하게 되는데, 휠체어가 다닐 길이 없다는 소리에 포기해야 하는 상황에 직면한다. 그때 오베는 밤새 학교에 휠체어가 다닐 수 있는 경사로를 만들었고, 소냐는 공부와는 담을 쌓은 아이들이 큰 실력을 보여주는 능력을 발휘하기도 한다. 그런 아내가 암으로 세상을 떠났으니 오베는 살아도 사는 게 아니었다.

그렇게 자살하기 위해 사는 남자가 주변 이웃들과 새로운 환경을 맞이하면서 살아온 자신을 돌아보게 된다. 살아온 환경에는 행복한 순간도 있었고 불행한 순간도 있었다. 오베는 어린 시절과 청소년시절에 사회의 모순을 겪으며 불행을 겪었으나 소냐를 만나 새로운 꿈에 도전했고 행복한 순간들을 맞이했다. 그러나 사랑하는 사람들을 계속해서 먼저 보내는 아픔을 겪었고 실직 후 외로움이 밀려왔다. 삶의 의미가 없는 나날, 사랑했던 죽은 아내를 찾아가 대화를 나누는 것이 전부인 오베는 늘 자살을 시도한다. 그러다가 기찻길에서 자살하려다 사람을 살려내기도 하여 기자가 찾아오기도 하지만 그에게는 자살을 하지 못한 게 아쉽기만 하다. 오베는 까칠한 남자가 아니었던 것이다. 그저 웃으며 돌아다니지 않았을 뿐이다. 아내가 전부였던 그에게 아내가 없는데 웃을 일이 어디 있단 말인가.

폭설이 내린 어느 날 창밖을 바라보던 이웃 파르바네가 아침 8시인데도 오베의 집 앞에 눈이 치워지지 않고 쌓여 있는 것은 보게 된다. 분명 문제가 있다는 것을 직감한 그녀는 오베의 집으로 달려간다. 오베의 배 위에는 먹이를 주던 들고양이가 엎드려 있다. 결국 오베는 자살이 아닌 자연스런 죽음으로 유서를 남기고 떠났다. 그 까칠했던 남

자에게 자살을 계기로 새롭게 다가온 이웃들, 이웃들의 중요함을 알려
주고 있다.

"죽기가 살기보다 더 힘들어. 그래, 나 죽으려다 죽을 놈 살려냈다."

삶은 억지로 만들어지지 않는다. 그러니 죽을힘으로 버텨야 하는 것
이다.

주홍글씨

미국 소설가: 나다니엘 호손
1995년 영화/감독: 롤랑조페
주연: 데미무어, 게리 올드만

"당신의 주홍글씨 A는 무엇입니까?"

고전이라고 일컬어지는 세계문학들은 시대를 뛰어넘는 감동을 준다. 그래서 보관할만한 책인 것이고 10대 20대 30대 아니 그 이후 어느 때 다시 읽어도 또 다른 감동과 전율을 느낀다. 그래서 영화화되면, 두 시간 정도의 시간으로도 고전을 감상할 수 있다는 기쁨이 먼저 앞선다.

주홍글씨 영화는 1995년 여배우 데미무어의 매력적인 모습으로 헤스더 프린을 직접 만날 수 있다. 원작소설에 비해 영화는 로맨스를 더 많이 다룬 느낌이지만, 작가 나다니엘 호손도 자신의 소설을 로맨스라고 칭했었다. 소설보다는 로맨스가 일상생활에서 볼 수 없는 신기한 일이나 상상적인 일을 즐겨 다룬다는 것이고, 호손이 말하는 로맨스는 실제적인 것과 상상적인 것이 서로 만나는, 현실 세계와 공상 세계 사이 어딘가에 놓여 있는 중립지대다.

고전이 일시적인 베스트셀러와 대립되는 개념으로 쓰이기는 하지만, 당 시대에 베스트셀러였던 작품도 있고 작가가 사망한 뒤에 평가가 달라져 베스트셀러 위치에 오른 작품들도 있다. 주홍글씨는 1850년 발간되어 영국에서 미국으로 건너간 청교도들의 부조리를 로맨스를 통해서 파헤치고 있다. 작가는 주홍글씨를 집필한 후 대박이 날 것으로 예상했지만 당시 시대 상황은 여성 작가들의 미국 문학의 영향력이 컸고, 미국 문단은 순수문학보다는 통속소설의 독무대가 되어 있었다.

나는 유명작가들의 뼈아픈 말을 많이 들어왔다. 돈을 벌기 위해 작품을 쓴다는 것만큼 눈물 나고 아픈 일도 없지만, 돈 없는 예술인은 되지 말아야 한다는 말이었다. 호손도 그 대박을 낼 작품을 쓰고 싶은 욕심으로 집필에 매달려 내놓았지만 예상과 달랐다. 당 시대에 상업적으로 실패한 것이다. 그럼에도 불구하고 주홍글씨는 비평가들로부터 호평을 받으며 고전의 반열에 올라 있다. 작가 사후에 더 사랑받는 소설이 된 것이다. 주홍글씨는 청교도들에게는 '간음하지 말라'는 신의 계명을 어긴 간통과 불륜이라는 주제를 다루고 있으므로 도덕적 엄숙자들에게 온갖 수난을 받을 수밖에 없었다.

작품이 출간된 직후 한 종교 잡지에 실린 서평은 이 소설을 '창녀의 도서관'에나 속할 '추잡한 이야기'로 매도했다. 작품의 주인공 헤스더 프린이나 아서 딤스데일 목사가 죄를 조금도 뉘우치지 않는다고 지적하면서 어떠한 관용도 베풀어서는 안 된다고 했다. 주홍글씨의 부정적 평가는 19세기 성직자에게만 그치지 않았고, 미국 고등학교 교과과정에 필독서로 선정된 것에 일부 학부모들은 목록에서 제외할 것을 요구했었다. 그러나 그 요구는 교육위원회에서 거부되곤 했는데, 상상력이 빚어낸 찬란한 예술작품을 도덕이나 윤리의 잣대로 함부로 재단할 수 없다는 것이 주된 이유였다.

17세기 미국 식민지 시대 청교도 인들은 간통죄를 범한 자를 엄하게 다스렸다. 그들은 가슴에 주홍색A라는 죄의 꼬리표를 달도록 하고 대중 앞에서 형벌을 받도록 했다. 교수대 앞에 선 헤스더 프린은 수많은 구경 꾼들에 둘러싸여 있다. 그녀는 어린아이를 안고 있고, 가슴에는 주홍색 글자 A가 달려 있지만 당당한 모습이다. 그녀는 영국에서 태어나 가난한 아버지의 강요에 의해 애정 없이 돈 많은 의사와 결혼했었다. 이후 미국 보스턴으로 이주하게 되는데 헤스더는 남편보다 먼저 오게 된다. 남편은 일을 정리하고 뒤따라 올 예정이었지만 소식이 없어 오는 길에 인디언들에게 죽었나 하는 생각조차 드는 시대였다. 그런데 혼자 사는 여자가 아이를 낳은 것이다. 그럼 이 아이는 누구의 아이란 말인가.

그녀는 엄격한 청교도들에 의해 간통죄를 범한 여인으로 형무소에서 재판을 받게 된다. 불륜으로 잉태한 아이와 교수대 위에서 세 시간 동안 세워둠으로써 사람들의 구경거리가 되도록 하고, 가슴에 주홍색A 글자를 달고 사는 형벌을 받는다. 헤스더가 간통한 상대를 파헤치려 하지만 그녀는 아이의 아버지를 도무지 밝히지 않는다. 그런 가운데 간통의 상대자이면서, 마을에서 존경받는 젊은 목사 딤스데일은 자책감과 죄책감에 시달리게 되고, 고통 속에서도 용기 있는 헤스더 프린을 지켜보면서 괴로워한다. 둘이 같이 형벌을 받아야 하지만 헤스더 프린이 딤스데일을 위해 한사코 그의 이름을 밝히지 않으려 하기에 밝힐 기회도 잃었지만 사실 용기도 내지 못한다. 학식과 유창한 웅변, 그리고 숭고한 정신을 가진 딤스데일은 하루아침에 무너질 자신의 성직자의 신분과 명성을 잃는 것이 두렵다.

딤스데일은 죄의식에 사로잡혀 점차 쇠약해져만 간다. 그러는 사이 소식이 없던 헤스더의 남편이 나타난다. 헤스더의 남편은 학식 있는 의사였지만 미국으로 오던 중 배가 난파되어 고생 끝에 인디언들의 도움으로 살아났지만 예전의 사람이 아니다. 영화에서 그는 마을에서 의사로 행세하며 점차 목사 딤스데일과 아내 헤스더와의 관계를 추적하는 추악한 악인으로 나온다. 그는 음험한 복수심에 불타 딤스데일을 위협하지만, 가슴에 A자를 단 부인 헤스더는 군중들 틈에 서 있다. 그리고 양심의 가책을 견디지 못한 딤스데일이 군중 앞으로 나아가 헤스더의 손을 잡고 죄를 고백한다. 하지만, 딤스데일 목사는 결국 그 자리에서 숨지고 만다. 헤스더는 나머지 생을 이웃에 대한 봉사와 속죄를 통해 얻은 행복함 속에서 생애를 마친다. 작품은 헤스더의 묘비명으로 끝난다.

"검은 바탕에 주홍글씨 'A'"

헤스더 프린이 가슴에 단 주홍글씨A는 치욕의 징표 A보다는 오히려 액세서리 장식품에 불과한 것인지 모른다. 부정 간음의 주홍글자A. Adultery는 그녀의 삶에서 사라지고, 점차 남을 돕는 힘의 Able 능력을 보이게 되었고, Angel 천사의 삶을 살았고, 존경스러운 인물 Admirable 또는 두 주인공의 사랑 Amor, 애정 Affection 또는 예술 Art로 승화되어 고전 문학작품으로 남았기 때문이다.

눈 먼 자들의 도시

포루투칼 소설가: 주제 사라마구
2008년 영화/감독: 페르난도 메이렐
주연: 줄리안 무어, 마크 러팔로

"만약 이 세상 모든 사람이 눈이 멀었는데,
당신만 볼 수 있게 된다면?"

어느 날 갑자기 세상이 하얗게 보인다면 어떻겠는가. 아니면, 세상 모든 사람이 보지 못하는데 당신 혼자만 볼 수 있다면 어떻겠는가. 눈을 한 번 감아보자. 어떤 색깔로 보이는가. 눈을 감고 자신의 온갖 상상력을 펼치며 그 안으로 들어가 보는 것이다. 어떤 빛이 있다면, 그 빛 속으로 들어가 보자. 이번에는 눈을 감고서 나 혼자만 세상을 본다는 생각을 해보자. 눈을 감고서 말이다. 저 모든 보이지 않는 사람들을 이제 어떻게 대할 것인가. 이런 상상을 글로써 표현한 작가가 있었다.

1922년 포르투갈에서 가난한 농부의 아들로 태어나 용접공 생활을 했던 '주제 사라마구'는 소설가로서 20세기 세계문학의 거장으로 꼽힌다. 사라마구의 작품은 개인과 역사, 현실과 허구를 가로지르며 우화적 비유와 신랄한 풍자, 경계 없는 상상력을 압도하는 작품들을 내놓았고, 대표작 눈 먼 자들의 도시로 1998년 노벨문학상을 수상했다. 세상 모든 사람이 눈이 먼 세상이 되어버린 가운데, 단 한사람만 눈이 멀지 않는 상상력을 펼친 작가의 젊은 시절 용접공의 모습을 떠올려 본다. 두 개의 금속 물체를 결합하면서 발산하는 수많은 빛, 이 부분을 나의 상상력으로 떠올리자면 자칫 시력을 잃어버리기 쉬운 용접의 빛 속에서 새로운 삶을 꿈 꾼 작가 주제 사라마구가 보인다. 튀겨서 사라져가는 불티들에서 인간의 선과 악 두 가지 빛을 따라가 보게 된다.

영화는 2008년 개봉되어 선풍적인 인기를 얻었다. 한 도시가 정체불명의 바이러스로 인해 눈이 멀어져가는 전염병에 휩싸인다. 그 시작은 평범한 남자가 어느 날 운전 중 도로 한가운데서 앞이 보이지 않는다. 갑자기 세워진 승용차 주변으로 차들이 클랙슨을 울려댄다. 시끄러운 소리에도 끄떡없는 차량 주변으로 사람들이 모여들었는데, 운전자 남자는 눈이 보이지 않는다며 두 팔로 허공을 저어댄다. 그 중 한 남자가 이 남자를 집으로 데려다주겠다고 나서지만 결국 남자의 차를 훔쳐간다. 그러나 이후 차를 훔쳐간 남자도 눈이 멀게 되고, 처음 눈 먼 남자의 아내도, 그 남자가 치료 받으러 간 병원 의사도 환자들도 모두 눈이 멀게 된다. 그들은 세상이 온통 하얀 백지처럼 보이는 것이다. 눈이 멀게 되는 전염병이 점차 퍼져나가며 눈 먼 사람들이 기하급수적으로 늘어나자 정부는 그 대안으로 눈 먼 자들을 한 곳에 수용하여 격리시키게 된다. 수용소에 갇혀 군인들이 지키는 가운데 음식을 제공 받으며 생활을 하게 되는데, 코로나19로 인해 정신병원이나 요양소에서 집단 감염이 되었을 때 코호트 격리를 했던 것처럼 눈 먼 자들이 코호트 격리에 놓인 상태로 보인다.

코로나19가 전 세계를 휩쓸어 세계인이 마스크를 썼고, 백신이 개발되기를 기대하며 부스터샷까지 맞았지만, 여전히 코로나19가 끝나기만을 기다리는 세계다. 백신 개발이 계속 늦어진다면 코호트 격리는 눈 먼 자들의 도시처럼 악화될 것이고, 세계 여러 나라가 최악의 상황으로 치닫는 경우도 더 많이 발생할 것이다. 코로나19 전염병은 사실 세계 모든 나라들이 문을 걸어 잠그고 서로 격리했다. 그러나 앞으로 더 끔찍한 전염병들은 언제든지 우리를 위협할 수 있다는 지구의 환경을 깨닫게 하고, 인간이 치유할 수 없는 센 전염병이 계속 올지도 모른다는 두려움도 갖게 됐다. 그런 것처럼 눈 먼 자들의 이야기는 전염병이 최악의 상황에 직면했을 때, 인간의 선과 악이 어떻게 드러나는지 그 양면을 상상력으로 경험하게 하고 있다. 그러나 모든 사람이 눈이 멀었는데 단 한사람 눈이 멀지 않은 사람이 있었다. 의사의 부인이다. 처음엔 자신은 눈이 멀지 않았는데 남편을 돌보기 위해 눈이 먼 것처럼 수용소로 따라 들어갔다. 그러나 상황은 점점 악화되어 갔고, 혼자만 계속 눈이 멀쩡한 것이다.

사람들은 처음엔 눈이 멀었지만 점점 인간성에 눈이 멀어져가고 눈 먼 자들 속에서도 장님 리더가 생겨나고 물질적 소유를 갈망하는 인간 사회가 시작된다. 수용소에 갇혀있는 사람들이 강자와 약자로 나뉘어 살기 위해 발버둥 친다. 범죄와 약탈의 사태가 발생하는데, 눈멀지 않은 한 여인은 약자 편에서 눈 먼 자들 중의 약자들을 이끌어 간다. 진정 우리가 가지고 있는 것을 잃어버렸을 때에서야 그 가졌던 것이 얼마나 소중한지 알게 된다. 눈이 멀어버린 가정 하에 풍자적으로 인간의 모습을 보게 하지만 어디에서든 선과 악은 동시에 존재한다는 인간의 본질을 느낄 수 있다. 보지 못하는 사람 속에서 혼자만 본다는 것은 어떤 희망이 있음을 알리는 빛이기도 하다. 그것은 전염병을 해결할 수 있다는 암시일 것이고, 이곳에선 의사 아내가 한줄기 희망의 빛이다.

눈이 보이는 의사 아내의 도움으로 사람들은 수용소 밖으로 탈출하게 되는 것이다. 그러나 수용소 밖 도시도 이미 폐허가 되어버렸고 눈먼 사람들이 지네처럼 줄을 지어 먹을 것을 찾아다니고 있었다. 눈이 멀지 않은 여인은 살기 위해 자신의 일행을 데리고 먹을 것을 찾아내고, 조금 안정된 시간적 여유를 갖는다. 눈이 보이던 사회에서 약자였던 사람들은 오히려 모든 사람이 똑같이 눈이 멀어버린 상황이 좋을 수도 있었다. 보이는 것만이 세상의 모든 잣대가 되었던 사회에서 어떤 이들은 한없이 약자로 살아야 했기 때문이다. 그러나 지금의 상황은 누구나 같은 모습이다. 더 잘난 사람도 못난 사람도 없는 평등한 사회, 모두가 눈이 먼 사회다. 눈 먼 자들의 도시가 어쩌면 그런 평등 도시일 것이다. 살기 힘들지만 보이지 않으니 잘난 사람이 드러나지 않는다. 그 안에는 사랑이 존재해야 서로 남는다.

의사 부인이 고통스러운 사랑을 나누며 점차 희망이 보인다. 그리고 처음 원인 모를 이유로 눈이 먼 남자가 갑자기 눈이 보이게 된다. 그럼으로써 점차 모든 사람의 눈이 보이게 된다. 눈이 멀었다는 것은 많은 의미를 함축하고 있다. 이것은 단순히 눈이 멀었다는 것이 아니라 우리가 소유하고 있는 많은 것을 잃었다는 것을 암시한다.

"우리가 눈이 멀었다가 다시 보게 된 것이라고 생각하지 않아요. 나는 우리가 처음부터 눈이 멀었고, 지금도 눈이 멀었다고 생각해요. 눈은 멀었지만 본다는 건가. 볼 수는 있지만 보이지 않는 눈 먼 사람들이라는 거죠."

흐르는 강물처럼

미국 소설가: 노만 매클린
1993년 영화/감독: 로버트 레드포드
주연: 브레드 피트

"온전히 이해할 수 없어도 완전히 사랑할 수 있는가."

노만 매클린의 자전적 소설로서, 아버지 로만 목사가 두 아들에게 낚시를 통해 자연의 순리와 인생의 진리를 가르쳐주는 이야기가 담겨 있다. 영화는 1993년 로버트 레드포드 감독이 아카데미 촬영상을 수상하였고, 서정적 풍광의 아름다운 장면이 환상적이다. 또한 자유분방하고 모험심 가득한 폴 역을 맡은 배우 브레드 피트의 20대 모습을 볼 수 있다.

"기억하거라. 낚시란 10시에서 2시 사이의 4박자 리듬에 따라 연주해야 하는 예술이란다." 우리 가족에게는 종교와 플라이 낚시의 뚜렷한 경계선이 없었다고 시작한 작가의 이야기에서 아버지가 두 아들과 즐긴 플라이 낚시는 일종의 종교의식처럼 느껴진다. 아버지가 늘 예수의 제자들이 낚시꾼들이었다는 점을 강조했던 것처럼 두 아들은 자연스레 플라이 낚시가 삶의 일부가 되었다. 플라이 낚시로 인생을 배우는 두 아들의 모습이 멋진 자연경관을 배경으로 싱그럽게 묘사되어 있다. 플라이 낚시를 하는 것이라든가 낚싯대를 드리우는 법, 물고기와 교감하며 물소리와 물결에서 사회를 읽는다든가 침묵을 활용하는 법이다. 또 낚시의 소소한 과정 하나하나에 두 아들의 삶이 자연과 교감하고 있다.

〈구원받을 때까지 인간은 항상 저 멀리로 플라이 낚시를 던지게 되는 것이다. 보통, 인간들이 평상시에 도끼나 골프채를 휘둘러 그의 힘을 공중의 어딘가로 날려 보내듯이, 더구나 그것이 낚싯대일 경우에 사정은 더욱 나쁘다. 왜냐하면 플라이가 종종 너무 멀리까지 가버려서 수풀이나 바위에서 나중에야 발견되는 일이 있기 때문이다.〉

아버지는 낚시 법을 모르는 사람이 낚시를 하는 것은 물고기에 대한 모욕이라고 하였다. 모든 선한 것들, 영원한 구원과 같은 문제뿐 아니라 송어도 신의 은총을 받을 것이며, 그에 대한 감사의 과정에서 예술이 나오는 것이지만 그 예술은 쉽게 오지 않는다고 했다. 두 아들은 아버지에게서 장로교 스타일의 낚싯줄을 던지는 법을 배웠다. 그러나 두 아들이 자연 속에서 마음껏 뛰어놀며 하나님의 섭리를 스스로 배우기를 바랐지만, 그들의 꿈은 아버지와 달랐다. 어쩌면 아들들에게 비친 아버지는 지나치게 종교적이고 엄격한 통제를 한 아버지였는지 모른다. 형 노먼의 꿈은 권투선수가 되는 것이고, 동생 폴은 프로 플라이 낚시꾼이 되는 것이었다. 폴은 일이 낚시를 방해하는 걸 결코 허용하지 않는 삶을 선택했고, 일찍 인생의 중요한 결심을 했다.

〈낚시질과 일하지 않기….〉

아버지가 플라이 낚시를 통해 인생의 진리를 가르치려 했던 것이라면, 두 형제의 꿈은 아버지에 대한 반항의 방향으로 간 것이다. 형제가 보고 자란 주일 학교 한쪽 벽에는 페인트로 쓰인 글귀가 하나 있었다.

〈신은 사랑이다.〉

그러나 그 두 마디의 말이 외부와는 아무런 관계없이 가족에게만 해당되는 글귀가 되어버릴 수도 있다. '신은 사랑이다'라는 글귀만으로 결코 세상을 살아갈 수 없다는 것을 자신 내부의 거친 숨결에서 느끼는 때가 오기 때문이다. 20대 장성한 아들들은 좀 더 터프해지고 싶고 누군가와 싸움에서 절대 지고 싶지 않다. 형제간에도 약간의 경쟁 관계가 자연스럽게 생겨나면서 어느덧 그들은 각자의 삶을 살아간다. 어느 때가 되면 가족을 떠나 사회 속으로 들어가 또 다른 경쟁 구도에서 살아가게 된다.

형 노먼은 아버지의 바람대로 모범생이 되었다. 작문에 소질이 있었던 노먼은 대학에서 문학을 전공하고, 자유분방하고 모험을 즐기며 도전적인 폴은 지역 신문기자로 일하게 되지만, 도박에 빠져 위태로운 삶을 살아간다. 형 노먼이 명문대학에서 6년간의 학업을 마치고 집으로 돌아오고 이들은 예전처럼 플라이 낚시를 즐긴다. 이후 시카고 대학에서 교수 제의를 받은 형은 사랑한 여인 제시에게 청혼을 하고 폴에게도 시카고로 가자고 하지만 폴은 거절한다.

자유분방한 폴은 사랑하는 방법도 달랐고 싸움으로 유치장 신세를 지며 방탕 생활을 한다. 폴은 어렸을 때부터 아버지가 가르쳐 준대로 플라이 낚시를 하기보다는 자기만의 방식대로 하곤 했었다. 그는 거친 물살 속으로 거침없이 뛰어 들어가서 급류에 휩쓸려 가면서도 낚시대를 포기하지 않는다. 그러한 폴의 모습에서 아버지와 형 노먼은 완벽한 플라이 낚시꾼의 모습을 보며 내심 감탄하곤 했다. 어쩌면 폴은 아버지에게 갈릴리 바다에서 제일가는 낚시꾼이었다는 요한의 드라이 플라이(수면 위를 떠다니도록 만들어진 제물낚시)를 보여주고 싶었는지도 모른다. 어렸을 적 아버지가 형제에게 물었던 질문은 늘 이랬다.

"인간의 가장 주요한 목적은 무엇인가?"

교리 문답에서 두 아들은 동시에 "인간의 가장 주요한 목적은 영원히 신을 찬양하고 그를 기쁘게 하는 것입니다."라고 했고, 그 대답은 아버지를 만족스럽게 했었다. 폴은 아버지에게 플라이 낚시의 완벽한 예술작품을 보여주고 가족 곁을 떠났다. 폴은 거친 급류에 휩쓸리듯 뒷골목에서 총에 맞아 짧은 생을 마감했고, 가족들은 온전히 이해하지 못한다고 해도 완벽하게 사랑할 수는 있는가에 대해 생각한다.

"물이 뇌리에서 떠나지 않는다."

소설의 끝 문장이다. 몬태나 주 리빙스턴강의 흐르는 강물처럼 조약돌 밑에는 수없이 많은 이야기들이 존재하고 있다. 우리의 삶도 흐르는 강물처럼 각자의 삶대로 흘러간다.

〈낚싯줄을 던지는 시간을 길게 하려면 그는 여분으로 얼마만큼의 낚싯줄을 가지고 있어야 한다. 최고로 잘 던지기 위해서는 보통 때에는 사용하지 않는 그 여분만큼의 낚싯줄을 물속에 잠기고, 그 나머지 부분은 약간 느슨한 둥근 고리 모양을 그리도록 해야 할 것이다.〉

양철북

독일 소설가: 귄터 그라스
1988년 영화/감독: 폴커 슐렌 도르프
주연: 데이비드 베넨, 마리오 아도프

"세상을 두드리는 소리에 귀 기울인 적 있는가?"

양철북은 독일의 소설가 귄터 그라스가 1959년 출간하였고, 1999년 노벨문학상을 수상했다. 우리나라에서는 1988년 개봉되었으나 이미 1979년에 칸 영화제에서 황금종려상을 수상했고, 아카데미 시상식에서 외국어 영화상 등을 수상했을 만큼 유명한 작품이다. 전쟁이 휘몰아치는 시대의 역사성을 반어와 풍자적으로 표현했지만, 개인사를 흥미롭게 엮어낸 뛰어난 이야기꾼이라는 생각이 드는 소설이기도 하다. 정신병원 환자의 꾸며낸 이야기 같기도 하고, 비참한 전쟁을 겪으면서 일부러 정신병자가 되고 싶었던 사람들의 이야기인가 싶기도 하지만 소설은 어두운 시대적 상황을 양철북을 통해 고발하고 있는 건 분명하다. 귄터 그라스가 한때 나치 친위대에 복무했었다는 이력이 노벨문학상 수상자로 결정되면서 수면 위로 올랐을 때 그는 다음과 같이 말했다고 전해진다.

"먹고 살려고 입대를 했던 것뿐이다. 현대사회에는 정보가 넘쳐 많은 것을 보고 비판할 기회가 있다. 그런데 과연 지금 사회는 비판해야 할 것을 하고 있는가? 당신들도 안 하고 있지 않은가? 힘들고 무서운 시대였다. 잘 먹고 잘 사는 요즘 사람들이 그 시절을 어떻게 알고 감히 나를 평할 수 있는가?"

우리나라도 36년 동안이나 일제강점기에 놓여 있었다. 이 시대에 친일을 했던 문학인들에 대한 비판이 큰 것은 그 당시에도 목숨을 버리면서 일제에 항거했던 문학인들이 있었기 때문이다. 귄터 그라스의 말처럼 시대적 상황은 그 누구에게나 직면할 수 있다. 만일 당신에게 그런 순간들이 닥친다면 어떻게 할 것인가. 그의 말처럼 힘들고 무서운 시대는 일제강점기 이후에도 우리 사회에 정치적으로 끊임없이 계속되었으니 말이다. 그러나 귄터 그라스는 그러한 평가에도 불구하고 노벨문학상을 수상하며 세계적인 작가로 인정받았다는 점이 다르다.

양철북은 1960년대 중반 이후 대학생들을 중심으로 일어난, 기존 체제에 저항하는 정치 운동의 결과다. 도덕과 성 분야에서도 자유로운 풍조가 일반화되자, 편견과 오해를 벗어나 새롭게 관심이 대상이 되며 조명되었다. 소설은 정신병원에 수감된 난쟁이 오스카 마체라트가 과거를 회상하는 형식으로 전개되지만, 영화는 감자밭에서 감자를 굽던 할머니의 네 겹 치마 밑으로 숨어 살아남은 도주범 콜야이체크 할아버지와 사이에 어머니 아그네스가 태어난다.

1899년은 오스카의 어머니 아그네스가 태어난 해이고, 1954년은 정신병원에 수감된 오스카가 30세 생일을 맞이하고 있다. 나와 오스카가 독자 사이를 오가며 때로는 독자에게 물어보기도 하는 문체를 읽어가자면 마치 정신병자에게 자신의 삶 이야기를 전해 듣는 느낌이랄까. 그런 것처럼 영화 속 오스카의 모습과 행동은 소름 돋을 정도다. 어머니 뱃속에 있을 때부터 오스카는 세상을 감지하며 태어났다.

〈자신이 내 아버지라고 생각하는 마체라트씨가 말했다. 이 아이가 앞으로 장사를 이어받겠지요.〉 또 어머니가 말한다. 〈오스카가 세 살이 되면 양철북을 사줘야지.〉 어머니와 아버지의 대화를 뱃속에 들은 오스카는 생각한다. 〈겉으로는 소리쳐 우니까 푸르죽죽한 피부를 가진 갓난아기로 보였겠지만, 사실인즉 나는 식료품 가게 일체를 물려주겠다는 아버지의 제안을 단호하게 거부하였다. 그 대신에 나의 세 번째 생일날에 어머니가 나에게 선물로 주겠다고 소망한 것에 대해 호의적으로 검토해 보겠다고 결심하고 있었다.〉

전구 아래서 인생을 시작하기도 전에 삶에 대한 욕망을 잃어버렸다는 이야기, 그리고 다만 나에게 약속된 저 양철북만이 태아의 위치로 다시 되돌아가려는 것을 막아주었다는 이야기, 그런 다음 산파가 자신의 태아를 잘라 버렸으므로 어쩔 도리 없이 세상에 나와야 했다는 이야기, 이 세 가지 이야기는 전쟁의 참혹한 시대적 상황을 그대로 알려주고 있는 것이다.

3살이 되자 오스카는 스스로 지하실 계단에서 떨어져 성장을 멈춘다. 이후 양철북을 뺏으려 하면 소리를 지르는데 유리가 깨진다. 유리 깨기는 하나의 무기이고 삶의 도구가 된다. 태어나면서부터 어른의 지적 능력을 가진 오스카는 난쟁이로 머물러 살면서 학교에 적응하지 못한다. 오스카의 존재로 인해 주변의 소중한 사람들이 모두 죽어간다. 어머니는 아버지가 잡은 장어를 억지로 먹다가 생선중독에 걸려 죽는다. 또 전부터 자신의 아버지가 얀인지 마체라트인지에 대해 모호한 생각을 하던 오스카는 어머니의 불륜 상대인 사촌 얀 브론스키를 우체국으로 유인해 나치에게 죽게 만든다. 그런가 하면 가정부로 들어온 마리아에게 첫사랑을 느끼지만 집을 떠난 후 난쟁이들과 함께 서커스 공연을 다닌다. 그러던 중 사랑했던 난쟁이 애인 로스비타 또한 커피를 챙기다가 폭격에 맞아 죽는다. 이후 전쟁이 끝나 집으로 돌아왔는데, 나치활동을 하던 아버지 마체라트 마저 소련군 앞에서 나치 뺏지를 삼키게 만들어 죽게 만드는 무서운 일들을 벌인다.

아버지의 식료품가게는 살아남은 유대인 파인골드가 인수하게 되고, 오스카는 아버지 마체라트의 장례식에서 다시 성장을 하기로 마음먹는다. 마리아의 아들, 그러니까 자신의 동생이 던진 돌멩이에 맞은 오스카는 아버지의 관 위로 떨어져 코피를 흘리게 되면서 다시 성장이 시작된다. 이때 양철북은 마체라트 관 위에 떨어져 함께 묻히게 된다. 병실에서 치료를 받던 오스카는 이후 다른 가족들과 이주하게 되지만 할머니는 떠나지 않고 남편 콜야이체크를 만났던 감자밭에서 감자를 굽는다. 방대한 이야기 전개 속에서도 양철북을 두드리는 오스카의 모습은 무서운 존재다. 세상의 부조리를 알리는 북소리일 수도 있고, 어쩌면 세상에 나오지 말아야 할 괴물의 존재를 알려주고 있는 것이다.

은교

한국 소설가: 박범신
2012년 영화/감독: 정지우
주연: 박해일, 김무열, 김고은

"아파야 사랑인 거죠. 아프니까 사랑인 거겠죠."

대화 중에 이런 말을 주고받은 적이 있다. 분명 할아버지 같고 할머니 같은데 할아버지, 할머니라고 부르면 기분 나빠한다는 말이었다. 그래서 호칭을 뭐라고 불러야 할지 몰라 그냥 안 부른다고도 하고, 오빠, 언니라고 부른다는 사람도 있다. 그런가 하면 어르신이라는 호칭도 썩 좋아하는 호칭이 아니라고 하는데, 고령화 시대에 적당한 호칭은 어떤 것일까. 미국 같은 나라에서는 이름을 부르는 것이 자연스럽지만 우리나라에서 노인에게 누구 씨 하고 이름을 부른다는 것은 예의에 벗어난다.

초 고령화 시대에 접어들었다. 노인이라고 하기에는 70대 80대도 외모적으로 젊고 건강한 분들이 많다. 사실, 자신이 늙는다는 것을 얼마나 생각하고 살아가는가. 그렇듯 은교에서 40대 서지우는 자신이 늙어갈 것을 전혀 생각지 않는 사람처럼 보인다. 그래서 그의 스승 이적요는 제자 서지우에게 더 화가 나는 것이다. 그 사이에 17세 은교가 나타난다. '은교'에서 이런 말이 나온다.

〈너희 젊음이 너희 노력으로 얻은 상이 아니듯, 내 늙음도 내 잘못으로 받은 벌이 아니다.〉 태어나는 것도 원해서 태어난 것이 아니고 주어진 삶의 여정대로 어린아이를 지나 청소년 시기를 거쳐 성인이 되고 어느새 늙어 있다. 60대가 되면 정년이 되니, 이미 노인에 속해있다는 느낌을 갖게 된다. 요즘은 65세부터 지급되는 노령연금을 받는 순간 늙었다는 것을 실감한다는 분도 보게 된다. 노령연금을 받으니 기분이 좋아야 하는데, 오히려 쓸쓸해진다는 것이다.

은교는 박범신 작가가 2010년 발표한 소설이다. 이 소설이 출간되었을 때 논란 속에 큰 주목을 받았다. 70세 노 시인과 17세 소녀의 심쿵한 이야기 전개가 독특하면서 충격적이었기 때문이다. 박범신 소설가는 "은교는 젊은 여자에 대한 욕망을 다룬 소설이 아니라 늙어가는 슬픔에 대해, 그리고 불멸의 가치에 대한 욕망에 대해 쓴 것."이라고 말했었다. 작품을 읽어보지도 않고 영화만 본다면 다소 저급한 노인의 욕망을 다룬 것처럼 비치는 것을 우려한 것 같다. 그렇다, '은교'의 내용은 굉장히 아름다운 이야기로 전개되어 있다. 보통 외모로 보아 70살이면 노인으로 생각하겠지만, 마음만은 늙지 않는다는 것을 새삼 일깨워주고 있다. 신체는 늙어가지만 마음은 불멸의 젊은이라는 점이다. 은교는 그 불멸의 사랑을 언어의 미학과 시어를 통해 전해주고 있다.

영화 은교는 2012년에 개봉했다. 소설과 영화가 약간의 차이가 있다. 그래서 소설을 읽지 않고 영화만 본다면, 박범신 작가가 말하고자 했던 부분을 놓칠 수 있겠다는 생각이 들었다. 영화에서는 존경받는 노 시인이 17세 소녀 은교를 혼자서 흠모하고, 늙어가는 자신의 모습을 인정하고 싶지 않아 괴로운 나머지 제자를 질투하는 것처럼 부각되었다.

〈욕망이라면, 목이라도 베이고 싶은, 저돌적인 욕망이었다, 우주의 비밀을 본 것 같았다. 그렇게 나는 은교를 처음 만났다.〉

70살 노 시인 이적요는 그의 이름을 따 문학상이 제정되고 사후 살던 집이 문학관이 될 정도로 영향력 있는 시인이다. 그는 은교를 처음 봤을 때, 잠자고 있던 젊음이 다시 솟아나는 사랑의 감정을 느낀다. 그 감정은 이후 그의 삶 중심에 자리 잡고, 젊음을 갈구하는 욕망에 사로잡힌다. 그 가운데 그의 집에 드나들며 온갖 시중을 들어주는 제자 서지우가 있다. 무기재료를 전공한 서지우는 공대출신이지만 이적요를 알게 되면서 문학에 빠져들고 그의 제자가 된다. 서지우는 소설 '심장'을 발표하여 베스트셀러 작가가 되어 잘나가는 소설가로 인정받는다. 하지만 심장은 이적요가 써준 것이고, 이후 서지우가 발표한 작품들도 모두 이적요가 쓴 작품들이다. 이적요는 자신의 문학을 해내지 못하는 서지우를 멍청이라며 답답하게 느낀다. 이적요는 평생 시인으로서 살았고, 소설을 발표하지 않았기에 모두 서지우의 작품이 된 것이다.

은교가 둘 사이에 나타나기 전까지 스승 이적요와 제자 서지우는 그런대로 서로에게 맞추는 좋은 관계였다. 집 청소를 해주기 시작한 은교의 등장은 이적요의 가슴을 요동치게 만들었고, 그 모습을 곁에서 지켜보는 서지우는 둘 사이에서 괴롭다. 소설의 서지우와 영화의 서지우는 다르게 나온다. 소설 속 서지우는 존경하며 사랑하는 스승이 은교에게 흔들리는 모습이 안타깝다. 존경받는 시인이 은교로 인해 망가질까 두렵기도 하지만, 자신 또한 은교와 관계하게 된다. 서지우는 스승의 문학을 빌어서 살아가지만, 스승을 진정 사랑하는 제자였다. 그러나 영화 속 서지우는 늙은 스승이 17세 여고생 은교에서 집착하는 모습에 참지 못한다. 그런가 하면 스승의 작품으로 베스트셀러 작가가 되고 이상문학상까지 수상하며 이적요의 소설을 훔친 사람이다. 서지우는 이적요의 젊은 마음, 사랑의 감정을 인정하지 못하고, 늙은이 취급을 한다.

결말은 스승과 제자의 질투심이 중심에 놓인다. 질투심에 사로잡힌 이적요가 제자 서지우를 차 사고를 가장해 죽게 만든다. 그런데도 소설의 결말은 아름답다. 이적요는 은교에 대한 질투심으로 제자 서지우를 죽게 했다고 생각했다. 그러나 반전이 있다. 서지우는 존경하는 스승이 자신을 죽이려고 한 것을 감지했다. 그리고 더 이상 스승과 함께 할 수 없음을 느꼈기에 스스로 죽음을 택한 것이었다. 두 사람이 남긴 노트를 본 은교는 울면서 태워 없앤다. 소설 은교의 끝이 여운이 남는 이유다. 결국 은교는 노 시인에게 사랑의 감정을 불 피웠고 그로 인해 문학을 알게 됐다. 그리고 두 남자 사이에 또 다른 불씨를 던져놓은 셈이다. 박범신 작가는 작가의 말에 이렇게 남겼다.

"밤에만 쓴 소설이니, 독자들도 밤에만 읽기를 바란다."

채털리 부인의 사랑

영국 소설가: 데이비드 로렌스
1981년 영화/감독: 쥐스트 자캥/
주연: 실비아 크리스텔, 세인 브라이언트 외

"사랑이란 서로 부족한 한 조각을 채워주는 것."

남녀 간의 성 문제를 다룬 소설들은 늘 외설 시비에 휘말렸다. 1992년 즐거운 사라를 발간한 고 마광수 작가는 검찰에 구속을 당하기까지 했었다. 현재도 성 윤리에 어긋난다며 가차 없이 그 작품성을 인정하지 않으려 한다. 그러나 성은 본능적 욕구다. 사랑을 말하면서 어찌 성을 빼놓을 수 있단 말인가. 플라톤의 '향연'에서 사랑의 찬양이란, 결국 플라토닉 러브조차도 한 몸이었던 때를 그리워하는 인간의 본성을 말하고 있다. 사회문제 중 가장 큰 이슈는 항상 성 문제다. 그러나 사랑이 빠진 행위는 허무할 뿐이다. 남녀의 사랑이나 동성애자들의 사랑도 성애 없이는 사랑이 지속되기 힘들다. 그렇다 해도 육체적 사랑의 끝도 돌아누우면 외로움만 남는다. 그럼에도 불구하고 인간은 사랑을 갈구한다. 부족한 한 조각을 맞추기 위해.

채털리 부인의 사랑은 영국의 작가 데이비드 로렌스가 1928년 출간한 소설이다. 로렌스의 작품들은 광부였던 아버지와 상류층 출신 교사였던 어머니 사이에서 배경적 영향을 받은 것으로 평가된다. 남편과 사이가 좋지 않았던 어머니는 막내였던 로렌스에게 각별한 애정을 보였는데, 그 이야기는 로렌스의 소설 '아들과 연인'에서 어머니를 연인처럼 느끼는 묘사에서도 엿볼 수 있다. 작가가 살았던 당시 환경은 그의 작품 속에 그대로 녹아난다. 광부들의 현장과 현대 기계 문명의 혐오를 동시에 비판하면서 인간다움의 파괴를 호소하고 있는 것이다. 또한 상급 하급으로 분류되는 사회 계급 속에서 갈등하고 있으며, 정신과 육체, 지성과 원시성에서 삶을 탐구하고, 육체적 사랑의 완성에서 비로서 삶의 완성을 말하고 있다.

　작가 로렌스의 삶 또한 평범하지 않았다. 그는 정신적 연인이었던 어머니가 세상을 떠나자 6살 연상인 대학교수 은사의 부인과 사랑에 빠져 도피하다가 결혼했다. 채털리 부인의 사랑은 외설 시비로 오랫동안 재판 끝에 승소하여 1959년 미국에서, 1960년 영국에서 무삭제판이 허용되었고 세계명작으로 인정받고 있다. 그렇듯 문장 자체가 남녀 사이 생생한 성애를 묘사하고 있고, 육체적 사랑에서 사랑의 완성을 부르짖고 있는 것 같지만, 실제는 인간다운 사랑의 아름다움을 알려주는 작품이다. 어쩌면 남녀 간의 성적흥분 상태에 대한 묘사를 적나라하게 담아내서 육체적 사랑의 깊이를 알고자 한다면 이 소설을 읽어보라 권장하고 싶다.

　영화는 1981년 개봉되었는데, 육체적 사랑에 중점을 다루고 있어 소설의 작품성을 소화해 내지 못한 아쉬움이 남는다. 채털리 부인은 지금으로 말하면 금수저에 아름다운 외모와 돈 많은 귀족의 아내로서 많은 것을 가졌다. 그런 그녀도 행복하지 못했다. 채털리 부인, 코니는 처녀 시절부터 굉장히 사교적이고 자유로운 연애를 갈구하는 현대적 여성이었다. 그녀는 1917년 1차 대전 와중에 귀족 클리포드와 결혼했다. 그러나 클리포드는 영국군에 입대하여 전쟁 중 하반신 마비와 성적 불구까지 되어 돌아온 것이다. 그러나 클리포드는 작가로서 성공하여 유명해졌고, 코니는 그 곁에서 그의 지적 탐구와 허세를 지켜보며 사랑해보려 노력한다.

그 저택에는 상류 계급 사람들이 찾아와 지적인 대화를 나누곤 한다. 그 중 마이클리스라는 극작가와 잠시 관계를 맺은 코니는 만족하지 못하고 그와 헤어지기도 한다. 육체적 관계가 없는 부부의 일상은 공허함의 쳇바퀴다. 습관적으로 살아가는 두 사람에겐 기나긴 인생이 남아 있을 뿐이다. 어느 날 클리포드는 코니에게 정부를 가지라고 말한다. 대신 자신과 같은 귀족이어야 하고 아이를 낳아도 좋다고 한다. 클리포드는 아내를 떠나지 못하게 하려는 야심에서 개인적 성공을 위한 제안이지만, 코니는 그런 클리포드에게 경멸을 느낀다. 그러던 중 영지를 지키는 멜로스라는 사냥터지기가 그의 움막에서 목욕하는 모습을 엿보게 된 코니는 그에게 끌리게 된다. 그녀는 참고 있었던 본능이 순간 되살아나는 육체적 환희를 느낀다. 그녀는 저택에 드나드는 귀족 남자들과 관계를 맺어 아이를 갖는다는 것을 생각하니 굴욕과 혐오감이 들었다. 그녀는 아이를 갖고 싶어졌다. 무의식적으로 숲속 사냥터지기의 움막으로 발걸음이 가곤 한다.

소설의 배경이 1900년대 초인데도 유전자조작이나 정자 보관 등의 대화가 나오는 것에 놀라지 않을 수 없다. 하층민 광부들이 위험을 무릅쓰고 석탄을 캐내는 시대에서 미국의 포드사가 자동차를 만들어내며 문명이 빠르게 발전해 간다. 세상은 돈이 최고이고, 돈과 계급만이 존재할 뿐이다. 그때나 지금이나 돈이 전부인건 다르지 않다. 클리포드는 탄광사업으로 돈을 벌어들이고 집에 거주하게 된 간호사가 돌보게 되었으므로 코니는 숲으로 가 멜로스와 사랑을 나눌 수 있었다. 그녀는 멜로스라는 사냥터지기 남자를 통해 진정한 사랑이 무엇인지 깨닫게 되고 그의 아이를 갖게 되지만 복잡한 상황에 직면한다. 또한 클리포드를 돌보는 간호사 볼튼은 지적인 클리포드에게 연민과 사랑을 느끼고 클리포드는 한참 연상인 그녀에게 어린아이처럼 의지하는 사이가 되어 있다. 사랑이란 그렇게 서로 부족한 한 조각을 채워주는 것인지도 모른다. 결국 채털리부인은 클리포드와 이혼하기로 결심하고 사랑을 택한다. 클리포드를 버림으로서 탐욕과 돈, 기계 같은 차가운 것을 버렸다. 비인간적인 삶보다는 가장 인간적인 삶을 택했다.

"남자가 따뜻한 가슴으로 성행위를 하고 여자가 따뜻한 가슴으로 그것을 받아들인다면 세상의 모든 것이 다 잘되리라고 난 믿고 있소. 차디찬 가슴으로 하는 그 모든 성행위야말로 바로 백치 같은 어리석음과 죽음을 낳는 근원인 것이오."

멜로스의 말처럼 그녀에게 부족한 한 조각은 따뜻한 사랑이었다.

여자의 일생

프랑스 소설가: 기 드 모파상
2017년 영화/감독: 스테란 브리제
주연: 주디스 첸라, 스완 아르라우드 외

"인생이란 그렇게 좋은 것도 그렇게 나쁜 것도 아니다."

기 드 모파상의 대표작이자 첫 장편소설 여자의 일생은 한 권의 서정시와 같다. 프랑스 노르망디 지방의 한 여인의 인생을 다룬 작품인데도 지극히 평범한 우리 어머니들의 삶과 별반 다를 게 없다. 단조로워 보이는 소설이 지금까지 세계고전으로 읽히는 이 소설의 힘은 서사적 긴 구조가 한 편의 시처럼 읽히는 문체의 미덕에 있을 것이다. 마담 보바리의 작가 플로베르에게서 문학 수업을 한 모파상은 사실주의 미학을 바탕으로 여자의 일생을 페시미즘 편향적 감성으로 승화시키고 있다. 가련한 한 여인의 삶 속에서도 늘 아름답게 조명되는 자연의 조화가 존재한다. 그 안에서 인간의 삶이 얼마나 덧없음인가 하는 비감을 느끼게 한다.

사실 이 소설이 영화가 있을 것이라고는 생각지 못했는데, 2017년 프랑스 영화로 개봉되어서 어떻게 담아냈을까 궁금증을 갖고 보았다. 대부분의 프랑스 영화가 그렇듯 화면 내면에 흐르는 깊이를 생각하지 않고 보면 초반에는 매우 지루한 영화가 될지 모른다. 삶을 매우 느리게 느리게 조명하며 한 여인의 풍파를 스스로 노를 저어서 따라가라고 하는 듯하다. 우리의 어머니, 그리고 어머니의 어머니들이 그랬듯 그녀들의 결혼도 그리 자유롭지 못했다. 물론 프랑스에서는 딸이 어느 정도 성장하면 사교계에 내보내 남자들을 만날 기회를 주긴 했지만, 딸의 결혼은 지참금이 있는 하나의 거래이기도 했다.

잔느는 귀족의 외동딸로서 부모의 따뜻한 사랑 속에 한 송이 꽃처럼 피어났다. 그녀는 수녀원 학교에서 공부한 후 17세가 되어 집으로 돌아왔으니 그녀가 아는 세상은 유복한 집과 수녀원 그리고 자연뿐이었다. 그녀의 눈에 비친 자연 풍광과 평화로운 가정은 모든 게 사랑스러움이어서 그녀의 미래 또한 찬란한 행복만이 펼쳐져야 했다. 그러나 그 기대는 한 남자로 인해 무참히 무너지기 시작한다. 그래서 처녀가 되면 사교계에 나가 남자들을 만나고 집 밖 사회를 알게 하는 시간이 필요한 것인지 모른다.

부모의 뜻에 따라 그런 생활을 전혀 해보지 않은 잔느는 수녀원에서 배운 사랑 하나가 세상의 전부였다. 그 고결하고 순진한 사랑을 이용하며 결혼에 성공한 쥘리앵은 본색을 드러내기 시작했다. 알고 보니 쥘리앵은 결혼 전에 보았던 모습과는 전혀 다른 인색하고 탐욕스러우며, 냉혹하고 야비한 이기주의자였다. 그는 모든 도덕적 양심이 결여된 인간이다.

잔느의 하녀 로잘리에게는 결혼 전부터 접근하여 사생아를 낳게 하고서도 그 모자를 완전 모르는 자들 대하듯 한다. 그런가 하면 욕정에 사로잡혀 동료 귀족 아내와 바람을 피우다 그녀의 남편에게 잔인한 죽임을 당한다. 일찍 과부가 된 잔느는 어린 외동아들에게 모든 기대를 걸며 살아간다. 아들에 대한 편집증적 집착은 잔느의 존재를 사라지게 만든다. 잔느는 아들을 학교에 보내는 것조차도 마땅치 않게 생각한다. 그것은 아들에 대한 지독한 집착으로 곁에서 떼어내지 못하는 사랑 결핍증과 같은 것이다. 그러나 뒤늦게 아들 폴을 중등학교에 보내지만 아들은 매춘부에게 빠져서 어머니 곁을 떠나버린다. 이후 파리 어디에선가 사업을 한다는 아들은 사기에 말려들고 사업에 실패했다는 편지를 보내오며 돈을 요구한다. 매춘부에게 외아들을 빼앗긴 잔느는 질투심과 원한에 시달리는 고통스러움과 한편으로는 아들에 대한 애절한 그리움으로 뼈에 사무치는 시련의 나날을 보낸다. 결혼하자마자 시작된 남편의 환멸에 이어 외아들이 주는 지속적인 고통 속에 사십대 중반에 이미 백발의 노인처럼 되어 간다.

"아마, 내겐 운이 없었어. 뭐 하나 되는 일이 없었어. 운명이 일생동안 악착같이 괴롭혔어."

잔느는 왜 자신은 다른 사람들처럼 사랑을 받지 못했던가. 왜 자기는 평범한 삶의 단순한 행복조차 누릴 수 없었던가. 남편의 아들을 낳은 하녀 로잘리에게 푸념한다. 잔느는 어머니가 죽고 나서 어머니의 유품을 정리하다 어머니가 내연남과 주고받았던 편지를 보고 놀란다. 자신이 생각했던 사랑은 무엇이었던가. 그 사랑은 인간의 본능으로 움직이는 반짝이는 사랑이었던가. 불륜이나 강간이나 남녀의 육체적 결합으로 생겨나는 생명의 잉태를 자연의 이치라고 생각하는가. 당시 성당의 신부도 그 지방의 사람들의 성적 문제를 자연의 한 부문으로 받아들이며 결과를 좋은 방향으로 만드는 쪽을 택했다. 그런가 하면 그것을 전혀 인정하지 못하는 또 다른 신부는 오히려 사람들에게 외면당하고 인간 사이를 파멸로 만드는 괴짜가 되어 있다.

새끼를 낳는 개를 잔인하게 밟아 죽이는 신부의 모습은 끔찍하기도 하다. 그 안에서 살아남은 한 마리의 강아지에 애정을 다하는 잔느의 사랑은 그저 살기 위한 몸부림일 뿐인가. 간신히 살아남은 강아지와 잔느의 신세는 다르지 않았다. 의지할 곳이라는 자신의 하녀이자 자신의 남편에게 강간당해 남편의 아이를 낳은 로잘리뿐이다.

잔느가 어렸을 때부터 듣고 느끼고 꿈꾸었던 사랑은 이상적인 것에 불과했던 것처럼 그녀에게 닥치는 현실은 춥고 무섭고 두렵고 안타깝고 힘든 고통의 환멸뿐이었다. 남편 쥘리앵은 고통과 두려움만 주고 떠났고, 영영 행복할 것 같았던 어머니는 내연남과 주고받았던 편지를 남기고 떠났다. 어리석은 외손자가 가한 타격 때문에 아버지가 쓰러졌으며 가련한 여인 이종이모가 떠나고, 기르던 개의 죽음까지 그녀의 사랑은 아무 필요도 없는 것처럼 허무하게 모두 떠나버렸다. 그 곁에서 끝까지 그녀를 지켜주는 사람은 다시 돌아온 그녀의 하녀 로잘리뿐이다. 로잘리가 낳은 남편의 아이, 그 아이는 성장하여 어머니를 도와주고 있는 것 아닌가. 그럼 사랑하는 자신의 아들은 어디로 갔단 말인가. 끊임없이 돈을 요구하는 편지만 보내오던 아들에게 하염없이 돈을 보내

주던 잔느는 파산에 이르렀고, 로잘리의 도움 없이는 살 수가 없게 되었다. 로잘리는 파리로 가서 딸을 낳다 죽게 된 매춘부와 폴을 결혼시키고 아이를 데려온다. 아들의 딸을 로잘리에게서 받은 잔느에게 무한한 감동이 밀려왔다. 하녀 로잘리가 말한다. 잔느에게,

"인생이란 사람들이 생각하는 것만큼 그렇게 좋은 것도 그렇게 나쁜 것도 아닙니다."

붉은 수수밭

중국 소설가: 모옌
1988년 영화/감독: 장이머우
주연: 공리, 강문

"누이여, 누이여 용감하게 앞으로 나아가라, 앞으로…"

붉은 수수밭은 노벨문학상을 수상한 중국의 작가 모옌의 소설이다. 장이모 감독이 영화로 제작 여배우 공리가 출연으로 1988년 베를린 영화제 황금곰상을 수상했다. 영화 제작으로 인해 모옌의 작품이 세계 20개국으로 번역 출간되는 계기가 되었으니 소설의 영화제작은 대중 예술과 매우 중요한 관계에 있다고 할 것이다. 또 모옌의 많은 작품 중 1997년 창작한 희곡 '패왕별희'는 우리나라에서도 큰 인기를 얻은 드라마로 유명하며 그 외에도 독일, 일본 등 여러 나라에 소개되어 호평을 받은 작품들이 많다.

모옌은 2012년 노벨문학상을 수상하면서 중국의 첫 노벨문학상 수상자라는 영예를 얻었으며 스웨덴 한림원은 모옌이 현실과 환상을 역사적, 사회적 관점에서 절묘하게 융합한 문학 세계를 창조했다고 선정

이유를 밝혔다.

만약 당신이 어린 딸을 나이든 나병 환자에게 시집보내야 한다면 어떤가. 땅이 넓은 만큼 인구가 많은 중국에는 별 희귀한 사람도 많다지만, 상상하기 힘든 현실이 중국에는 옛날이나 지금이나 만연하다. 이야기의 주인공 화자는 할머니인 다이펑렌, 영화 속 이름 추알이다. 이름 없는 무덤과 단 몇 줄의 기록만 남겨진 집안의 역사를 복원하여 세상에 전하고자 하는 이야기가 전개된다. 그렇지만 가족사라기보다는 일제 침략에 맞선 민중의 강인한 정신력과 생명력을 다룬 작품으로 전쟁에서 침략자가 얼마만큼 잔인하게 되는지를 지켜보는 것이 너무 끔찍하다. 추알은 열여섯 살에 나병환자인 양조장집 아들 산벤랑에게 팔리다시피 시집을 가게 된다. 산벤랑은 50대 나병 환자였고 대신 집안에 돈이 많았던 것이다.

영화는 추알이 꽃가마를 타고 시집가는 길로 시작된다. 유일한 가마꾼 위잔아오와 산벤랑이 보낸 가마 일행들이 황량한 길에서 가마를 탄 가련한 신부의 앞날을 풍자하며 신나게 노래를 불러댄다. 그러던 중 붉은 수수밭을 지나게 된다. 붉은 수수는 누가 뿌린 것도 아닌데도 엄청난 밭을 이루고 있고, 이곳을 지날 때는 때로 산적들이 나타나 변을 당하기 일쑤인 곳이다. 붉은 수수밭 사이를 지나던 중 으스스한 바람에 붉은 수수가 흔들린다. 어떤 순간에 강도가 나타날지 가마꾼들과 신부가 잔뜩 긴장한 가운데 진짜 강도를 만나게 되었다. 이때 강도가 신부를 가마에서 내리게 한다. 강도는 신부를 수수밭으로 데려가려고 하지만, 가마꾼이 강도를 물리친다. 이때 가마꾼 위잔아오와 신부 추알은 미묘한 눈빛을 주고받는다. 다시 가마꾼들은 신나게 붉은 수수밭을 지나 목적지 산벤랑의 집에 도착했고 신부의 첫날밤이 돌아온다. 추알은 나병환자인 산벤랑에게 결코 자신을 허락하지 않고 며칠 후 산벤랑이 살해당한 사건이 일어난다. 이후 추알은 여장부와 같은 배짱으로 양조장을 이끌어가게 되는데, 가마꾼 위잔아오가 양조장 일꾼으로 들어오게 되면서 남편 자리를 차지한다. 둘 사이에는 아들 더우관이 생겼고 양조장은 일꾼들을 거느리고 고량주를 만들며 평온하게 돌아간다.

이후 십여 년의 세월이 흘러가고 중일전쟁이 발발한다. 그리고 일제 침략으로 인해 민중들의 삶은 점점 황폐해져 간다. 일본군에 의해 붉은 수수밭은 제거되어가고 그곳에 도로와 철도가 생겨난다. 그러던 중 양조장의 큰 어른격인 뤄한이 일본군에 의해 죽임을 당하게 되는데, 일본군의 잔인성은 인간성을 상실한 무서운 만행을 저지른다. 소가죽을 벗기듯 인간의 살가죽을 산 채로 벗겨 죽이는 끔찍한 살인이다. 붉은 수수밭에서 벌어지는 이 끔찍한 학살은 차마 눈 뜨고 보기가 힘들 지경이다. 전쟁이란 참으로 참혹한 현실이고 그 현실은 한없는 두려움이며 인간성을 파괴하는 현장이다. 그러한 일이 벌어진 뒤로 양조장의 여장부 추알과 남편 위잔아오는 일꾼들과 일본군에 보복전을 펼친다.

붉은 수수밭에서 고량주를 이용하여 일본군 탱크를 폭파시키는 일로 맞서지만, 결국 그 끝이 무모할지라도 민중의 질긴 생명력을 보여주고 있다. 붉은 수수밭은 이 같은 참상을 지켜본 저항의 땅이자 민중들이 용기 내어 설 수 있는 유일한 장소다. 누가 뿌리지 않았어도 저절로 생겨난 엄청난 붉은 수수밭, 그 수수처럼 민중들의 봉기는 절로 생겨나는 생명력이며 인간성을 회복하고자 하는 외침으로 계속 생겨나고 퍼져가는 것이다. 그러나 붉은 수수밭은 피로 물들 듯 인간 살육의 현장이었고, 핏덩이 같은 붉은 햇살이 이글거리던 곳이었다. 그런데 그곳 붉은 수수밭 안으로는 따뜻한 인간성을 품은 곳과 같았다. 붉은 해와 붉은 수수밭 그 사이에 존재하는 인간 삶은 환상적인 붉은 색으로 비치고, 그 환상은 민중들의 현실이었다. 지나가 버린 과거일 뿐이라고 치부하기에는 너무도 큰 전쟁의 흉터들, 붉은 수수가 일렁이듯 피바다를 이룬 일제의 잔인성에도 중국의 너른 향토성과 따뜻한 인간애가 있음을 알리고 있다.

우리의 할아버지 할머니들이 그랬듯 붉은 수수밭에서 일어난 가족사는 중국의 역사이자 어쩌면 우리나라의 역사이기도 했다. 할아버지 할머니는 참혹한 전쟁으로 떠났지만 살아남은 아들이 있고, 손자가 생겨나고 한 가족사의 이야기가 이어지고 가족사는 바로 역사가 된다. 붉은 수수밭에서 일어난 일은 세상을 모두 붉게 보이게 하기도 한다. 당시 어린애였던 아버지 더우관은 이후 그의 눈에 비치는 세상 모든 것이 붉게 보일만큼 너무도 강렬했던 전쟁사의 비극이었다. 그러나 잡초처럼 그 생명력은 질기고 그 정신은 이어지고 있다. 가련하게만 보였던 꽃가마 속 여인 추알은 결코 가련한 여인이 아니었던 것이다. 우리의 할머니들의 모진 삶과 생명력을 품고 있는 듯한 붉은 수수밭을 지나온 여인이다. 여인들은 가련하지 않다.

'누이여, 누이여 용감하게 앞으로 나아가라, 앞으로…'

채식주의자

한국 소설가: 한 강
2010년 영화/감독: 임우성
주연: 채민서, 현성, 김여진 외

"미치고 싶다는 것은 할 일이 있다는 것이다."

너, 미쳤구나. 미치지 않고는 그렇게 할 수가 없지. 미쳐야만 할 수 있어. 미쳐버리겠어. 미친 짓이야. 이처럼 우리는 미쳤다는 말을 일상 용어로 쓰고 있다. 그런 것처럼 삶이란 미치지 않고는 살아낼 수 없는 것인지도 모른다. 참고 인내하지 않으면 돌아버릴 것 같은 일들이 얼마나 많은가. 상처 없는 사람이 없듯, 크든 작든 그 상처들을 누구나 다 갖고 산다. 그래서 때로는 미쳐버릴 것 같다는 표현을 쓰면서 말이다. 그런데도 당신은 미치지 않고 지금 잘 살아내고 있다. 살기 위해서. 아니 미쳐야 해낼 수 있는 일을 지금 하고 있고, 미치지 못해서 해내지 못하는 그 어떤 것으로 더 미쳐가고 있는지도 모른다.

소설, 채식주의자는 소설가 한강의 연작소설이다. 3편의 단편을 묶어낸 소설이지만 3편의 다른 주제를 엮어 한편의 장편소설로 이어지고 있다. 2004년 창작과 비평 여름호에 발표된 채식주의자, 2004년 문학과 사회 가을호에 발표된 몽고반점, 2005년 문학 판 겨울호에 발표된 나무 불꽃으로 이어지며 채식주의자가 완성된다. 한강 소설가는 2005년 몽고반점으로 이상 문학상을 수상하면서 알게 되었는데, 2016년 채식주의자로 맨부커 상을 수상하면서 세계적 작가로 주목을 받기 시작했다. 그러니까 우리 문학이 세계로 나아간 커다란 영광을 안겨준 일, 소설가 한강도 미치지 않고는 해낼 수 없었을 것이다.

영화는 2010년 제작되었는데, 소설과 거의 같았다. 몸에 그린 그림을 소설이 아닌 영상으로 보는 느낌이 약간 싸하다고나 할까. 그래서 읽었던 상상을 사실로 보는 것이 매우 이질적이어서 미친 짓이라는 단어가 떠올랐다. 꽃이 되고 싶고 나무가 되고 싶었던 그녀, 영혜는 어느날 꿈을 꾼 후 채식주의자가 되었다. 갑작스럽게 채식주의자가 되어버린 영혜를 바라보는 남편을 비롯한 그녀의 친정 식구들은 당황하게 된다. 영혜보다 네 살 위인 언니 지혜의 집에 모여 식사를 하게 된 날, 고기를 먹지 않는 영혜에게 화가 난 친정아버지가 폭력을 쓰며 억지로 고기를 먹이려 한다. 영혜는 순간 식탁에 있는 과도를 집어 들어 자신의 손목을 긋는다. 어린 시절 어머니에게 폭력을 휘두르던 아버지의 모습이 내면에 남아 있고, 키우던 개를 잔인하게 잡아 식탁에서 먹던 일, 어린 시절 가정에서 벌어진 폭력 앞에서 식물인간 같았던 어린 마음이 가슴에 남아 있었다. 그 어리고 여린 마음은 꽃과 나무로 그녀의 가슴에 뿌리를 내렸다. 그녀에게는 손과 팔 인간의 신체가 잔인한 도구처럼 느껴진다.

"내가 믿는 건 내 가슴뿐이야. 난 내 젖가슴이 좋아. 젖가슴으론 아무것도 죽일 수 없으니까."

영혜는 어린 시절에 심었던 꽃과 나무로 돌아가고 싶은 여인이 된 것 같다. 그녀가 채식주의자가 된 이유는 아주 간단하다. 꿈이 이유이니까. 그렇지만 그 꿈이라는 것이 무엇인가. 그 어떤 것이 강박관념이 되어 계속 꿈에 나타나기도 하고, 꿈은 우리의 그 어떤 이상이기도 하다. 그래서 꿈을 꾼 후 채식주의자가 되고, 남편의 살 냄새조차 고기 냄새처럼 싫어진 영혜를 보면서 그녀 가슴에 남겨진 비인간적인 환멸을 본다. 그녀에게 고기가 싫어진다는 것은 식물인간이 되어간다는 것이고, 아무것도 모르던 어린아이로 돌아가고 싶은 여린 마음이고, 혼자 힘으로는 안 되지만 꺾이지 않는 어떤 것이 내면에 흐르는 것이다.

소설 '채식주의자'가 3편의 연작소설이 이어져서 훌륭한 작품이 되듯, 엮어져야만 보게 되는 나와 당신이 있다. 나와 당신은 때로 미쳐있고, 때로 미치고 싶고, 때로 미치지 못해 살고 있는 것이다. 영혜가 채식주의자가 되어 미쳐가듯이, 자신을 고깃덩어리로 바라보는 아내를 보게 된 남편은 그저 그런 상황이 미쳐버릴 것 같은 인간이 된다. 만약 당신이 남편이라면 어떨 것인가. 그런가 하면 미술가인 지혜의 남편은 그러한 영혜를 보면서 미술적 영감에 빠져드는 또 다른 인간이다. 아내에게서 우연히 듣게 된 처제의 엉덩이에 아직도 남아 있다는 몽고반점, 그는 처제의 몽고반점에 집착한다. 그리고는 해내지 못하는 자신의 예술 세계를 영혜의 엉덩이에 있다는 몽고반점에 미술을 접목하려는 것이다. 그것이 자신의 예술세계의 도착점이 된 듯 그는 예술이라는 커다란 자신의 항아리 속에 갇혀있다. 그래서 그는 자신의 예술 항아리가 어디로 굴러가는지도 모르면서 불쌍하게도 미치지 못해서 발광하는 예술가다. 그래서 어떤 사람이 미치지 않은 사람인가에 대해서 좇아가는 느낌이다.

영혜의 언니 지혜야말로 가장 이상적인 인간상이다. 그러나 가장 이상적인 모습으로 살아가는 것이 얼마나 힘든 일이란 말인가. 그녀는 남편과 영혜가 온몸에 그림을 그리고 하던 예술, 그 미친 짓거리마저 이겨내며 사는 진짜 미쳐야 할 여성이다. 그녀는 그런 남편과 이혼하고 아이를 데리고 살아가야 하는 여인이고, 미쳐가는 동생을 지켜야 하는 여성이다. 그래서 인내 속에 강인한 무장을 해야 하는 여인이다. 어쩌면 인내는 우리 보통의 모습이고 그 모습이 정말 미치고도 환장할 사람의 모습인 것이다.

어느 날, 꿈을 꾼 후 미쳐버린다. 그래서 꽃이 되고 나무가 된 것처럼 살 수 있다면 얼마나 좋을까. 채식주의자가 되고, 점점 식물인간이 되어 아무것도 먹기 싫어지는 삶, 영혜는 왜 그렇게 삶의 끈을 놓아버렸을까. 우리는 가끔 그렇게 끈을 놓아 버리고 싶어진다. 어느 순간 툭 놓아버리고 싶은 많은 것들과 그러나 살아가고 있다. 다시 그 끈을 더 단단히 조이고 싶어졌다. 살아가는 것과 살아있는 것이 만난다는 것을 느껴보면서 말이다. 미쳐서라도 꼭 해야 하는 무엇을 해내는 것이 더 낫지 않을까 싶다.

인간실격

일본 소설가: 다자이 오사무
2019년 영화/감독: 니나가와 미카
주연: 오구리 순, 미야자와 리에, 사와지리 에리카

"부끄럼 많은 생애를 보냈습니다."

일본 작가 다자이 오사무가 1948년 발표한 '인간실격'은 작가가 다섯 번의 자살 기도 끝에 사망하기 전 마지막 작품이다. 첫 번째 수기로 시작되는 이 소설은 마치 작가의 수기가 아닌가 하는 느낌이 들 정도로 삶이 비슷하다는 특징이 있지만 허구가 담긴 소설이다. 소설은 작가 자신의 삶을 독백으로 풀어 놓듯 배신과 패배의 삶과 비슷한데, 주인공 오바 요조의 방탕한 삶이 어떻게 인간실격자가 되어 가는지에 대해 서술하고 있다. 하지만 요조의 방탕한 삶의 원인은 그가 선천적으로 갖고 있는 독특한 성격에다 가정환경과의 괴리가 있다. 그는 부유한 가정에서 태어나고 자랐지만 인간의 위선적인 면모와 가식을 이해하지 못하고 남의 눈치를 보며 사는 사람이다. 어쩌면 지독히 나약하고 비겁한 인간의 모습 그대로다.

"우리가 알던 요조는 아주 순수하고 눈이 빠르고, 술만 마시지 않았다면, 아니 마셔도 하느님같이 착한 아이였어요."

그래서 다자이 오사무의 삶과 비슷하다고 보는 것이고, 작가는 자신의 삶을 소설화했다는 평을 받고 있는 것이다. 일본의 불안하고 우울한 시대, 전쟁에서 패망한 일본의 시대상과 맞아떨어져 큰 인기를 얻었다.

일본에서 2019년 영화로 제작되었는데, 영화도 작가의 삶을 동일시하여 만들어졌다. 술, 약물, 자살 시도, 계속되는 여자와의 바람이 있다. 이 영화에는 세 여자가 등장한다. 세 여자의 성격은 서로 다르지만 여성들의 내면에 흐르는 기질을 보면, 일본 여자의 독특한 기질이 똑같이 흐르는 것을 알게 된다. 미치코는 남편에게 한마디의 잔소리도 하지 않는 여자다. 평소 생각했던 옛 일본 여자들의 순종적인 모습을 그대로 보는 듯하다.

작가의 아내인 그녀는 세 아이를 키우면서도 남편의 일에 대해서는 일체 간섭이 없고 묵묵히 엄마의 역할만 해나가는 여자다. 그녀가 셋째를 임신했던 때에도 남편 다자이는 다음 소설을 집필하기 위한 영감을 받는다는 핑계로 오타 시즈코와 연애를 즐기며, 소설 사양을 출간한다. 소설 '사양'은 시즈코가 써온 일기를 바탕으로 한 소설인데, 큰 인기를 얻게 된다. 그런데 시즈코라는 여자는 굉장히 쿨한 여자다. 그녀는 자의식이 강하고 무척 현실적인 여인이다. 또 그녀는 화려한 이미지와 당당함이 매력인 여자다. 자신이 써온 일기를 다자이를 통해 책으로 내고 싶다는 의견을 제시하며 접근한다. 다자이가 자신의 일기로 '사양'이라는 소설을 써서 큰 인기를 얻지만, 그녀는 임신을 하여 다자이의 아이를 낳는다. 이후 서로 만나지는 않지만 마음속으로 좋은 인연으로 남는 먼 곳의 연인인 것이다. 이후 다자이는 더 좋은 작품을 써내야 한다는 압박에 시달린다.

그는 현실을 도피하듯 방탕을 일 삼고 기혼자이면서도 혼자인 듯 자유분방한 생활을 해나간다. 그러던 그에게 토미에라는 여인이 나타난다. 그녀는 다자이에게 함께 죽고 싶을 정도로 무조건적인 사랑을 갈구한다. 그녀는 다자이를 자신의 곁에서 떠나지 못하게 하며 사랑을 확인하며 함께 살아가야 하는 여자다. 그러던 중 시즈코가 다자이의 아이를 낳았다는 소식이 전해오자 그녀도 다자이의 아이를 갖고자 원한다. 자신의 아이를 한 번 보러 간다는 다자이를 절대 가지 못하게 하는 토미에는 다자이가 가면 죽어버리겠다고 협박도 한다. 그러던 중 다자이는 목에서 피가 넘어오는 각혈을 자주 하게 되며, 몸이 점점 병약해진다. 집에 잠시 돌아온 다자이는 아내와 아이들을 보지만, 남편으로서 아버지로서의 인생은 지속할 수 없는 자신을 느낀다. 아내 또한 그런 남편에게 집을 나가 마음대로 살아도 괜찮다고 선언한다. 다자이는 집을 나와 눈밭을 걷다가 각혈을 하며 쓰러지고, 인간실격이라는 단어를 내뱉는다. 늘 죽음을 생각하며 방탕하며 살아온 그에게 죽음이라는 것은 이미 가까이 다가와 있는 것처럼, 그는 스스로 자신을 인간실격자라고 표현한다. 그 와중에도 출판사 편집자가 다자이가 방탕한 생활을 하는 것을 지켜보면서 글을 써주기를 기대한다. 길바닥에 쓰러져 인간실격을 경험한 그는 책상에 앉아 "부끄럼 많은 생을 보냈습니다."라는 글로 시작되는 글을 집필하기 시작하다. 그리고 소설의 집필을 끝낸 다자이는 토미에와 물에 빠져 동반 자살한다.

민음사에서 출판된 '인간실격' 책을 보고 있을 때, 책 표지를 본 여섯 살 조카딸이 대뜸 물었다.

"이 사람 얼굴 왜 이렇게 생겼어요?"

그래서 표지를 다시 보았다. 다시 보니 정말 흉측한 얼굴 모습이어서 내 대답은 이랬다. "죽고 싶은 사람이래."

책 표지 그림은 에곤 실레의 자화상이 담겨있는데, 그야말로 절망과 고통에 찌든 예술가의 얼굴이다. 에곤 실레는 오스트리아를 대표하는 표현주의 화가다. 그는 어린 시절부터 죽음에 대한 트라우마에 시달렸다고 한다. 그의 자화상 중에는 이해하기 어려운 작품들이 많고 강박에 사로잡혀 있는 모습들이 담겨있다고 하듯, 다자이 오사무의 인간실격 또한 그렇다. 청춘의 한 시기를 방황으로 보내고 파멸에의 열정에 사로잡혔던 일그러진 자화상이며, 부끄럼 많은 생애를 보낸 것을 자각한 한 남자의 마지막 독백이다.

하워즈 엔드

영국 소설가: 에드워드 포스터
1992년 영화/감독: 제임스 아이보리
주연: 안소니 홉킨스, 엠마 톰슨

"서로 다른 운명의 길, 그 끝에서 만나는 편안한 집."

하워즈 엔드는 영국의 작가 에드워드 포스터의 장편소설로 1910년에 간행되었다. 영화로는 영국에서 1992년 개봉한 로맨틱 영화로 아카데미 여우주연상 등 3관왕을 차지할 정도로 한편의 수채화 같은 작품이다. 1910년대 영국 사회 변화를 반영한 『하워즈 엔드』는 완전히 다른 두 집안의 갈등을 다룬 이야기다.

중산층 슈레겔 가문의 마거릿과 헬렌 자매가 세대와 계급을 연결 짓는 상징적인 인물로 전개된다. 넉넉한 살림은 아니지만 집안에는 웃음이 있고 예술에 관심이 많았던 두 자매, 그녀들은 지적이며 인습에 구애받지 않는 명랑한 여성들이다. 자매는 두 계급의 가문 사이 중간지점에서 불운에 얽히게 되는데, 보수적인 영국 사회의 여성 스토리가 조금은 지루할 수도 있다, 두 여성의 성격 차이에서 받아들이는 사회상을 보면서 상반된 삶으로 전개된다.

언니 마거릿과 동생 헬렌은 부유하지만 냉정하고 꽉 막힌 윌콕스 가문과 친하게 지내게 된다. 일반적인 부의 상징은 그때나 지금이나 피도 눈물도 없는 듯 냉혹한 상황이 발생한다. 가진 부를 지켜나가는 것이 어쩌면 부를 만드는 것보다도 더 힘든 것이 냉정함을 잘 유지하는 것인지도 모른다. 자아가 강한 두 자매 중 동생 헬렌이 윌콕스 가문의 차남 폴과 사랑에 빠지게 되지만 하룻밤 만에 약혼을 파혼하는 해프닝이 벌어지고 두 가문은 어색한 사이가 된다. 그럼에도 불구하고 마거릿은 헨리 윌콕스의 부인 루스와 좋은 친분 관계를 잘 유지하며 지낸다. 이러한 상황 차이는 두 자매가 서로 상반된 삶을 직면하게 되고, 그로 인해 경제적 차이의 갈림길이 열린다. 그러던 중 윌콕스의 부인 루스가 앓고 있던 병으로 죽게 된다. 그런데 시골집 하워즈 엔드를 마거릿에게 남긴 메모를 남긴 것이다.

윌콕스는 아내 루스가 결혼 전까지 지낸 시골집 하워즈 엔드를 마거릿에게 남긴 사실에 분노한다. 죽은 루스는 자신이 살았던 하워즈 엔드에 깊은 애정을 갖고 있었는데, 그 집을 마거릿에게 주고 떠난 것이다. 그 시골집 하워즈 엔드를 중심으로 갈등이 격화된다. 그 내면에는 윌콕스 가가 하워즈 엔드를 단지 하나의 재산으로 생각했던 반면 마거릿은 루스가 아끼는 하워즈 엔드를 이해해준 유일한 친구였던 것이다. 가족도 하지 못한 진한 인간애를 나누면서 루스 부인은 마거릿에게 자신의 집을 지켜주기를 바란 것이다. 윌콕스가의 사람들은 부를 가졌지만 소유욕이 강한 사람들이었다. 그들은 루스가 남긴 메모를 불태우고 다시는 슈레겔 가문과 관계하지 않기로 다짐하지만, 새로운 집을 찾는 과정에서 헨리는 마거릿에게 반한다. 그리고 청혼을 하게 되고 둘은 결혼을 하며 다시 양가는 얽히게 된다.

한편, 마거릿의 동생 헬렌은 마거릿이 헨리와 결혼하는 것이 마음에 들지 않았다. 그러던 중 헬렌은 유부남이던 하층민 노동자 레너드와 알게 되어 지성에 대한 열정이라는 공통점을 발견하며 우정을 갖는다. 그러나 헨리 윌콕스가 알려준 잘못된 정보로 인해 레너드가 일자리를 잃게 되자 헬렌은 헨리의 탓으로 돌리며 갈등이 악화되고 난처한 입장이 된 마거릿은 동생 헬렌과 소원해진다. 자매의 갈등은 상류층과 하층민이라는 계급 간의 간극 속에 얽혀들지만 자매의 애정이 변하지는 않았다.

어쨌든 마거릿은 부유한 남자의 후처가 되어 경제적으로 안정된 위치를 가졌고, 헬렌은 계속해서 풀리지 않는 이성 관계 속에 방황한다, 헬렌은 하층민 남자 레너드와 사랑 하나로 결혼을 한 것이다. 이러한 사회는 19세기 영국의 끝자락 사회 혼란의 시기가 인간의 내면으로 그대로 흡수되어 있음을 보여주고 있고, 낙천적인 모습으로 상황을 타계해 나가는 마거릿이라는 단단한 여성상을 보여주고 있다. 그러면서도 도시를 떠나 한적한 옛집으로 돌아가고 싶어 했던 루스는 많은 것을 가졌음에도 병마 속에 구멍 난 가슴을 보여주고 있다. 루스가 돌아가고 싶어 했던 집이자 마거릿에게 남긴 하워즈 엔드는 결국 마거릿이 주인이 되는 결론이지만, 그렇게 되기까지는 또 하나의 사건이 벌어져야 했던 것이다. 항시 불운은 예측하지 못하는 또 다른 운명이 존재하고 있음을 알지 못한 채 흘러들어 온다.

자매의 행방을 찾아 하워즈 엔드에 온 레너드가 헨리의 장남 찰스의 칼을 피하려다 책장에 깔려서 죽고 마는 것이다. 부자의 아들은 그래서 비난받는 자가 되고 가난한 아들은 그렇게 비운을 맞이하여 죽는 것일까. 평범한 자매의 삶이 상류층인 윌콕스 가문과 하층민인 바스트 가문과의 관계 속에서 엇갈린 상황을 맞이하고 그 안에서 조용히 존재하던 하워즈 엔드라는 평화로운 집은 모두의 안식처처럼 존재하는 것이다. 그리고 모든 상황을 유연히 헤쳐 나온 마거릿이 하워즈 엔드의 주인공이 되는 것이다.

하워즈 엔드가 도시의 고급스러운 집이 아니고 평범한 오래된 저택이라는 점은 평화로움의 중요성을 알려준다. 영화의 첫 장면이 하워즈 엔드 근처를 거니는 루스의 걸음을 따라 저택의 외부와 그 속의 사람들을 보여주는 것으로 시작된다. 하워즈 엔드를 등지고 걸어 나오는 헨리와 마거릿에서 시작해 하워즈 엔드의 미래 상속자를 바라보는 루스를 만나는 것이다. 상류층과 하류층 계급 간의 차이는 시대를 불문하고 집 크기로 이어지고 있음을 느끼게 된다. 그 계급 차는 대 도시를 중심으로 단독주택에서 아파트 형태로 전환되는 주거형태로 변하게 되고, 위기에 처한 회사가 다른 회사와 합병하는 경제적인 상황 등을 맞이하면서, 도움을 주고받는 계급사회는 늘 존재하고 있다. 부유한 자들만이 공유할 수 있는 경제적 능력을 중간 누군가가 어느 정도 하류로 흘러내려 가게 할 수 있는 다리 역할이 마거릿 같은 존재였다.

동생 헬렌이 자신의 이상을 지키면서 상류층 그들의 물질주의와 현실주의에 강렬한 반감을 표시한다면, 마거릿은 이 두 가지 관점이 서로 조화를 이룰 수 있다고 믿으며 공정한 평가를 시도해 나간 것이다. '하워즈 엔드'는 그러한 마거릿이라는 한 여인의 이성적인 중개자에게 맞는 집이듯, 집을 통해 삶의 성공과 실패를 상세히 묘사하고 있다.

오만과 편견

영국 소설가: 제인 오스틴
2005년 영화/감독: 조 라이트
주연: 키아라 나이틀리, 매투 맥퍼딘

"사랑이 시작될 때 빠지기 쉬운 오만과 편견."

〈재산깨나 있는 독신 남자에게 아내가 꼭 필요하다는 것은 누구나 인정하는 진리다. 이런 남자가 이웃이 되면 그 사람의 감정이나 생각을 거의 모른다고 해도, 이 진리가 동네 사람들의 마음속에 너무나 확고하게 자리 잡고 있어서, 그를 자기네 딸들 가운데 하나가 차지해야 할 재산으로 여기게 마련이다.〉

제인 오스틴 소설, 오만과 편견의 유명한 시작 부분이다. 오만과 편견은 젊은이들이 서로 만나 호감을 갖게 되고 그런 과정에서 청혼하고 결혼에 이르는 과정을 다룬 소설이다. 그러나 정작 작가 제인 오스틴은 평생 독신으로 당시로서는 드물게 소설가로서의 삶을 살았음이 아이러니다.

영화는 2005년 제작되었는데, 원작을 그대로 옮겨놓은 듯 아름다운

영상미가 뛰어나다. 현대적인 해석으로 고전물에 대한 선입견을 깨드린 작품으로 평가받는다. 명망 있는 신분 계급 그리고 부유하단 이유만으로 오만한 인간으로 비치기도 한다. 그 오만이 낳은 편견과 오해를 해소하는 과정이 곧 이 소설의 내용이지만, 좋은 신랑감에게 다섯 딸들을 시집보내는 일을 남은 인생의 목표로 생각하는 극성스러운 어머니가 있고 그런 아내와 딸들을 극진히 사랑하는 너그러운 아버지가 있다. 딸을 가진 부모라면 특히, 다섯씩이나 되는 딸을 둔 부모라면 딸들의 미래에 대해 고민하지 않을 수 없을 것이다. 다섯이든 하나이든 딸을 시집보내는데 조건의 첫 번째는 무엇일까. 삼포시대 오포시대라는 단어가 등장하는 요즘처럼 경제적인 조건이 가장 큰 조건인 것은 예나 지금이나 다를 바가 없었나 보다.

그런데 거꾸로 부를 가진 자들은 더 결혼하기가 힘들어진 세상이 되기도 했다. 왜냐하면 결혼 상대가 나의 부를 보고 좋아하는 것인지 진정한 사랑이 있는 것인지 판단의 혼란이 오기 때문이다. 그래서 부자일수록 결혼이 어렵다. 거기에서 오만과 편견이 발생하게 되고 사랑이 깨지는 순간이 너무도 쉽게 오게 됨을 보게 된다. 소설 속 이야기에 등장하는 화기애애한 베넷가의 다섯 자매 중 둘째 엘리자베스는 자존심 강하고 영리한 소녀다. 이들이 사는 조용한 시골에 부유하고 명망 있는 가문의 아들들인 빙리와 그의 친구 디아시가 나타난다. 대 저택에서 열리는 댄스파티에서 유난히 무뚝뚝한 디아시시와 자존심 강한 엘리자베스는 서로에게 눈을 떼지 못하면서도 속마음을 전혀 드러내지 않는 거리를 둔 관심을 보인다. 요즘은 그런 행동에 대해 서로 묘한 썸을 탄다

든지, 행동이 가스 라이팅인지 헷갈린다는 표현들로 사용되듯, 사랑의 표현 방식은 모두가 달라서 첫인상만으로는 평가하기 어렵다. 그래서 보여지는 것이 오만함이고 거기에서 갖는 편견은 극히 상대적인 개념으로서 어떤 상황과 관계성의 맥락에서 나타난다. 서로 완전히 다른 환경에서 자라난 남녀의 만남은 서로를 알아갈 시간이 필요하다. 그렇듯 오만과 편견에서는 서서히 서로를 알아가면서 오만과 편견이 벗겨지고 결국 신분 차이를 극복하면서 결혼에 성공하는 젊은이들이 나온다. 부유하기 때문에 오만하고 무뚝뚝할 것이라는 편견을 받게 되는 디아시, 그 남자의 무뚝뚝하고 말 수 없는 행동이 더욱 그를 오만하게 만든다. 그 스스로도 오만이 거만이 아니라 진정한 자신의 자긍심일 수 있다는 생각도 한다.

"한번 잘못 보이면 그것으로 영원히 끝장."

디아시는 이런 말을 쓰며 오만의 극치처럼 보인다. 그러나 부를 가지지 못한 자들에게는 그들의 행동 자체만으로도 묘한 모욕감을 느끼게 마련이다. 때로 그런 부분에 대해 아무것도 없으면서 자존심만 있는 것이라고 부자들은 평가한다. 디아시 같은 상류층들의 행동 하나하나를 허영으로 치부하는 것이 그들의 결점이라고 바라보는 관점이 존재한다. 그러나 그런 것을 뛰어넘어 결혼에 성공한 남녀가 나온다. 엘리자베스의 친구 샬럿은 엘리자베스에게 청혼했다가 거절당한 콜린스씨의 청혼을 기꺼이 받아들인다. 샬럿은 스물일곱이라는 나이에 한 번도 예뻐 본 적이 없다고 생각한 여자였다. 평소 오만할 권리조차 없다는 자신을 안 그녀는 자신의 사랑방식을 택한 것이다. 낭만적인 사랑보다 안락한 가정을 선택하면서 엘리자베스와는 다른 당당한 결혼에 먼저 성공하는 여성이 되는 것이다. 사랑이란 나의 떨어져 나간 한쪽을 발견한 순간부터 시작되는 것이다. 그 조각을 맞추는 데는 서로 다가서야 조금씩 맞추어지는 것,

디아시는 엘리자베스의 매력에 점점 빠져들어 간다. 폭우가 쏟아지던 날 비바람이 몰아치는 언덕에서 가슴 속 깊은 곳에 담아둔 뜨거운 사랑을 고백한다. 하지만 결혼의 조건은 오직 진정한 사랑이라고 믿는 엘리자베스는 디아시가 자신의 친구 빙리와 그녀의 언니 제인의 결혼을 반대했다는 사실을 알게 된다. 그 이유가 그녀의 가문이 가난하기 때문이고 특히 부모가 품위가 없는 사람들이라고 평가내린 디아시를 알게 되면서 그녀는 디아시를 오만과 편견에 가득 찬 속물로 여기며 외면하게 된다. 모든 이에게 환심을 사는 빙리씨와는 다르게 말수가 없고 무뚝뚝한 표정에 아무 하고나 잘 어울리지 않는 디아시는 그녀에게 무척 거만하고 오만한 이미지를 갖게 하기 충분했다. 그런 남자의 속마음을 어찌 알 수 있단 말인가.

사랑이란 표현해야 안다. 가난한 집안의 둘째 딸이 가진 것이라고는 자존심과 자신이 가진 똑 부러진 자기표현의 매력, 다행히 아름다운 외모가 있었던 것, 그녀가 선택하기보다는 부유한 디아시가 그녀를 선택해야 이루어지는 결혼의 모습에서 오만과 편견은 늘 생겨나는 것, 우리 인생에서 오만과 편견을 떼어 놓고 살 수는 없지만, 결국 지혜로운 자만이 그게 잘못된 것임을 깨달을 수 있는 것이고 행복을 쟁취하는 것이다.

아내가 결혼했다

한국 소설가: 박현욱
2008년 영화/감독: 정윤수
주연: 손예진, 김주혁, 주상욱

"평생 한 사람만 사랑할 자신 있나요?"

아내가 어느 날 결혼을 하겠다고 한다. 그럼 나와 결혼한 것은 무엇이었단 말인가. 아내가 동생도 아니고 누나도 아니고 혼자된 어머니도 아닌데, 결혼을 하겠다니, 말이 되는 말인가. 말 같지도 않은 말을 당연하듯 말 하는 아내, 그런데 그런 아내가 너무도 사랑스러워 이혼할 수 없다면 어떻게 하겠는가.

소설 '아내가 결혼했다'는 박현욱 소설가가 2006년 제2회 세계문학상을 수상한 장편소설이다. 영화는 2008년 여배우 손예진의 매력적인 애교에 넘어가지 않을 남자는 없을 듯 만들어졌다. 그래서 아내가 또 결혼한다고 해도 무너지는 가슴을 쥐어짜며 사랑을 저버릴 수 없는 남자가 있다. 지적인 이미지에 헌책을 사랑하여 모으는 여자, 거기에 축구에 대한 남다른 상식으로 대화에 재미를 주는 여자, 통통 튀는 자유로운 사고를 가진 여자, 많은 남자들이 그녀의 매력에 빠져들 것 같다. 일부일처제인 결혼체제를 축구에 빗대어 돌발적으로 다룬 소설로서 결혼에 대한 고정관념을 무너뜨리고 있다.

축구를 하듯이 인생이라는 운동장에서 한 여자와 두 남자가 달려간다. 어디로 달려가는가. 축구는 공을 골라인에 먼저 넣어 득점이 많은 편이 승리한다. 그런데 여기선 먼저 넣어도 소용없다. 승리보다는 함께 팀을 이루어 조화롭게 살아가는 삶을 제시하며, 마법 같은 삶을 꿈꾸는 이야기가 흐르고 있다. 남녀가 만나 교제를 하고 결혼하기까지를 흔히 골을 먼저 넣는 사람이 성공한다느니 이런 말은 많이 들었지만, 요즘 현실은 그렇지도 않은 것일까.

결혼이라는 것을 필수라고 생각하며 살았던 "라떼는 말야" 시대와 달리 현대사회에서 결혼은 필수가 아니라 선택적 요소가 된 것이다. 사랑 그리고 우리의 삶을 축구에 비유하던 평범한 말을 글로 적나라하게 표현해 낸 독특한 소설, 아내가 결혼했다 이 영화를 보면서는 자꾸만 풀리지 않는 결혼 남녀의 또 다른 사랑 이유가 매우 답답하다. 그것은 나도 구시대 사람이기 때문일까. 세계 유명 축구 선수들의 이름과 인생 그들을 둘러싼 에피소드와 사랑도 있다. 그리고 축구와 관련된 사건과 축구 상식이 자연스럽게 남녀의 관계 속에 스며들어 흐른다. 그만큼 우리나라에서 축구경기는 모두가 빨간 티를 입고 열광의 응원을 보낼 정도로 커다란 기쁨과 슬픔의 한 부분이었던 것이다. 남녀노소 누구나가 축구를 보기 위해 잠을 자지 않았던 월드컵 경기의 열광, 그 열광이 덕훈과 인아의 결혼 속에서 존재하고 있다. 결혼한 아내가 또 다른 남자를 사랑하게 되었다며, 결혼하겠다고 하는 말, 그 자체가 인정할 수 없는 말이지만, 축구의 묘미는 골을 많이 넣는데 있었다. 그런데 이 작품이 재미를 주는 이유는 많은 골보다도 완전한 한 팀을 이루는 사랑을 알려주기 때문이다. 그리고 일부일처제 속에서도 파괴되지 않는 공의 이탈을 꿈꾸는 인간의 본성을 드러내는 데 있다.

주인공 덕훈은 축구라는 유쾌한 대화 매개체로 주인아와 결혼했다. 남성들에게 많은 인기를 누리던 인아와의 결혼은 둘 사이에 유럽축구라는 공통의 관심사가 있었기 때문이었다. 둘의 연애관은 너무도 다르지만, 축구가 둘 가운데 놓이면 그들은 유쾌한 한 쌍이 되는 것이다. 어쩌면 축구에서 승리는 공이 어떻게 들어가느냐의 중요한 하이라이트가 있기 때문인지도 모른다. 그 하이라이트가 덕훈의 사랑에는 매우 중요했지만, 인아의 사랑방식엔 그리 중요한 것이 아니었다. 덕훈이 생각한 결혼은 서로가 약간의 구속을 하고 당하는 보편적 관계이지만 인아는 서로를 전혀 구속하지 않는 사랑을 꿈꾸는 결혼이었다.

덕훈이 "자기는 내꺼"라고 말하면 인하는 "난 자기꺼 아니야. 난 내꺼야 자기도 자기꺼고"라고 말하는 여자다. 둘이 서로 다른 연애관을 가졌지만 그들은 통해서 결혼했다. 결혼에 대한 가치관이 같을 수는 없지만, 일부일처제인 우리의 결혼 관습에선 결혼은 서로 다른 그동안의 이성을 모두 끊어내는 예식이다. 그런데 아내 인아는 결혼은 결혼일 뿐 또 다른 누군가를 사랑하는 것까지 구속할 수 없다고 한다. 사랑하는 남자와 잠시 바람을 피운 것도 아니고, 자신의 결혼을 이해해 달라는 아내 때문에 이혼을 결심하다가도 아내에 대한 그리움만 커진다.

남편을 두고도 결혼을 하겠다는 아내를 이해할 수 있는가. 그런데 그녀는 흠잡을 데가 없는 여자다. 아내로서 애교 만점에 요리도 잘하는 데다 시댁 일에도 최선을 다하며, 자신에게 완벽한 여자다. 그래서 덕훈의 방황은 점점 커지지만 아내는 결혼했다. 또 다른 남자 재경과 결혼한 것이다. 덕훈은 사랑하는 아내를 잃기 싫어서 묵인 속에 인정하고 말았다. 여기에 등장하는 또 다른 남편 재경이라는 남자도 우리의 상식으로선 이해하기 어려운 캐릭터다. 결혼한 여자와 결혼을 했으니 말이다. 그런데 그 안에는 사랑이라는 공통점이 있다. 그저 남자가 여자를 사랑하고 여자가 남자를 사랑하는 방정식이다.

우리의 현실은 일부일처제에 적응하고 살아가지만, 마음은 또 다른 이성과의 이탈을 꿈꾸는 내면을 드러내고 있다. 그 꿈을 인아는 꿈으로 치부하지 않았을 뿐이다. 과감하게 제도를 탈피하고 자기만의 사랑 방식을 따라 살아가고자 하는 여자다. 결혼이라는 것이 꼭 사랑으로만 이루어지는 것인가. 그리고 평생 한 사람만 사랑할 수 있나 생각해보게 하는 이야기에서 사랑하니까 결혼한다? 결혼했으니까 사랑한다? 어느 쪽에 손을 더 많이 들 것인가. 다자연애를 표현하는 폴리아모리란 개념이 관습 속에서 무척 낯설지만, 결국 사랑 앞에서 셋은 한 팀을 선택한 이야기다. 사랑 참 어렵다.

파리대왕

영국 소설가: 윌리엄 골딩

1963년 영화/감독: 피터 브룩

주연: 제임스 오브리, 톰 카핀 외

"고립된 세상에서 마주한 인간의 야만적 본능과 권력욕."

    어느 조직이든 어떤 사람을 지도자로 뽑느냐에 따라 조직의 운명이 판이하게 달라진다. 그 지도자 주변에는 또 어떠한 인물이 함께하고 있느냐가 얼마나 중요하던가. 만약 옆에 지혜로운 자가 있다면 혹여 지도자가 잘못 방향을 잡았을 때 한마디 한마디가 영향을 미쳐 바로 잡아갈 수 있기 때문이다. 완장을 차면 처음에 가장 중요하게 생각했던 것들을 어느새 망각하고 방향을 잃기 쉽다. 그리고는 자신이 어디로 가는지도 모른 체 완장의 악 구덩이로 빠져들게 된다. 그러한 인간의 본성을 아이들의 모험담처럼 들려주고 있는 파리대왕은 1954년 영국의 윌리엄 골딩이 출간한 소설로 1983년 노벨문학상을 수상했다. 영화는 1963년 제작된 흑백영화와 1993년 제작된 칼라판 영화가 있다. 내가 본 영화는 흑백영화다.

세계는 핵전쟁이 벌어져 어디에선가 원자탄이 터지는 위기적 상황에 처했다. 이러한 상황에 한 무리의 영국 소년들을 안전한 장소로 이동시키기 위해 비행기로 후송을 하는 작전이 전개되었는데, 그 비행기를 탄 소년들이 불의의 사고로 바다 한가운데 무인도에 불시착했다. 만 다섯 살에서 열두 살에 이르는 소년들이다. 이 아이 집단이 무인도에서 가장 첫 번째 한 일이 지도자를 뽑는 일이었다.

랠프와 돼지라고 불리는 뚱뚱한 아이가 처음 등장한다. 뚱뚱한 아이는 근시에다 안경을 썼고 천식도 있는데 부모가 없는 아이였다. 랠프라는 아이는 금발에 잘생긴 얼굴에다 단단한 체력이고 아버지가 해군 대령이라고 했다. 그런 점에서 랠프는 더 타고난 지도자의 자질을 갖추고 있었다. 뚱뚱한 아이는 예전 학교에서 돼지라 불렸던 자신의 약점을 털어놓으며 절대 돼지라고만 부르지 않으면 된다는 말을 했다. 그리고 바닷가에서 큰 소라를 발견하여 그것을 지도자의 상징처럼 랠프에게 주었다. 그런데 얼마 후 다른 아이 무리들을 만났다. 성가대 옷을 입은 아이 중 성가대 반장이라는 잭이 있었다. 서로를 소개하는 과정에서 랠프는 놀리듯 뚱뚱한 아이를 돼지라고 말해버렸다. 돼지는 기분 나쁘지만 어쩔 수 없었고 돼지라 불리게 된다.

무인도에서 규칙을 만들기 위해 이들은 지도자를 뽑는데 랠프와 잭둘 중 랠프가 그저 숫자적으로 우세하여 지도자가 된다. 아이들은 지도자를 뽑은 후에는 랠프를 따르고 서로 규칙을 논의한다. 랠프는 지도자가 되었지만 권위를 내세우는 타입은 아니었다. 그는 지금 가장 중요한 것이 무인도를 탈출하는 일이라는 생각으로 높은 곳에서 봉화를 올려

배가 지나갈 때 알려야 한다는 분명한 목표를 제시했다. 무인도는 아이들이 뛰어놀기 좋은 조건을 갖춘 안락한 섬이지만 문명이 없는 생활은 두려움이 밀려든다. 그런 과정에서 처음에 지도자를 뽑을 때 약간의 갈등을 빚은 랠프와 잭은 대립하는데 잭은 사냥을 해서 멧돼지를 잡아 고기를 먹는 일에 집중하게 된다. 무인도에서 먹는 것이 중요하지 않을 수는 없는 일이다. 그러나 랠프는 봉화에 더 중요성을 갖고 있다. 불을 피우는 데는 돼지의 안경이 매우 중요한 역할을 하였고, 돼지가 주워준 소라는 지도자로서 말의 효과를 만들어 주었다.

안경과 소라는 민주주의 표본과 같은 것이었다. 그런 점에서 랠프에게 돼지는 매우 큰 공로자고 조력자다. 그러나 돼지는 신체적 조건 때문에 자신의 주장을 내세우지 못한다. 그런데다 돼지라는 별명 때문에 위축되어 모두의 놀림감이 되어버렸다. 그러던 중 아이들이 사냥에 나가 봉화를 소홀히 다루어 배가 지나갔지만 알릴 수 없었던 것에 랠프는 화가 났다. 그렇지만 잭은 멧돼지 사냥에서 성공을 했다. 잭은 처음에는 멧돼지에 나뭇가지를 꽂는 것조차 무섭고 피를 보는 것조차 두려운 아이였으나 성공한 후에는 자신감이 생긴다. 봉화를 올리는 일이나 멧돼지를 잡아 배를 불리는 일이나 모두 중요하지만 둘은 다른 의견으로 갈등이 커진다.

무인도의 아이들 모습은 점점 한 마리 짐승처럼 되어 있고, 꿈속에서조차 짐승이 나타나 두려워진다. 그러던 중 낙하산을 탄 사람이 산 중턱에 매달려 죽어 있는 시체에 두려움은 커졌고, 멧돼지 사냥에서 피를 본 잭은 점점 광기를 갖게 된다. 잭의 성가대원들 아이들은 얼굴에 그림을 그리고 모두가 멧돼지 사냥꾼이 되어 신나게 노래를 부른다.

"짐승을 죽여라! 목을 따라! 피를 흘려라!"

"짐승을 죽여라! 목을 따라! 피를 흘려라!"

그들은 멧돼지의 머리를 잘라 무서운 보이지 않는 짐승에게 공물로 바치는 예식처럼 꽂아 놓는다. 그 돼지머리에도 먹고 살기 위해 파리들이 모여든다. 썩어가는 돼지 머리에는 파리 떼들이 많아지고 윙윙거리며 돼지머리 속을 파고든다. 아이들 중 사이먼이 그 파리 머리를 유난히 집중한다.

"창자 더미 위에는 파리가 새까맣게 모여 들어서 톱질을 하는 소리 같이 윙윙거렸다. 얼마 후에 이 파리 떼는 사이먼을 알아챘다. 잔뜩 배를 채웠기 때문에 파리 떼는 사이먼이 흘리는 땀을 찾아와 마셨다. 파리 떼는 사이먼의 콧구멍 아래를 간질이고 넓적다리 위에서 등넘기 장난을 하였다. 파리 떼는 새까마니 다채로운 초록빛을 띠고 있었고 헤아릴 수 없을 만큼 많았다. 그리고 사이먼의 전면에는 파리대왕이 막대기에 매달려 씽긋거리고 있었다. 마침내 사이먼이 눈을 뜨고 다시 쳐다보았다. 흰 이빨과 몽롱한 눈과 피가 보였다."

결국 사이먼은 사냥꾼이 된 잭과 랠프 등 모든 아이들의 광기 놀이에 죽게 된다. 돼지와 랠프는 사이먼의 죽음에 대해 우연이었다고 치부하고 싶지만 두렵기도 하는데, 돼지가 또 희생된다. 홀로 남은 랠프는 도망가려 하지만 갈 곳이 없다. 그리고 잭의 무리는 오랑캐 적이 되어 쫓아오는데, 랠프는 왜 아이들이 자신을 죽이려 하는지 알 수 없다. 그것은 잭의 권력욕과 불신에서 이루어졌다. 추격하는 잭의 사냥꾼과 쫓기는 랠프, 랠프를 잡기 위해 섬이 온통 연기로 가득 찼고 랠프는 바닷가까지 죽기 살기로 도망갔다.

그때 해군들이 나타났다. 온통 연기로 가득한 무인도, 결국 아이들의 사냥은 봉화가 되었고, 해군에 구조가 되는 상황이다. 유색 찰흙으로 온통 몸뚱이에 줄무늬 색칠을 한 소년들이 손마다 뾰족한 창을 들고 모래 사장에 반원을 그린 채 잠자코 서 있었다. 그러자 해군 장교가 말했다.

"재미있는 놀이를 했군."

"너희들이 피운 연기를 보았다. 줄곧 무엇을 하고 있었니? 전쟁을 했니? 그렇지 않으면 딴 일이었니?"

아이들은 자신들이 왜 그렇게 되었는지 알지 못한 채 울음만 터트렸다.

뻐꾸기 둥지 위로 날아간 새

미국 소설가: 켄 키지
1975년 영화/감독: 밀로스 포먼
주연: 잭 니콜슨, 루이스 플래처

"우리는 누구나 각자의 정신병을 앓고 있다."

1962년 출간된 책으로 켄 키지의 장편소설이다. 정신병동 환자들의 삶을 다룬 이 소설은 당시 미국의 사회적 문화적 커다란 변화의 시기와 맞물려 문학적 저항의 목소리를 담고 있다. 히피문화가 확산되면서 젊은이들 사이에서는 기성세대의 권위와 가치관에 저항하는 목소리가 커져갔다. 예술 분야에서 특히 두드러졌다. 정신병원에서 벌어진 사건을 소설화한 작가 켄 키지의 삶 또한 특별하다.

그는 대학에서 창작을 공부하며 심리학을 전공한 지인의 소개로 환각제와 코카인 등 향정신성 약물의 효과를 실험하는 프로그램에 참여하는가 하면, 정신병원에서 야간 보조원으로 일하기도 했다. 그때의 경험을 바탕으로 '뻐꾸기 둥지 위로 날아간 새'를 집필하여 폭발적 반응을 얻은 것이다. 이후 브로드웨이와 샌프란시스코 무대에서 상영되어 큰 성공을 거두기도 했으며, 1975년 잭 니콜슨 주연의 영화로 만들어져 아카데미 5관왕을 수상했다. 그래서 작가 켄 키지는 젊은 나이에 이 소설로 큰 인기를 누렸으며 경제적인 여유도 얻었다. 그런데 갑자기 얻은 명예와 부가 그를 쇠퇴시킨 원인이 된 것이다. 그는 1963년 켈리포니아에 넓은 토지를 매입하여 히피 코뮌을 만들었고, 즐거운 장난꾸러기들이라는 히피 집단을 이끌고 버스 여행을 다녔다. 또한 마약을 소지한 죄로 체포되기도 했으며, 1966년에는 5년의 실형을 선고받고 멕시코로 도주했다. 이후 돈이 떨어져 미국으로 돌아오는 길에 FBI에 체포되어 산마티오 군 형무소에 수감되었다.

뻐꾸기 둥지 위로 날아간 새는 정신병원을 무대로 하여 거대 조직에 맞선 개인의 저항과 의지를 다루고 있다. 노동형을 선고받고 작업 농장에서 일하던 중 미치광이 흉내를 내며 정신병원에 위탁된 맥머피, 그리고 귀머거리 겸 벙어리 행세를 하는 1인칭 서술자 추장 브롬든, 정신병동의 실질적인 지배자로서 권위를 앞세워 체제를 다스리는 랫치드 수간호사가 있고 정신병원의 많은 환자들이 있다.

정신병원에 가짜 환자 맥머피가 들어오면서 이야기는 시작된다. 추장이라 불리는 브롬든이 바라본 맥머피라는 남자, 그는 랫치드 수간호사와 사사건건 맞서며 부딪친다. 맥머피는 정신병동으로 온 후 환자를 돌보면서 그들과 자신이 절대로 다르다고 생각한다. 정신병자들을 철저히 무시하고 비웃는다. 영화를 보는 우리가 보아도 그들은 정신병자일 뿐이다. 나하고는 어딘가 완전히 다른 이상하게 되어버린 인간들이다. 정신이 이상해지면 겉모습 또한 이상하게 변하고 행동 또한 이상하게 나타난다. 그래서 그들은 정신병원에 와 있게 되었고, 철저한 돌봄을 필요로 하는 사람들이다. 그런데 그 정신병자들을 보는데 왜 자꾸 혼란스러워지는가. 그들의 이상한 짓거리에는 음울함이 있고, 기괴한 짓을 하는 사람들에게도 그 나름의 사연들이 있다는 점이다. 그래서 그들을 미쳤다고 생각하기보다는 안쓰럽게 느껴지는 것이다.

정신병자들은 어쩌면 인간적 대우를 받지 못할 수 있다. 아니 언젠가부터 인간을 거부한 사람들 것 같다. 수간호사 랫치드는 환자들을 교묘하게 학대한다. 그로 인해 환자들은 치유가 될 수 없는 것이다. 정신병원에 수용된 이상 그들은 정신병자를 도저히 벗어날 수 없는 상태가 되는 것을 맥머피는 알게 되면서 분노한다. 그러나 정신병원에서는 저항이라는 힘이 있을 수 없다. 저항하는 순간, 엄청나게 심한 정신병자로 취급되는 것이다. 그런 환자를 다루는 방법은 전기충격을 주어서 바보로 만들거나, 뇌 전두엽 절제술을 받아 식물인간으로 만들어진다. 이런 사실을 알고 있는 환자들은 병동의 규칙을 준수할 수밖에 없고. 그저 폐인처럼 따르며 하루하루를 살아가는 것이다. 그런 정신병원의 환경을 알게 된 맥머피는 환자들에게 독립심과 활기를 불어 넣어주려 애쓴다.

그는 환자들을 데리고 병원을 빠져나가 바다낚시를 다녀오기도 하고, 여자를 불러들여 파티를 열기도 한다. 그러한 맥머피의 행동들은 정신병원의 체제에 반항하는 것으로서 병원 내 환자들을 다스리는데 어려움을 안겨준다. 그런 와중에 환자 빌리가 여자와 하룻밤을 보낸 뒤 수간호사의 호된 꾸지람을 듣는다. 32세인 빌리는 그 사실을 수간호사가 엄마에게 이른다는 말에 두려워한 나머지 자살을 하고 만다. 빌리의 죽음은 맥머피를 더 이상 그대로 있을 수 없게 만든다. 정신병원에서 수간호사에 대항하는 것은 결국 강제로 안정을 취하도록 하는 것이고 그 일은 뇌 전두엽 절제술을 받아 식물인간이 되는 것을 알아냈다. 그런 환경에 놓여 있는 맥머피도 조직화된 체제에 저항하다가 희생될 수밖에 없는 미약한 환자였을 뿐이다. 그가 가짜환자이든 진짜환자이든 정신병원에 수용된 상황에서는 정신병자 취급을 받는 것은 당연한 것이 그곳의 규칙이며 법이다. 그러나 그러한 조직 속에서도 깨우치는 사람들이 생겨난다. 그 안에서 듣지도 말하지도 못하고 위장하며 살았던 인디언 추장 브롬든이 맥머피에게서 큰 용기를 배운 것이다. 브롬든은 탈출하자던 맥머피의 제안에 결심을 했지만, 이미 맥머피는 식물인간이 되고 말았다. 그 모습을 본 브롬든은 맥머피를 벼개로 눌러 질식해 안락사 시킨다.

그 일이 맥머피를 정신병원에서 탈출시키는 일이며, 자신은 그가 가르쳐준 방법으로 병원을 탈출한다. 그래서 브롬든을 통해 맥머피는 승리자가 된 것이다. 뻐꾸기 둥지는 속어로 정신병원을 의미하고 그곳의 불청객인 맥머피는 뻐꾸기를 의미한다. 그래서 같은 둥지로 날아든 또 다른 뻐꾸기 브롬든에게 맥머피는 저항 의지와 자유를 향한 열망을 심어 준 뻐꾸기였다. 그래서 육체는 죽었지만 그 정신만은 브롬든의 가슴을 통해 자유의 땅 캐나다로 달려간다.

"우리 모두는 환자일 수 있다. 감기를 앓듯 마음의 병도 수시로 겪고 있다. 그걸 서로 인정하고 서로의 아픈 사연들을 이해해야 한다. 그러면 세상은 지금보다 좀 더 아름다워질 것이다."

돼지꿈

한국 소설가: 황석영
1961년 영화/감독: 한형모
주연: 문정숙, 허장강, 김승호, 안성기

"모두가 서울로 향했다. 좀 더 나은 삶을 살아보기 위해서."

 돼지꿈은 황석영 소설가의 단편소설이다. 황석영 소설가의 단편소설들은 암울한 현실을 돌파하려는 작가 의식이 담겨있는 리얼리즘 미학이다. 공장 견습공으로, 공사장 일용 노동자로, 문화운동가로서 민중의 삶을 직접 몸으로 겪은 작가의 삶이 그대로 녹아나 있는 것이다. 우리나라 60년대 산업화 시대 어두운 이면과 착취당하는 일용 노동자의 모습이 담겨있다. 또 떠돌이 생활을 벗어나 고향을 찾아가는 사람들의 여정이며, 현실과 이상 사이의 간극에서 극복 의지를 보이는 사람들 이야기다. 황석영 소설집 돼지꿈은 우리나라 민중의 삶을 그대로 표현하고 있어 민음사 세계명작에 속할 수 있는 이유일지 모른다.
 황석영 소설 돼지꿈은 공장 노동자와 철거민의 삶을 다루고 있다. 그래서 제목 돼지꿈과 같은 돼지꿈 내용은 소설에서는 볼 수 없다. 아마도 가난 속의 한 가닥 희망은 돼지꿈 같은 꿈이라고 꾸는 희망을 말해 주고 싶은 영화다. 거대한 도시 한 구석 변두리에 사는 사람들의 삶의 몸부림이 아프기만 하다. 빈부의 대립이 아닌 결핍된 삶의 가치를 스스로 찾고자 하는 몸부림처럼 보인다. 그래서 영화 돼지꿈은 어렸을 때 본 이웃 사람들의 향수를 느끼지만 소설과는 내용이 달랐다. 서울신문 시나리오 공모 당선작품 '재건 주택가'라는 제목의 소설가 추식의 작품이다. 하지만 돼지꿈은 황석영 소설에서의 뜻과 맥락을 같이 하고 있는 것이다. 도시의 결핍된 삶에서 벗어나고자 몸부림치는 사람들 모습은 풍자적이며 해학적이다. 흑백영화에서 대한민국 수도 서울의 60년대 초반 풍경을 보는 재미가 있었다.

영화 돼지꿈에서는 주인공이 실제로 돼지꿈을 꾼다. 지금이나 그때 나 서울에서 집을 장만한다는 일은 꿈같은 일이라는 점이 같다. 당시 서울 인구가 40만인데 집이 있는 사람은 20만 정도라는 영화 속 시작 멘트 속에 옛 서울의 모습을 한눈에 볼 수 있다. 저 가까운 거리에 반듯한 양옥 2층 집에서 남부럽지 않게 사는 사람들이 있다. 그러나 그 집을 바라보며 동경하면서 부지런히 자기 삶을 사는 소시민들이 있다. 언제 나도 저런 집에서 살 수 있을까 하는 꿈을 꾸면서 말이다. 허름한 달동네나 판자촌에서 생활하는 사람들이 더 많았던 60년대 그 시절이다. 그들의 삶은 늘 착취당하기 쉬운 사회 구조 속에 놓여 있었다. 억울하지만 하소연할 때 없는 방치된 사회, 그렇다고 해서 질서가 전혀 없지도 않는 사회지만 관료들의 착취는 보편화되어있다. 그 사회 속에서 자그마한 월급봉투가 희망인 사람들은 열심히 하루하루를 살아간다. 그러다가 어느 날 횡재를 얻어 큰돈을 만져볼 수 있을까 하는 꿈을 꾸기도 하면서 말이다. 그게 돼지꿈이다. 돼지꿈의 희망은 서울로 가는 길이었다. 모두가 살기 위해 서울로 향했다. 좀 더 낳은 삶을 살아보기 위해서, 그것은 돈을 만져볼 수 있는 큰 도시로 향했던 것이다. 그때도 그랬고 현대에 와서도 주욱 그랬다. 그래서 서울은 그때도 인구가 넘쳐났고 지금도 넘쳐나고 집이 부족한 것도 그때나 지금이나 같다. 달라진 것은 눈부시게 발전한 도시만 남은 것이다.

60년대 남편이 여학교 교사라면 지식인이라 그리 소시민이라고 볼 수도 없을 듯한데, 남편의 월급봉투로는 삶이 빠듯한 아내가 영화 속에 있다. 서울 변두리에서 국가로부터 임대 받은 주택, 당시 영단주택에 사는 주인공 부부는 초등학교 5학년 아들 영준과 평범하지만 행복한 가정을 이루고 있다. 이 영화에서 영준이로 나온 아이가 국민배우 안성기 씨다. 얼마 되지 않은 교사 월급으로 집세를 내어가며 어렵게 살림을 꾸려가던 어느 날, 남편이 돼지꿈을 꾸었다. 그런데 그날 동네 아주머니가 아내에게 부업으로 돼지를 한 마리 키우면 어떠냐고 하는 것이다. 옆 동네 어느 할머니가 돼지를 한 마리 두 마리 늘려가더니 큰돈이 되었단다. 돼지가 자꾸 새끼를 낳아서 돈을 만들어 준다는 것이다. 그러면서 다섯 마리의 돼지를 낳았다는데 한 마리 사다 키워서 새끼를 내고 하여서 부수입을 만들라는 권유였다. 그 말에 아내는 귀가 솔깃하여 한 마리를 키우기 시작한다. 그러던 중 남편의 시골 동네 친구가 오랜만에 찾아온다. 친구는 미국 교포 찰리라는 사람을 데리고 왔는데, 그는 혀 꼬부라진 말을 한다. 미국에서 부산까지 배로 약을 가져와서 몰래 판다는 것이었는데, 그게 큰돈이 된다고 현혹한다.

한국에는 그런 좋은 약이 아직 없기 때문에 찾는 사람들이 있고 그 사람들에게 팔아 큰 이익을 남긴다며 친구는 찰리를 소개시켜준다. 사실 아내는 집세가 밀려서 독촉을 받고 있던 차였고, 임대주택을 내주어야 할 판이 되어 남편에게 학교에서 돈을 빌려올 수 있는지 알아보라고 하였다. 그런데 며칠 뒤 친구는 오지 않고 미국 교포라는 찰리가 찾아온다. 찰리는 그 친구가 아주 나쁜 사람이었다며, 자기 돈을 떼어먹고 가버렸다는 것이었다. 이에 남편은 친구가 그런 사람이 아닌데 하는 의문이 있었지만, 그 이후로 친구를 만나볼 기회가 없었다. 그러던 차에 찰리가 아내에게 고급 화장품을 선물로 주면서 호감을 사게 되고 아내는 약을 팔아 이익을 남길 욕심이 생긴다. 아내는 찰리가 가져온 약 가방 두 개를 자기 집에 맡겨 놓으라고 하고, 찰리와 흥정을 한다. 찰리는 약은 60만 원인데 100만 원은 거뜬히 받을 수 있다고 속삭인다.

아내는 먼저 30만 원의 선수금을 주고 나중 팔아서 30만 원을 준다는 조건으로 찰리와 말로만 계약을 한다. 그리고 큰 수익을 낼 수 있다는 생각에 남편을 종용하여 서로 큰 빚을 내서 조달한다. 남편은 혹시라도 밀수품을 팔아 들키게 되면 교사로서 창피한 꼴이 되는 자기 처지가 걱정도 되지만 아내의 말에 따른다. 대단히 우유부단한 남편이다. 찰리가 30만 원을 받아간 다음 날 친구가 나타나는데, 친구는 찰리가 사기꾼이고, 자기는 속아서 그동안 감옥살이를 하고 이제야 왔다는 것 아닌가. 찰리가 놓고 간 약 가방을 가져와 그때서야 열쇠를 뜯어보니 온통 쓰레기들로 가득 차 있었다. 아내는 자책하며 집을 나갔다. 아들 영준은 부모가 다투는 모습을 보고는 사기꾼 찰리를 찾겠다며 밖으로 뛰쳐나가더니 교통사고를 당해 시체로 돌아온다. 부부는 아이 시체를 보고 절규한다. 남편이 아내의 등 뒤에서 말한다.

"우리들의 과오는 가난 때문이오. 태양을 똑바로 바라보고 살라는 교훈이오. 영준이가 우리에게 태양을 똑바로 보도록 교훈을 남기고 갔어."

장미의 이름

이탈리아 소설가: 움베르토 에코
1986년 영화/감독: 장 자크 아노
주연: 숀 코네리, 머레이 에이브

"웃음은 예술이며 식자들의 마음이 열리는 세상의 문이다."

20세기 최대의 지적 추리소설이라고 일컬어지는 장미의 이름은 수도원 수사들의 연쇄 죽음을 파헤친다. 연쇄살인 사건이 계속 일어나는 수도원의 이야기에 왜 장미라는 제목을 붙였을까. 그 의문이 먼저 생기는 소설이다. 살면서 어느 날 만난 한 사람이 가슴속에 깊이 자리 잡을 수 있다. 당신의 가슴에 아름다운 한 송이 꽃처럼 남은 사람이 있는가. 여기 수도원 수사에게 한 번의 육체적 관계가 사랑으로 간직된 소녀가 있었다, 소년이었던 수사는 소녀의 이름도 몰랐다. 그저 불쌍한 소녀였고 도와주고 싶었던 간절한 순간이 있었을 뿐이다. 그것이 사랑인지 단지 육체적 쾌락이었는지는 자신도 알 수 없는 순간이었다. 하지만 사랑의 감정이란 걸 알게 한 소녀였고, 어쩔 수 없이 남겨둔 채 떠나왔지만 후회는 하지 않았다고 말한다. 왜 후회하지 않는다고 말하는 걸까. 생각하게 하는 문장이다.

　사랑과 평화가 넘쳐야 할 수도원에 음산함이 흐르는 것은 왜일까. 산 꼭대기 높은 수도원은 마치 세상의 온갖 두려움을 피해 숨는 곳처럼 철옹 벽을 이루고 있다. 그 주변으로 가난에 찌든 사람들이 수도원에서 나오는 음식 쓰레기를 주워가기 위해 몰려들고 그것으로 근근이 살아간다. 그러한 음지에서 어느 날 한 송이 꽃을 본 것이다. 소년에게 소녀는 꽃으로 보였다. 하지만 수사들만 살고 있는 수도원에 불쑥 나타나는 소녀는 꽃이어서는 안 된다. 그 불쌍한 소녀는 가난이라는 가시가 있고, 장미의 가시처럼 찔리면 아픈 꽃이었다. 가시가 있는 장미도 아름다운 한 송이 꽃이지만 가시에 찔리면 붉은 피를 흘리게 되는 것을 말하는 것일까.

　움베르토 에코의 소설 장미의 이름은 수사 아드조가 젊은 시절 겪었던 사건의 경험을 바탕으로 이끌어간다. 아마도 아드조는 소녀를 장미라는 이름으로 기억되고 싶었는지 모른다. 기호학자 움베르토 에코가 실화를 바탕으로 쓴 소설로서 중세 시대 종교와 신학, 철학을 추리해나가는 지적 탐구가 아리스토텔레스의 희곡과 관련되어 있다.

　영화는 1989년 장 자크 아노 감독, 숀 코네리가 주연을 맡았고 큰 인기를 얻었다. 종교학에서 신앙이 우위인가 인권이 우위인가를 생각하게 만드는 중세시대의 신앙심에서 종교의 역할을 다시 되새겨 보는 영화다. 이탈리아와 프랑스 국경이 맞닿는 산꼭대기 외딴곳에 수도원이 있다. 어쩌면 세속과 최대한 멀리 떨어진 곳에 지은 것이고, 하늘과 더 가까이 닿을 수 있는 그런 곳을 선택해 지은 것으로 보인다.

1327년 어느 날, 이 수도원에서 채식주의자이자 잘생긴 수도사 아델모가 투신한다. 때마침 윌리엄과 제자 수련사 아드조가 이곳에 오게 되었고 아델모의 죽음을 추적하기 시작한다. 그러나 이후에도 2명의 수사들이 더 죽게 되고 이들의 추적은 미궁 속으로 빠져든다. 세 명의 수도사는 왜 죽었을까. 첫 번째 죽은 아델모는 삽화를 잘 그리는 예쁘장한 수사였다. 두 번째 죽은 베난티오는 그리스어 번역을 담당하는 호기심 많은 수사다. 세 번째 죽은 베링거는 수도원에서 여자 목소리 파트를 맡을 정도로 여성스러운 남자다. 요한 계시록의 예언대로 수사들이 차례로 죽음을 맞게 되자 수도원은 악마의 역사가 시작되었다면서 극도의 불안에 휩싸인다.

베네딕트 수도원에는 오래된 장서들이 많이 보관되어 있는 곳으로서 서고가 매우 중요했다. 이 서고를 은밀히 지키던 두 사람은 심야에 서고에서 누군가가 책 한 권을 훔쳐 달아나는 것을 목격하고 뒤를 밟았지만, 그들이 발견한 것은 주방에서 정사를 벌이고 있는 마을 소녀와 수사였다. 굶주린 마을 소녀는 몸을 팔아 식량을 구해가고 있던 거였다. 뜻하지 않은 쫓김에 숨어든 장소에서 아드조는 소녀를 만나 육체적 사랑을 나누는데, 소녀는 나중 마녀로 몰려 화형을 당할 처지가 된다. 윌리엄과 아드조는 사서와 보조사서의 행동을 수상히 여겨 추적 중 암호가 적인 양피지를 발견한다. 수사들 죽음의 공통점은 검지와 혀가 검게 변해 있는 것이어서 도서관이 매우 중요한 단서였다. 그러나 사서 외엔 아무도 들어가지 못한다는 도서관에 비밀의 열쇠가 있다고 판단한 윌리암은 잠입을 시도했다가 실패한다.

윌리암과 제자 아드조는 수사들의 죽음을 파헤치는 과정에서 수도원의 어두운 이면을 발견하게 된다. 베렝거는 동성애자였는데 그는 먼저 투신했던 아델모에게 반해 아델모가 읽고 싶어 하는 책을 건네주면서 육체적 관계를 가져왔다. 수도원 밖 가난한 마을 사람들은 수도원에서 먹고 남은 가축의 내장 부위를 받는 조건으로 성관계를 하기도 한다. 천국으로 가는 길이라 믿었던 산꼭대기 수도원에서 인간의 추악한 본성은 드러나고 죄를 지은 수사들은 두려움에 떨며 지내게 된다. 수사들은 한결같이 철저한 금욕생활을 한다. 그들은 웃음기 없는 창백하고 무언가 결핍된 모습이었다. 5명 수사들은 〈웃음은 예술이며 식자들의 마음이 열리는 세상의 문이다〉라는 내용을 다룬 아리스토텔레스의 시학 제2권의 유일한 필사본이 장서관에 있음을 알고 몰래 읽어보다가 독살당한 것이다. 그야말로 수도원에 보관된 아리스토텔레스 이론이 현실적 희곡이 되어 벌어진 것이다. 40년을 수도원에서 살아온 늙은 수사 호르헤가 이단으로 금지된 서책에 수사들이 접근하지 못하게끔 책에 독약을 묻힌 것이었다.

세상 사람들은 천국에서 백배로 돌려받는다는 믿음으로 열심히 일해서 얻은 곡식과 가축을 수도원에 바친다. 그래서 수도원의 창고는 넘쳐난다. 그러나 결국 넘치는 창고가 수사들에게 인권을 유린하는 악마가 되게 만든다. 가난하고 청빈한 생활은 볼 수 없게 되고, 그들은 점점 내면에 기름기가 끼게 된다. 그래서 부가 축적되는 종교는 성스러운 곳이 아니라 범죄자들의 소굴이 되어 간다. 종교지도자가 기득권자가 되고 신념과 규칙이 다르면 종교재판으로 처단하는 큰 권한을 갖게 된다.

수도원이 소속된 베네딕트 수도회와 윌리암이 속한 프란치스코 수도회 두 수도회의 종교적 신념이 대립되는데, 종교인들이 세속과 같은 욕심에 물들면 청빈의 마음은 사라지는 것이다. 중세종교의 부패가 저 산꼭대기 수도원에서도 드러난다. 종교라는 것이 지식 탐구의 장소인가 아니면 진정한 사랑을 말하는 곳이던가.

종교에서 부르짖는 사랑은 높은 산꼭대기 수도원의 높은 절벽처럼 가까이하기에 너무 먼 이론에 불과한 곳이었다. 소녀를 비롯한 세 명이 화형에 처하는 시간에 윌리암과 아드조는 금서를 발견하게 되지만 호르헤 수사로 인해 수도원이 불길에 휩싸이면서 선과 악은 가려진다. 제자 아드조가 윌리암에게 여자에 대한 사랑을 어떻게 생각하느냐 물었을 때 윌리암은 대답한다.

"사랑이 없다면 삶은 얼마나 평화롭겠느냐, 안전하고 평온하고… 그리고 지루하겠지."

자유부인

한국 소설가: 정비석
1956년 영화/감독: 한형모
주연: 박암, 김정림

"동창회, 계, 춤, 명품 등을 쫓았으나
자유부인은 자유를 얻지 못했다."

　정비석 작가의 장편소설 자유부인은 한국 출판 사상 최초 10만 권을 판매 돌파한 우리나라 최초 베스트셀러 소설이다. 현재에 와서도 우리나라 문학작품 중 가장 많은 저작권료를 받고 있는 소설이며, 우리나라 문화재 347호로 지정되어 있기도 하다. 이 소설은 6·25 전쟁 직후인 1954년 1월 1일부터 그해 8월 6일까지 215회에 걸쳐 서울신문에 연재되어 폭발적인 인기를 얻었다. 특히, 엘리트 지식인 대학교수의 아내가 가정을 벗어나 향락에 빠지고 탈선을 하는 파격적인 이야기여서 비난도 많았었다. 전쟁의 후유증이 심각했던 그 시절, 아직 봉건적 사고가 사회 문화 모든 부분에 전반적이던 시대였다. 그 시대에 보인 파격적인 불륜소설은 성윤리와 도덕성 문제로 논란이 벌어졌지만 독자들의 열광적인 호응을 얻으며 인기가 있었다. 당 시대에 드러내기 어려운 불륜 이야기와 시대적 부패를 표면화시킴으로써 사회적 모순을 사실적으로 파헤쳤다.

당시 한국 사회는 전쟁을 전후하여 극심한 혼란기였다. 서구 문화가 사회 속에 빠르게 흡수되면서 전통적이던 유교적 윤리관이 혼미해지고 돈을 추구하는 자본주의가 자리를 잡았다. 그리고 그렇게 서서히 미국식 자본주의가 우리 사회에 자리를 잡아가던 시기다. 미국 자본주의 문화는 무조건적인 동경과 개인적 욕망을 표출하게 하였는데 그중 하나가 사교춤 유행이다. 전쟁미망인이 직업전선에 진출하기 시작했다. 남편을 잃고 가장이 된 주부들이 사회로 나와 생계를 위해 돈벌이에 나섰다. 전쟁의 참상을 겪은 여성들이 경제적 활동에 발을 내딛는 시기다. 어쩌면 여성의 경제적 지위가 조금씩 향상되는 과정이었지만 그로 인해 허영과 퇴폐풍조도 문제화되었다. 봉건적 사회에서 가정에서만 있던 여성들이 사회로 진출하면서 여성의 경제적 욕구, 성적 욕구가 새로운 여성 문제로 대두된 것이 이 시기이기도 하다. 이러한 많은 문제를 드러낸 소설 자유부인은 연재 완료 전 정음사에서 단행본으로 간행될 정도였다.

영화는 한형모 감독의 1956년 첫 작품이 있다. 수도극장에서 개봉하여 10만 8천 명이 동원된 선풍적인 흥행을 누렸던 영화다. 옛 흑백영화를 보는 재미가 뉴트로에 빠지게 하는 이유이기도 하다. 경험하지 못했던 옛 복고풍을 새롭게 즐길 수 있는 것이 바로 흑백영화에서 느끼는 독특한 옛 향수인 것이다. 밴드 음악에 맞춰 댄스를 추는 남녀의 모습,

출연자들의 복장에서 시대를 읽는다. 당시 양품점에는 미국에서 수입해 온 고가의 여성용품이 전시되어 있다. 고가이기에 상류층 여성들이 주 고객이고, 고가의 수입화장품이나 의류, 핸드백은 여성의 마음을 사기 위한 남자들의 선물용품이다. 또한 사업가들이 거래처에 사업목적으로 선물을 보내는 장소이기도 하다. 그러니까 양품점에서 취급하는 고가의 미국상품은 한마디로 지금의 명품소비와 똑같은 것이다. "최고급을 주세요. 최고급입니까?" "네, 최고급입니다." 상품을 보지도 않고 무조건 비싼 것으로 보내주라는 고객의 요구는 한마디로 허영과 퇴폐가 만연된 당시 사회 풍조를 보여주고 있다. 그 시대나 현시대나 명품이라고 하면 먼저 비싸야 한다는 개념은 너무도 똑같다. 상류층 여자들은 너나 할 것 없이 계모임으로 계바람, 사교댄스로 춤바람, 그 외 또 하나가 양품점의 사치바람 일명 명품바람이 세게 불던 시대였다. 동창회, 계, 춤, 명품 등을 쫓았으나 자유부인은 자유를 얻지 못했다. 무엇이 문제였던가? 그럼 지금 시대는 다른가?

대학 국문과 교수인 장태연은 학문연구를 하는 성실한 교수다. 그의 아내 오선영은 평범한 가정주부였다. 그러던 어느 날, 오선영은 길에서 만난 대학 동기동창 최윤주의 권유로 당대 유력자의 부인으로 있는 동창생들의 모임인 화교회에 참석하여 화려한 모습의 동창들을 보고 마음의 동요를 갖게 된다. 이후 오선영은 동창 최윤주의 소개로 이월선이 운영하는 서울 시내 양품점 파리양행에 취직하게 된다.

대학교수인 남편 장태연은 아내가 양품점에서 일하겠다고 하자 마지못해 승낙을 하고, 오선영은 양품점에서 바깥 사회를 알게 되고 사회에 매료되어 간다. 양품점에서 뛰어난 수완을 발휘해 판매고를 올리면서 사회적으로 인정을 받는 것이다. 이후 상류층 부인들이 즐기는 사교춤에 대한 선망을 갖게 된 오선영은 이웃에 사는 남편의 제자 신춘호에게 춤을 배운다. 신춘호는 은근히 오선영을 유혹하는 말을 건네는데, 춤바람이 난 오선영은 한복에서 양장으로 옷차림도 바뀌고 촌티를 벗는다. 그녀는 점점 귀가가 늦어지면서 아이와 가정에도 관심이 없다.

한편, 남편 장태연은 미모의 타이피스트 박은미의 요청으로 미군 부대에 종사하고 있는 한국인 사무원들에게 한글을 가르치는 기회를 갖게 된다. 장태연이 아내가 가정에 소홀한 것에 괴로워하자 박은미는 장태연을 위로하며 서로 호감을 갖기도 한다. 그런 관계를 알게 된 오선영은 자신의 탈선은 뒤로한 채 남편과 박은미의 관계를 추궁하면서 더욱 향락의 길로 빠져든다. 그러나 오선영과 가까워진 신춘호는 오선영의 오빠 딸이자 조카인 명옥이와 애인 사이였다. 이 사이에 낀 오선영이 대학생 신춘호에게 농락당한 상황에 처하게 된 것이다.

두 사람이 미국 유학을 떠나게 되자 오선영은 신춘호에게 당한 울분과 질투에 방황한다. 그러던 중 자신에게 접근하며 관심을 보이던 양품점의 남편 한태석과 애인 관계를 갖게 되지만, 한태석을 추적한 그의 아내 이월선의 추적으로 오선영은 추잡의 나락으로 떨어진다. 결국 신춘호에게 배신당한 비참함과 한태석과 놀아난 꼴이 된 주부 오선영은 자포자기하고 삶의 의지를 잃는다. 그러나 남편 장태연은 방탕한 아내에게 무한한 사랑과 이해로 다가오고, 결국 오선영은 자신의 과오를 뉘우치고 가정으로 돌아오게 된다.

오선영은 "가정만 버리고 나오면 얼마든지 활동할 수 있을 것 같았는데 정작 집을 나와 보니 그날부터 마음에 느껴지는 것은 오히려 부자유와 절망감뿐이었다."라고 말한다.

자유부인은 우리나라 바람난 부인 시리즈의 대모 원조가 되어, 애마부인을 비롯, 별의별 바람난 유부녀 시리즈를 탄생케 했다는 영화의 평이 있다.

폭풍의 언덕

영국 소설가: 에밀리 브론테
2012년 영화/감독: 안드리아 아놀드
주연: 카야 스코델라리오, 제임스 호손

"너무 아픈 사랑은 사랑이 아니었음을⋯."

에밀리 브론테의 폭풍의 언덕은 1939년부터 여러 번 영화로 제작되었다. 그중에 내가 처음 보았던 폭풍의 언덕은 중학교 때 TV 명화극장으로 보았던 흑백영화였다. 그때 보았던 영화의 감동은 지금까지 가슴속에 깊이 간직될 만큼 감동 깊었다. 소설과 제일 비슷하게 제작된 작품이라고 본다. 소설이 1847년에 발표되었는데 에밀리 브론테는 1년 후 요절하고 말았다. 그러니까 그녀의 첫 작품이자 마지막 작품이다. '바람이 휘몰아치는 언덕'이라는 뜻, wuther의 날씨의 의미는 주인공의 집안 언쇼가의 저택 이름에도 들어간다. 저택 이름 워더링 하이츠는 소설 내용처럼 바람 잘 날이 없는 일들을 겪게 되는 것이다. 바람의 언덕에 있는 언쇼가의 사연은 아버지 언쇼가 한 집시소년을 집에 데려오면서 폭풍의 언덕이 되어 간다.

1993년, 2012년 여러 번 다시 제작된 영화를 보았지만 흑백영화 폭풍의 언덕만큼의 감동을 받지는 못했다. 폭풍의 언덕은 오만과 편견, 제인 에어와 세계 3대 고전 로맨스 소설로 꼽힌다. 그중 폭풍의 언덕을 쓴 에밀리 브론테와 제인 에어를 쓴 샬럿 브론테는 자매지간이고 세 편 모두가 영국 소설이라는 특징이 있다. 폭풍의 언덕 애절한 사랑 이야기는 무덤까지 파헤치며 사랑을 찾으려 한 불운한 한 남자의 애증이 지독하리만치 슬프다. 남자의 아픈 사랑이 화살촉이 되어 가슴팍으로 꽂히는 느낌, 마치 무서운 폭풍이 나에게 휘몰아침을 느낀다. 사랑이 환경을 뛰어넘지 못하는 험난한 사랑은 옛날이나 지금이나 변하지 않는다.

태초에 누가 인간에게 신분의 차이를 부여했으며, 태어날 때부터 금수저 은수저 흙수저라고 누가 분류했던가. 역사를 보면 세계 어느 나라에나 상층민 하층민이 구분되어 있었고, 빈부의 차이, 신분의 차이로 인해 서로 어울리지도 못하는 청춘들의 인간관계 속에 살아왔다. 폭풍의 언덕에서 마냥 순수했던 히스클리프와 캐시의 사랑이 애증이 되어버린 이유가 그랬다. 순수했던 사랑이 점차 분노로 변하여 거칠어지고 비뚤어진 사랑이 되어간다. 사랑이 집착이 된 순간 광기가 되고 잔인해지기도 한다. 그래서 쟁취하지 못한 사랑에 대해서 투쟁하듯 덤벼든다. 그리고 비도덕적 야만적 행동을 서슴없이 하게도 된다. 그런데 왜 그가 불쌍한 것일까. 복수심에 불탄 애증으로 인해 사랑하는 사람을 영원히 볼 수 없게 된 히스클리프의 지독한 열병 같은 사랑 앞에서 사랑이란 무엇인가. 생각해 보지 않을 수 없게 되는 것이다. 신분과 빈부의 차이가 갈라놓은 남녀 간 사랑 이야기는 모든 연애소설의 기본이자 막장드라마의 소재가 되고 있다.

영국 북부 습지를 혼자 여행하던 케네스 박사는 폭풍의 언덕에서 밤을 보내게 된다. 그 집에서 한 여자의 울부짖음을 꿈처럼 보게 된 박사는 늙은 하인에게서 현재 집주인 히스클리프의 비극적인 이야기를 듣게 된다. 폭풍의 언덕의 집주인 언쇼는 여행 중에 만난 집시 소년 히스클리프를 집에 데려와 아들처럼 키우는데, 그 집에는 동갑 소녀 캐시와 오빠 힌들리가 있다. 두 남매와 함께 성장하게 된 히스클리프는 캐시와 늘 어울려 지내는데 힌들리가 히스클리프를 미워하며 괴롭힌다. 그러나 아버지 언쇼의 보살핌과 사랑이 있었기에 견딜 수 있었다. 히스클리프의 삶을 바꿔놓은 일은 언쇼가 일찍 병으로 죽은 후 힌들리가 집 주인이 되면서다. 힌들리는 아버지가 죽자 히스클리프를 하인 취급하고 가혹한 학대를 하기 시작한다.

세월은 지나 모두 성인이 되었고, 폭풍의 언덕을 함께 뛰어다니며 자란 히스클리프와 캐시는 서로를 사랑하고 있다. 그러던 중 이웃에 사는 상류층 린튼가에서 열리고 있는 무도회를 우연히 히스클리프와 캐시가 훔쳐보게 된다. 그날 그들은 그 집 자제인 에드가 린튼을 만난다. 캐시는 히스클리프를 사랑하지만 청혼을 해온 에드가의 고백 이야기를 가정부 엘렌에게 하는데, 그만 히스클리프가 엿듣고 말았다. 캐시가 자신을 창피스럽게 생각한다는 말을 듣게 된 히스클리프는 자괴감에 괴로워하다 그 길로 집을 떠나 버린다. 만약 당신이 히스클리프라면 어떻게 하겠는가. 사랑하는 여인이 당신을 창피하게 생각한다는 사실을 알게 되었다면 말이다. 사실 캐시가 히스클리프에게 돈을 벌러 집을 떠나라는 말도 했었다. 그러나 히스클리프는 캐시 곁을 떠나고 싶지 않아 하인으로 지내고 있었던 거였다.

몇 년 후, 히스클리프는 진짜로 미국에서 성공하여 돈을 벌어 돌아온다. 그러나 캐시는 이미 에드가와 결혼한 상태였고, 캐시를 잊지 못한 히스클리프는 계속 린튼가 주변을 맴돌며 캐시에게 사랑을 고백하며 모두를 힘들게 한다. 그러다가 자신을 괴롭혔던 힌들리와 사랑을 배신한 캐시에게 애증의 복수를 결심한다. 평화롭게 자란 에드가와 여동생 이사벨라는 이 두 사람과 엮여 폭풍 속으로 휘말려가는 불행한 사람들이다. 모든 것을 가졌다는 이유만으로 그들은 당하는 사람들인 것이다. 사랑하는 두 사람 사이에 끼게 된 에드가 린튼은 거칠게 살아온 히드클리프에 비하면 너무도 교과서적이고 평온한 사람이다. 히스클리프에 비해 지적이고 조용한 에드가가 인간적 매력이 떨어지는 이유는 무엇이라고 해야 할까. 박력이 부족해 보이는 남자라고 할 수 있겠다. 히스클리프는 오로지 캐시에게 복수하기 위한 일념으로 이사벨라를 유혹하여 결국 결혼을 하게 된다. 서로 얽히고설킨 이들 관계는 히스클리프의 병적인 애증에서 비롯되었고 견디지 못한 캐시는 시름시름 앓다가 죽음에 가까워진다. 죽어가는 캐시에게 히스클리프는 절규하며 말한다.

"이제부터 우리 두 사람은 함께 영원히 살아가게 될 것이야."

히스클리프. 그의 절규가 뇌리에서 쉽게 지워지지 않는 것은 그의 사랑이 비록 공포와 불안을 주는 나쁜 방법이라 할지라도 그 내면에 진정한 사랑이 흐르고 있음을 발견하기 때문이다. 그들은 휘몰아쳐 온 폭풍 앞에서 서로를 지키지 못했고 헤어져 서로 다른 길을 걷게 되었다. 폭풍 속에서 잃어버린 사랑을 찾기 위해 악을 쓰는 히스클리프, 그는 청소년기 사랑을 잊지 못하고 애증이 되어버린 사랑의 집념 하나로 피폐된 사람이 되어버렸다. 애증과 복수심을 다스리지 못해 히스클리프는 진짜 악마가 되어 가는 것이다. 그러나 사랑은 모든 것을 파괴시키는 것이 아니다. 누구도 그런 사랑을 원하지 않을 것이다. 사랑은 아름답게 만드는 묘약이어야 했다. 그는 자신의 애증을 위해 산 자와 죽은 자 모두를 저주하듯 자신의 주변을 폭풍 속으로 몰아넣었다. 영화는 이들 관계에서 끝나지만 소설은 이들 모두가 죽고 히스클리프는 이십여 년간 죽은 캐시를 잊지 못해 혼자만의 초월적 사랑을 한다. 폭풍의 언덕은 히스클리프가 주인이 되었고, 그 후손인 자신의 아들과 캐시의 딸까지도 히스클리프의 악마적 복수심에 놓여 있다.

"그가 죽을 때까지 혼신을 바쳐 당신을 사랑한다 해도, 내가 당신을 하루 사랑하는 것만큼도 되지 못할 것이오. 그도, 이 세상 무엇도, 우리 사이에 들어올 수 없어요."

밤낮없이 헤매다가 쓸쓸히 숨을 거둘 때까지 히스클리프의 사랑은 폭풍 속에서 처절하게 부서졌다.

죄와 벌

러시아 소설가: 도스토예프스키
1935년 프랑스 영화/감독: 조세프 본 스텐버그
주연: 피터 로어, 에드워드아놀드, 마리안 마쉬

"텅 빈 지갑이 가장 큰 상처를 입힌다."

탈무드에 이런 말이 있다. 텅 빈 지갑이 가장 큰 상처를 입힌다. 돈이 인생이 전부는 아니라고들 쉽게 말한다. 하지만 실제 돈이 없어서 고통스러울 땐 돈이 인생의 전부가 되기도 한다. 가장이 빚에 쪼들리다 아내와 어린아이까지 죽이고 자살하는 가족사 보도를 접한다. 아이들이 과연 무슨 죄가 있다고 죽이는가. 아이들이 죄가 있다면 부모를 잘 못 만난 것이 죄일 것이다. 결국 부모의 텅 빈 지갑이 가족 모두의 삶을 중단시킨 일이다. 그들에겐 돈이란 것이 고통이었고 인생의 전부가 되어 버렸다.

가난은 소설이나 영화 속에서도 엄청난 죄임을 보여준다. 2021년 넷플릭스에서 제작한 우리나라 영화 오징어 게임이 세계적인 인기를 얻었고, 바로 이어 나온 영화 지옥도 1위를 차지하였다. 두 영화가 세계적으로 인기 있는 것은 돈, 죄, 벌 이러한 단어들이 인간들에게 번민을 주고 고뇌를 낳기 때문일 것이다. 영화 지옥에서는 갑자기 지옥 고지를 받은 사람이 자신의 죄가 무엇인지 두려움에 떨고, 마침내는 막 태어난 신생아에게 지옥 고지가 오면서, 죄와 벌에 대해 생각하게 만든다. 지옥이라는 단어 속으로 자연스럽게 스며드는 단체는 사이비종교다. 인간의 가장 나약해진 상황을 공략하여 세를 넓히고 부를 축적하는 하나의 단체다. 그래서 자신들만의 천당을 만들어가는 곳, 어쩌면 지옥은 종교의 탈을 쓰고 그렇게 당신의 죄를 노리고 있을지 모른다.

지옥 영화에서 말하는 지옥 고지가 무엇을 말하려는 지 파악이 어려웠다. 단지 이 모든 것은 죄와 벌, 거기에 연관되는 고리가 있다면 돈이 있었다. 그래서 두 영화를 보면서, 오래전에 읽었던 러시아의 문호 도스토예프스키의 죄와 벌이 떠올랐다. 혹시 영화로 제작된 것이 있는지 찾아봤는데 1935년에 제작된 흑백영화가 있었다. 어렵게 찾아낸 흑백영화 죄와 벌은 1, 2부로 3시간이나 되는 영화였고, 역시 소설 그대로를 영화화해서 다시 책을 읽는 느낌을 받았다.

소설은 1865년 러시아의 도시 뒷골목 사회 사람들의 모습을 담고 있다. 고리대금업자인 전당포 주인, 법학을 전공하는 대학생들, 그런 자들이 하숙하는 허름한 하숙집들, 직업이 없어 방황하는 사람들, 러시아 혁명 후 변화하는 사회에서 가난에 허덕이는 민간인들, 왕정 치하가 끝나가고 자본주의가 서서히 사회 속으로 흘러들어오는 19세기 러시아의 사회 모습이지만, 어쩌면 그 시대 모든 세계인들의 모습일 수도 있다.

작가 도스트예프스키는 가난해서 돈을 벌어야 했고, 사형선고도 받았으나 기적적으로 살아나 8년 동안 감옥생활을 했는데, 그곳에서 성경을 탐독했다고 한다. 또 작가는 간질병에 걸려 시달렸고, 도박꾼이기도 했다. 그러한 작가의 성향은 죄와 벌에서도 많이 녹아 있는 것 같다. 러시아 소설이나 영화는 이름에서 혼란을 느낀다. 길기도 하지만 비슷한 이름들이 한 번에 쏙 들어오지 않기 때문이다. 죄와 벌 흑백영화 속 주인공 라스콜리니코프는 도스토예프스키를 보는 듯하다.

가난한 대학생인 라스콜리니코프는 어머니와 여동생 두냐의 희망인 유능한 청년이다. 그러나 그는 학비 낼 돈은 물론 먹을 것도 제대로 먹지 못해 삐쩍 말라 있다. 머릿속에 심오한 사상을 품고 사는 지성인의 면모를 갖춘 그는 돈을 만들기 위해 물건을 들고 전당포에 드나든다. 배웠으나 앞길이 보이지 않는 젊은 대학생, 라스콜리니코프의 모습은 현재 우리 사회의 어떤 청년들의 모습일지도 모른다. 재능은 있으나 갈 곳이 없는 청년의 모습, 하루하루 견디기 위해 돈이 필요하지만, 어디 가서 허드렛일을 할 수 없는 젊은 인간일 뿐, 많이 배웠기에 힘쓰는 노동으로 돈을 벌 수 없는 사람이다. 그는 이상을 가진 지성인에 속한 자이기 때문에 머릿속만 복잡하다. 그래서 허무맹랑한 생각 속에 빠져있고, 자신을 합리화하려는 이상한 행동을 보인다. 스스로 많이 알고 배웠다고 자부하면서 때로는 마치 자신이 초인이라도 된 사람처럼 행동한다. 자신처럼 재능 있는 사람은 어떤 나쁜 짓을 해도 이해해야 한다고 생각한다. 만일 지식인의 범죄가 사회에 이득이 되는 일이라면 사회의 혁신을 가져올 수 있다는 논리다. 결국 그는 돈에 쪼들려 전당포

노파를 죽였고, 계획 속에 없던 노파의 사촌이 순간 찾아오자 그녀조차 도끼로 죽이고 만다.

노파의 돈을 훔쳤으나 그는 쓰지 못하고 숨길 수밖에 없는 현실에 직면한다. 게다가 살인사건이 조여 오는 주변 상황 속에서 자신은 절대 그런 사실이 없다고 외치지만 죄의식에 시달린다. 그는 양심의 가책을 받고 쇠약해져 간다. 그런 와중에 그전에 알던 메라도프가 마차에 치여 숨지자 그의 불쌍한 딸 소냐를 만나게 된다. 소냐는 알코올 중독자인 아버지에게 술을 사주고 계모와 그녀의 세 자녀들을 먹여 살리기 위해 창녀가 되었다. 라스콜리니코프는 불쌍한 소냐를 통해 자신의 죄를 털어놓고 싶은 야릇한 동질감을 느낀다. 이 부분에서도 라스콜리니프는 비정상적인 사람처럼 보이는데, 소냐와 자신을 똑같은 인간으로 보는 시각이 그렇다. 소냐가 가족들을 먹여 살리기 위해 자신을 버린 인간이고, 자신 또한 살인을 해서 자신을 버린 비참한 사람이라는 것이다. 하지만, 둘이 같은 사람으로 볼 이유는 하나도 없어 보인다.

내가 보기에도 소냐는 라스콜리니프와는 완전 다른 성녀 같은 소녀다. 가난 때문에 자신을 희생한 불쌍한 소녀 소냐의 심성은 죄인일 수 없다. 그녀의 충고대로 라스콜리니코프는 경찰에 자수하러 간다. 그는 소냐의 말대로 광장에 들러서 대지에 꿇어앉아 무한한 기쁨과 행복감을 느끼며 흙에 입맞춤을 한다. 하지만 그는 마지막까지 비정상적인 인간일 뿐이다. 어쩌면 히틀러가 그렇게 많은 사람을 학살했는데도 자신은 그들에 비하면 죄인이 아니라는 식이다. 자신의 죄를 인정하지 못하는 죄인, 그런데 죄책감에 시달리는 사람의 이중성 속에 그는 자신의 소심함과 어리석음에 졌다고 생각한다. 그는 벌을 받기 위해 시베리아로 가게 되지만 뉘우침이 없다. 단지 헌신적인 소녀의 사랑이 그를 벌하는 것이고, 소녀가 그를 뒤따라간다.

무녀도

한국 소설가: 김동리
1972년 영화/감독: 최하원
주연: 윤정희, 허장강, 신영일

"종교는 때로 갈등과 비극을 낳는 고통의 신비다."

무녀도는 김동리 작가의 단편소설이다. 제목만 보면 무녀도라는 섬 이야기 같은 느낌이 드는 이 소설은 그러나 섬하고는 아무 관련이 없다. 전북 군산시 고군산군도에 있는 섬 중에 무녀도라는 섬이 있다. 나는 선유도를 몇 번 간 적이 있는데, 선유도에 가려면 몇 개의 섬을 지나게 되고 그중 하나가 무녀도다. 그래서 그곳을 지날 때마다 김동리 소설 무녀도가 저절로 떠올려지며 신비스런 섬 무녀도를 바라보곤 한다. 그러나 김동리 소설의 무녀도는 작가가 살았던 경상북도 경주에서 십여 리 나가 있는 조그만 어느 집성촌이 무대이고, 모화라는 무당의 한 많은 여인의 이야기인 것이다. 섬은 아니지만 섬 같은 어느 마을에서 비극적인 삶을 산 무당의 이야기, 모화의 수양딸 낭이가 그린 그림이 무녀도인 것이다.

1980년 12월 18일 KBS TV문학관 제1화가 을화(乙火)였다. 을화는 1936년 발표된 김동리 소설 무녀도를 개작하여 1978년 문학사상에서 장편소설로 발표한 같은 작품이다. 지금도 을화에서 주인공으로 나온 배우 장미희의 무당 열연 곡소리가 또렷이 남아 떠오른다. 2021년 11월 25일에는 무녀도가 한국 애니메이션 영화로 제작되어 극장에서 상영되었다. 애니메이션으로 만들어진 무녀도의 무당 모화의 삶을 통해 우리나라의 또 다른 애절한 한의 정서가 세계 속에 울려 퍼질 수도 있는 예술이다. 애니메이션 영화는 다음 기회에 기대해 보기로 하고, 1972년에 상영된 영화 무녀도로 소설 무녀도를 다시 감상해보았다.

　배우 윤정희와 허장강, 신영일, 김정숙, 사미자 등 옛 배우들이 출연한 무녀도에서 한 많은 여인의 삶을 산 무당 모화 윤정희를 보게 된다. 영험하기로 이름난 무녀 모화에게는 영특한 아들 욱이와 데려온 딸 낭이가 있다. 그러나 욱이가 아홉 살 되던 해 모화는 아들의 미래를 위해 절로 보내게 되는데, 딸 낭이는 시름시름 앓다가 반벙어리가 된다. 줄광대인 아버지의 딸로 광대를 따라 다니던 모화는 최진사의 아들 최 도령과 눈이 맞아 아이를 낳았다. 그러나 신분의 차이로 인해 아버지는 죽고, 모화는 아이를 데리고 간신히 살아남아 무당이 되어 살아온 것이다. 그 아들이 욱이였고, 어느 날 동해에서 해물가게를 하는 남자가 맡기고 간 여자아이 낭이를 용신의 딸이라며 수양딸 삼아 키웠다. 그러던 중 장성한 욱이가 모화를 찾아오게 되고 서로 달라진 신앙으로 갈등을 낳게 된다. 욱이는 절에서 도망쳐 선교사를 만나 기독교 신자가 되어 있어서 무당인 어머니의 삶과 부딪히게 된 것이다. 그런데다가 반벙어리지만 처녀가 된 낭이는 욱이와 연정을 품게 되고, 한 집에서 젊은 남녀는 뜨거운 관계가 되어 간다. 그러나 모화는 낭이에게 내림굿을 하여 무당을 후사하려 하고, 기독교 신자인 아들 욱이는 그런 모화의 굿을 미신으로 치부하는데, 모화는 아들이 예수귀신에 들렸다며 굿을 한다. 결국 모화는 아들 몰래 성경을 불태우는데 이를 본 욱이가 말리다가 모화의 칼에 찔린다.

영화에서는 욱이와 낭이가 그곳을 도망쳐 떠난다. 우리나라 토속신앙과 외국에서 들어온 선교사들의 기독교가 어머니와 아들의 종교 갈등으로 대립되면서 가족은 죽음을 불사한 비극을 낳는다. 모화는 금쪽같은 아들을 잃어 슬프지만 신령님을 찾아 기도한다. 그러나 모화의 신기가 다했다며 더 이상 무당 모화를 찾는 이가 없어진다. 마을에도 점점 교회가 들어서고 모화는 강물에 빠져 죽은 김씨 부인의 굿을 하다가 강물로 깊이 들어가 죽게 된다. 소설은 이후 낭이의 아버지가 낭이를 데려갔고 묵었던 집에서 그림을 잘 그린다는 낭이에게 그림 솜씨를 보여 달라고 하여 소녀가 남긴 그림, 그 그림이 무녀도라 불리게 되었다.

종교적 갈등은 현대에서도 가족 간의 갈등을 낳는 것을 종종 보게 된다. 부모가 돌아가셨을 때 형제간들의 종교가 달라 모든 종교예식이 장례식장을 다녀가기도 하고. 서로의 종교 식으로 장례를 치러야 한다고 우기며 싸우기도 한다. 그런가 하면 결혼 문제에도 결혼 당사자나 그 가족들이 종교가 달라 문제가 되는 사연들이 올라오곤 하는데, 최근 본 한 사연이 그렇다. 이성 친구와 종교문제로 파혼을 고민 중이라는 여성의 사연이었다. 이미 결혼 날짜를 잡았지만 결혼이 고민된다는 여성은, 남자친구와 모든 것이 다 맞지만 종교가 문제가 될 줄은 늦게 서야 알게 되어 고민이라고 했다. 독실한 기독교 신자인 남자친구가 일요일에 교회에 가야 해서 양보하고 종교를 믿는 건 자유라고 존중했었지만 점차 교회에 들이는 돈과 시간이 많아지는 것이 신경 쓰인다는 그녀다. 십일조와 감사헌금, 그 외에도 돈을 내고, 교회 돈이 어디에 쓰이는지 관리도 하고, 교회에 일손이 필요하면 토요일에도 나가고, 1년에 두 번씩 성경학교 계획도 세우는 남자친구다. 더구나 크리스마스와 연말에는 둘이서 즐거운 시간을 보내고 싶어 "뭘 하면 좋을까, 어디를 갈까. 자신은 고민하는데 남자친구는 예배를 드리러 가야 한다며 크리스마스나 송년과 새해까지 모두 교회에 가야 한다는 것이었다. 그런 남자 친구와 결혼을 하고도 매번 이렇게 실망감을 느껴야 한다는 생각에 머리가 복잡해지고 종교문제로 싸우게 될 것 같아 결혼을 고민하게 됐다는 사연, 종교는 때로 갈등과 비극을 낳는 것, 그것을 고통의 신비라고 하는 것인지 모르겠다.

분노의 포도

미국 소설가: 존 스타인백
1940년 영화/감독: 존 포드
주연: 헨리 폰다, 제인 다웰

"분노는 늘 있지만 세상은 바뀌지 않는다."

분노의 포도는 노벨문학상을 받은 미국의 존 스타인백이 1935년 낸 장편소설이다. 쉽게 손에 잡히지 않는 두꺼운 두 권의 책, 제목만으로도 충분히 무거움을 주는 이 책을 어떻게 읽을 것인가. 분노의 포도라는 제목과 노벨문학상이라는 위대함만으로 궁금하지만 쉽게 읽혀지지 않는다. 언젠가 읽다가 말았던 이 책을 다시 집어들 수 있는 것은 영화가 있었기 때문이었다. 분노의 포도는 존 포드 감독에 헨리 폰다 주연으로 1941년 13회 미국 아카데미 시상식에서 여우조연상과 감독상을 수상한 1940년에 만들어진 흑백영화다.

자본주의가 우리의 삶에 엄청난 풍요를 안겨준 반면 그 이면에는 가난과 암울함이 있다. 그 속에서 벌레처럼 꿈틀거리는 생명력이 존재하는 것이다. 농경사회는 농민들이 땅을 가꾸며 그곳에서 생산되는 작물로 먹거리를 만들어 생활했었다. 농작물에서 가장 중요한 것이 기후일 수 있다. 기후재앙으로 인해 2021년에도 미국 중부지역은 토네이도로 인해 100명이 넘는 사망자가 발생하고 있으며, 폐허 속에서 실종자를 찾아내는 수색을 하고 있으니 말이다. 신이 도와주지 않으면 인간은 살아날 수가 없다. 그래서 역사 속에서 신들은 끊임없이 존재하고, 세계사에는 종교전쟁이 끊이질 않고 있다. 신의 가호가 있어서 농작물이 제대로 생산되는 것, 그렇지 않으면 농작물이 제대로 생산이 되지 않기에 먹을거리가 부족하게 되고 굶어 죽는 일이 발생한다. 그런 상황에서는 누구에게 분노해야 하는가. 인간을 만들어낸 신에게 분노해야 하지만. 그러나 인간은 깨달았다. 신에게는 분노해서 얻을 것이 없다는 것을. 그래서 신에게 재물을 바쳐서 인간에게 제발 해를 주지 말라고 인간들은 더욱더 신에게 정성을 다했다. 그리고 신이 내린 재앙 앞에서 서로 살기 위해 싸움을 벌인다. 서로 뺏고 뺏기는 끊임없는 전쟁을 일으켜왔고, 현재까지도 세계 곳곳에서 전쟁으로 인해 처참한 생활을 하는 민족들이 있다. 우리는 지금도 그 끝나지 않은 전쟁의 위협 속에 종전선언이라는 단어를 외치고 있다.

그리고, 세계는 코로나19라는 전염병 속에서 쉽게 헤어나지를 못하고 있는 상황이다. 인간 문명의 발달로 인한 환경오염은 이제 지구 전체를 위협하고 있는 가운데, 지구 밖으로 우주여행을 하며 돌아보고 오는 자본가도 있지 않은가. 이러한 자본주의의 발전은 엄청난 빈부의 차이를 만들어 놓았고 그러한 사회 구조에서 분노하는 사람들은 늘 발생하게 된다. 분노의 포도라는 것은 한 사람 한 사람이 갖고 있는 분노가 포도송이처럼 붙어서 발생하게 된다는 의미로 이해가 된다. 그래서 한 사람의 분노는 개죽음처럼 비참함으로 사라질 수 있지만, 그들의 분노가 노동조합이나 단체가 된다면 자본가의 횡포에 맞설 수 있게 된다. 분노의 포도는 인간의 가장 기본인 먹고 살기 위해 발버둥 치는 사람들의 뭉침이자 외침인 것이다.

미국은 1920년대 이미 세계 제일의 농업국이 되었다. 외형적으로 크게 성장한 농업은 1929년 대공황 때 가장 큰 타격을 받았는데, 농산물 가격이 폭락한 것이었다. 그래서 농업인이 노동자로 전락했다. 악독한 농장주의 폭력과 횡포에 값싼 노동력 착취가 생겼고 일자리는 구하기가 어려운 시기였다.

주인공 톰은 4년간 감옥살이를 하고 가석방으로 풀려나 집으로 돌아온다. 싸움에 휘말려 칼을 들고 달려든 사람을 삽으로 죽였던 톰은 어느 정도 방어를 인정받아 7년 형을 선고 받았었다. 그러나 돌아온 집안 가족들의 삶은 감옥보다도 못한 상황이 되어 있다. 지독한 가뭄과 모래 바람으로 인해 농토는 황폐해졌고, 거대 회사와 은행 빚에 허덕이며 쫓겨날 위기에 있는 것이다. 사람의 손으로 가꾸던 농토는 커다란 트랙터가 들어와 갈아엎는다. 농토는 이제 사람 손이 아닌 트랙터를 움직이는 한 사람만 있으면 된다. 이상 기후에도 농작물을 수확할 수 있는 시설들이 만들어지고 큰 회사들이 농장의 소유주가 된다. 소작인들은 조상들부터 살아왔던 고향을 떠나야 한다.

톰의 가족은 대가족이다. 할아버지 할머니 부모와 형, 동생 가족까지 삼대가 고물 트럭에 가재도구를 싣고 낙원의 땅이라는 캘리포니아로 일자리를 찾아 떠난다. 서부 캘리포니아에는 끝없이 펼쳐진 포도밭이 있다. 또 면화 밭들도 펼쳐져 있다. 톰 가족은 그곳으로 가면 먹고 살 수는 있을 것이라는 희망을 안고 간다. 그러나 발길이 닿는 어느 곳에서나 일자리를 구하는 사람들이 넘쳐나 있다. 그들은 먹고 살기 위해 도로로 나와 있는 것이다. 달리고 또 달리고 일자리를 찾아서 달리고 있는 것이다. 그 길에서 할아버지 할머니가 돌아가시고, 형은 어디론가 사라져 버린다. 그런가 하면 임신한 여동생의 남편도 어디론가 도망가 버린다. 그러나 멈출 수 없는 삶의 여정, 그 여정의 희망은 어딘가에 내가 일할 곳이 있고, 몇 푼의 벌이로 가족이 먹고 살 수만 있다면 다행이지만 도착한 곳은 늘 분노만 생겨난다. 그 안에는 살아남기 위한 다툼이 발생된다. 가난한 사람들은 계속 분노만 쌓여간다. 그 분노는 서로 갈등을 낳고 싸움이 되고 죽고 죽이는 자가 생겨난다. 또 뜻하지 않는 살인을 하게 되는 톰 조드다. 그리고 이들 가족의 삶의 여정 속에 케이시라는 목사는 비참한 인간의 현실과 천국이라는 괴리 속에 놓여 있다. 이웃이었던 그는 이 가족에게 희망을 주지만, 그마저도 죽임을 당한다. 그리고 톰 조드에게는 어머니의 흔들림 없는 정신력이 큰 힘이다.

　시대는 다르지만, 자본주의 발전이 돈이라면 어떤 것도 해결되는 불평등의 괴물을 만들어 낸 것은 지금도 같다고 하겠다. 공산주의는 자본주의에 밀려 일찌감치 패망했고 자본주의가 인류의 희망이었다. 그러나 자본주의는 분노를 낳고 있다. 부익부 빈익빈 속에서 분열과 투쟁이 생겨난다. 자본주의가 낳은 그 불평등에 맞서는 외침은 지금도 우리 사회 곳곳에서 흘러나온다. 톰 조드에게 강인함과 분별력으로 위안을 주는 어머니가 있었고, 성직자 케이시가 있었듯, 사회의 분노를 조절해주는 따뜻한 위안이 되는 사람들이 필요하다. 그럴 때 뜻하지 않게 불운한 길로 가는 분노의 포도는 크게 수확될 기회가 올 것이다.

우리들의 행복한 시간

한국 소설가: 공지영
2006년 영화/감독: 송해성
주연: 강동원, 이나영

"당신의 행복한 시간은 언제인가요?"

우리들의 행복한 시간은 공지영 소설가 장편소설이다. 영화는 2006년 강동원 이나영 주연으로 개봉하여 대중에게 많은 사랑을 받은 작품으로써 소설도 베스트셀러 1위를 기록하기도 했다. '우행시'라 불린 이 영화는 보다 보면 저절로 눈물이 고인다. 고대 중국의 유학자들이 주장한 맹자의 성선설이나 순자의 성악설을 두고 우리는 토론을 하기도 한다. 태어나면서부터 착하냐 아니면 악하냐 하는 문제다. 사람마다 살아온 환경이 다르기도 하고, 그때그때 상황에 따른 주장이 달라질 수 있을 것인가 아니면, 원래 어떤 사람은 선하게 태어났고, 어떤 사람은 악하게 태어난 것일까. 흉악범들의 범죄를 보면, 도저히 용서할 수 없는 사건들이다. 요즘은 사이코패스다 소시오 패스다 하는 정신병 용어도 보통 사람들이 아는 단어가 될 정도로 발생하고 있다.

사이코패스란 반사회적 인격 장애증을 앓고 있는 사람을 말하는데, 일종의 정신병질이 내부에 잠재되어 있어 언제든지 범행을 통해서 밖으로 드러나기에 보통 땐 알 수 없다고 한다. 소시오 패스 또한 반사회적 인격 장애의 일종이다. 자신의 성공을 위해서는 수단과 방법을 가리지 않고 나쁜 짓을 저지르며 양심의 가책을 느끼지 않는 사람을 말한다. 그렇다면 그 사람들은 본래 악하게 태어난 사람인 것일까. 그냥 병으로 치부해야 하는가. 깊이 들어가면 서로 종교적 논쟁을 하게 되는 인간의 본질에 대한 문제고, 늘 우리 삶에서 고민거리이자 철학적 사고로도 해결되지 않는 인성에 대한 끊임없는 논쟁거리다. 그 논쟁 뒤에 기적이 있기를 우리는 바라는 것인지 모른다.

처절하게 가난하게 살아온 사람은 부자를 무조건 증오하기도 한다. 그러나 부자라고 해서 무조건 행복한 것은 아닐 것이다. 영화 '우행시'에서는 두 남녀가 가난함과 부유함이란 벽을 두고 있지만 똑같이 불행한 사람들이다. 그들은 둘 다 세상에 대한 원망과 증오로 가득 차 있고 세상을 살고 싶지 않다. 그렇기에 자신의 거친 행동에 대해서 어떤 가책도 없다. 그렇다면 이들은 정신병자인가 아니면 반사회적 인격 장애증을 앓는 사람인가. 살고 싶지 않은 사람들에게는 세상 모든 것에 반항하는 것뿐이다. 화려하고 부유해 보이는 문유정은 세 번째 자살기도를 실패하고 정신과 치료를 받아야 할 상황에서 고모 모니카 수녀에게 한 가지 제안을 받는다. 교도소에 수감 중인 사형수를 만나 봉사활동을 해보라는 것. 내키지 않은 교도소에서 유정이 만난 사형수는 세 명의 여자를 살해한 죄로 사형을 선고받은 젊은 남자 정윤수다. 독해 보이는 인상에 창백한 얼굴을 한 사형수 윤수는 수녀님에게도 거칠게 반항하고 마음을 열지 않는다.

문유정은 유명 행사에서 애국가를 불렀던 가수 출신이고, 윤수의 죽은 동생이 좋아했던 애국가를 부른 가수였다. 둘은 싸늘한 기운이 감도는 표정과 눈빛으로 서로를 바라보았다. 매주 목요일 사형수 윤수를 만나는 유정은 왠지 윤수가 자신과 닮음을 느껴간다. 그리고 서서히 풀어놓는 과거 어둠 속 사연들, 윤수의 어린 시절은 눈물 없이는 들을 수 없는 불쌍한 부랑생활이었다. 부모에게 버려진 어린 윤수에게 어린 동생은 봉사였는데, 어느 날 들려오는 텔레비전의 애국가를 듣고 그 애국가를 부른 가수를 제일 좋아한다고 형에게 말했던 것이다. 그 동생마저 죽어버리고 윤수는 성장했지만 주변에는 같은 종류의 친구들만 존재했다. 뒷골목을 전전하는 생활은 드디어 범죄의 수렁 텅이에 빠지고 만다. 그럼에도 가까스로 사랑하는 여인을 만나게 된 윤수에게 그녀가 자궁외 임신을 하게 되고 그녀의 병원비를 마련하려던 윤수에게 범죄의 미끼가 다가왔다.

서서히 자신의 이야기를 하게 된 윤수에게서 연민이 아닌 동질감을 느낀 유정은 과거 자신의 상처를 고백한다. 유정은 열다섯 살에 유부남 사촌오빠에게 강간을 당하고 바로 어머니에게 울며 말했으나 오히려 뺨을 맞고 호되게 꾸지람을 들었다. 그 뒤로 유정은 어머니를 증오하게 되었다. 그녀는 상처보다 창피한 줄 알라며 윽박지르며 입 다물라 한 어머니한테서 더 큰 상처를 받았고 큰 고통이 되어 정신병처럼 자살을 시도하곤 했다. 열다섯 살에서 헤어 나오지 못하는 자신의 고통, 그 비밀을 처음으로 들어주는 자가 윤수다. "나 같은 놈이 속 얘기하기 젤 좋은 놈입니다. 비밀을 죽음까지 가져가거든요."

윤수에게 자신의 상처를 털어버린 유정은 미안하다며 눈물을 흘리는 그를 통해 오랜만에 행복감을 느낀다. 자신을 이해해주고 받아주고 위로하는 사람이 있다는 것만으로도 행복한 시간, 서로의 아픔과 고통은 점점 희망으로 살아난다. 절망적이었던 그들은 기적처럼 가슴속에서 찬란한 행복이 자리 잡아 간다.

"돌이 빵이 되고, 물고기가 사람이 되는 건 마술이고 사람이 변하는 게 기적"이라고 말씀하신 신부님의 말처럼 그들에게 살고 싶은 기적이 생겨난 것이다.

그것은 서로가 이 세상에 '사랑'이 존재하고 있음을 느끼게 하는 존재가 되어줌으로써 서로 더 없이 행복을 주는 소중한 사람이 되었다. 그들이 만나는 교도소 만남의 시간은 불행했던 두 사람에게는 가장 행복한 시간이 되었고, 그들은 이제 죽고 싶지 않아 진다. 윤수는 점점 밝아지며 즐거운 교도소 생활이 되었으나 사형수는 언제 사형이 떨어질지 아무도 모른다. 그저 어느 날 갑자기 오는 날이다. 드디어 사형수 2896번에게 형 집행이 내려지고, 윤수는 "모든 것이 나를 외면했다고 생각했는데, 뒤늦게 세상에 사랑이 있다는 것도 알게 됐습니다. 수녀님은 저한테 천사를 보내주셨습니다. 고마웠습니다. 사랑합니다. 누나."

"애국가를 불렀는데도 무서워요."라는 말을 남기고 사라진다.

교도소 윤수의 소지품 사진에 '목요일 11시~1시 우리들의 행복한 시간'이라고 유정이 찍어 건네준 사진에 윤수 글이 남아 있었다.

겨울 나그네

한국 소설가: 최인호
1986년 영화/감독: 곽지균
주연: 안성기, 강석우, 이미숙, 이혜영

"운명이란 배를 노 저어가는 자신의 힘에 달려 있다."

'메리~ 크리스마스' 하며 인사를 나누는 성탄절에 강추위와 함께 눈이 내렸다. 우리 지역 특성상 큰 눈이 내리지 않는 한 쉽게 녹아 금방 사라져 버리지만, 강추위 속에 계속 흩날리는 하얀 눈송이가 쉬이 사라지지는 않았다. 한 해를 마무리하는 한 주간, 지나온 발자취를 뒤돌아보며 다가오는 새해를 부푼 마음으로 기대해 보는 시기다.

고요한 밤, 거룩한 밤이 지났지만 눈은 계속 내렸다. 눈이 내리는 겨울 강추위에 쓸쓸함과 고독을 느끼게 하는 긴 밤은 또 하나의 겨울 나그네다. 슈베르트의 겨울 나그네와 최인호 소설가의 장편소설 '겨울 나그네'를 떠오르게 하는 이유이기도 하다. 슈베르트의 겨울 나그네는 슈베르트가 죽기 1년 전 가난에 시달리며 고독한 삶 속에서 완성한 곡으로 사랑하는 연인과의 이별 후 눈과 얼음으로 뒤덮인 겨울 들판에서 방랑하는 길을 떠나는 내용이다. 최인호 작가는 아마도 슈베르트의 겨울 나그네에서 모티브를 얻었을까 싶다. 소설 '겨울 나그네'도 그와 비슷한 내용으로 펼쳐지기 때문이다.

겨울 나그네는 1986년 곽지균 감독, 안성기, 강석우, 이미숙, 이혜영, 김영애 등 화려한 배우들이 출연하여 만들어진 세 남녀의 슬픈 사랑 영화다. 이 영화로 이미숙은 충무로의 대표 여배우로 떠올랐으며, 안성기는 톱스타로 자리 잡았다. 그런데 곽지균 감독은 이후 젊은 날의 초상 등 멜로 영화로 인기를 누렸지만 2010년 스스로 생을 마감했으며, 최인호 소설가는 2013년 암 투병으로 별세했다. 그러니까 묘한 것은 출연한 배우들은 승승장구했지만, 겨울 나그네를 작곡한 슈베르트나 곽지균 영화감독, 소설을 쓴 최인호 작가의 결말은 정말 슬픈 겨울 나그네가 되었다.

가수 중에 슬픈 노래를 부르고 그대로 떠난 가수들이 유독 많은데, 0시의 이별을 부른 가수 배호는 0시에 세상을 떠났고, 김광석은 서른 즈음에를 부르고 그 즈음에 떠났으며, 낙엽 따라 가버린 사랑을 부른 차중락은 29세에 낙엽처럼 갔으며, 목포의 눈물을 부른 이난영은 슬픈 인생을 살다가 가슴앓이 병으로 49세에 떠났으며, 그 외에도 슬픈 노래를 부른 김현식, 김정호는 단명했다. 우리나라 최초의 가수 윤심덕은 사의 찬미를 부르고 자살로 생을 마감했고, 세상은 요지경을 부른 신신애는 사기를 당해 노랫말처럼 짜가가 판을 친 경우를 겪었다고 한다. 이 외에도 민족의 시인 김소월의 시는 아름다웠지만 시어가 대부분 죽음, 그리움, 이별 괴로움이었는데, 33세에 갑자기 죽는 비극을 맞았다.

내면에 흐르는 잠재의식의 힘은 그토록 강하다. 영화 겨울 나그네를 다시 보면서 느껴본 슬픔에 대한 사유이다. 대중 인물들의 슬픔에 대한 가사나 글에 대한 사연들을 그냥 넘겨버리기엔 뭔가 깊은 여운이 남는다. 운명이란 것을 겨울 나그네를 보면서 느끼게 되는데, 명랑했던 사람이 자신의 불운한 태생을 찾아 나서면서 슬픔에 사로잡히고 불행해진다. 태어날 때 운명처럼 정해진 횡횡한 겨울 눈밭의 찬 늪으로 스스로 걸어 들어가는 모습이 너무 안타깝다. 소설은 최인호 소설가가 동아일보에 연재하면서 폭발적인 인기를 얻어 베스트셀러가 되었고, 최인호 각본으로 영화로 제작되어 흥행 1위를 기록했으며 또다시 1990년에 KBS드라마 14부작으로 제작 방송되기도 했다.

봄날의 대학 캠퍼스에서 다혜와 민우는 처음 알게 된다. 아직 겨울이 다 가지 않은 조금은 쌀쌀한 기온이 남아 있는 햇살 아래 봄꽃들이 앞다투어 피어나는 캠퍼스다. 풋풋한 대학 초년생들의 우연한 첫 만남에서 강석우와 이미숙의 젊은 모습을 보게 된다. 첫 눈에 서로 사랑을 느낀 다혜와 민우다. 다혜는 첼로를 전공하고, 민우는 의대생이었으니, 너무도 잘 어울려 보이는 선남선녀의 행복한 미래가 그들에게 보장될 듯했다. 그러나 민우에겐 복잡한 가정사가 있었고, 민우가 자신의 출생의 비밀을 찾아 나서며 그들에게 불행의 그림자가 드리우기 시작한다.

민우는 사업을 하는 아버지가 낳아 온 사생아였는데 지금의 어머니가 받아들여 자랐다. 아버지가 병환으로 눕게 되고 가세가 기울면서 민우는 자신의 어머니를 찾기 위해 기지촌으로 간다. 대학 선배이자 의지의 대상이었던 현태는 이 둘의 사랑을 알지만 다혜를 향한 욕망이 점점 피어오른다. 민우는 자신의 출생을 알아가면서 우발적 폭력으로 교도소를 다녀왔고, 기지촌 생활에서 다가온 은영과의 애정에서도 괴롭다. 그는 자포자기한 생활 속에서 다혜 앞에 나타나지 못하는 자신의 처지에 더욱 비관하며 지낸다.

은영은 소식이 없는 민우로 인해 외로워지고, 그런 가운데 현태는 다혜를 지켜주는 든든한 남자가 되어가면서 민우의 소식을 전해주지 않는다. 민우는 살인까지 저지르는 불행의 늪으로 빠져들고 교도소를 또 다녀온다. 결국 기지촌에서 은영과 살면서도 한시도 다혜를 잊지 못한다. 세월이 흘러 다혜는 현태와 결혼을 하게 되고 어느 날 은영으로부터 민우의 소식을 듣는다. 민우는 자살을 했고, 은영이 둘 사이에 태어난 자신의 아이를 다혜에게 맡기고 미국으로 떠난다.

세월이 빠르게 흐른다는 것을 실감하는 새해 인사를 벌써부터 나눈다. 하지만 우린 아직 12월의 겨울 나그네들이다. 겨울의 한 가운데로 접어드는 계절에도 새해가 온다는 희망을 지금 안고 있다. 그런 것처럼 새 봄을 기다리고 있는 강진만의 고니 떼는 강진의 겨울 나그네이기도 하다. 새해를 맞으면서 신년운세를 찾아보기도 하지만 운명이란 자신이 탄 배를 노 저어가는 자신의 힘에 달려있는 것 아닐까 싶다.

무기여 잘 있거라

미국 소설가: 헤밍웨이
1962년 영화/감독: 찰스 비더
주연: 록 허드슨, 제니퍼 존스

"희망이 곧 태양이다."

　새해에는 인사를 나눈다. 새해에는 모두가 행복한 일들만 있기를 바란다는 메시지들이다. 여전히 코로나 전염병은 더 악화되고 있고 그로 인해 여기저기서 고통의 소리가 나오지만 우리는 희망을 이야기한다. 새해는 어김없이 오기 때문이다. 지는 해와 뜨는 해는 똑같이 둥글고 빛을 발하지만 우리 마음속의 해는 완전히 다르게 보이는 것이다. 우리가 사는 지구 그리고 우리나라, 우리 가족 그 안에 존재하는 나는 행복하고 싶다. 그래서 새해 크게 다가오는 대통령 선거는 우리 삶의 중요한 미래이기도 했다. 세계 강국의 틈바퀴에서 언제든 전쟁의 위험에서 안심할 수 없는 우리나라다.

　우크라이나는 러시아의 침공으로 여전히 전쟁중에 있다. 러시아가 첨단무기로 무장하고 침공한 가운데 볼로디미르 젤렌스키 대통령은 강대국 사이에서 능력이 없는 지도자로 평가되었고, 우크라이나 국민들이 기성 정치인에 대한 불신과 혐오로 정치인이 아닌 코미디언을 대통령으로 선택했기 때문이라고 했었다. 국방부도 외교부도 대통령궁에도 코미디언과 배우 일가친척들로 채워져 그야말로 언제 붕괴될지 모르는 코미디 국가가 될 우려를 낳고 있다는 보도도 나왔었다. 하지만 전쟁이 길어지면서 우크라이나의 젤렌스키 대통령에 대한 평가도 엇갈리고 있다. 우크라이나의 반격이 전쟁의 새로운 전환점을 만들었기 때문이다. 21세기 유럽 최초의 국가간 전쟁이 된 이 전쟁은 러시아 푸틴의 광적인 전쟁으로 평가되고 있다.

세계는 제1차 대전과 2차 대전을 겪으면서 강국이 되기 위해서는 첨단무기의 개발이 매우 중요함을 깨달았다. 앞다투어 개발한 새로운 무기들은 어디에 쓰이는가. 전쟁을 일으켜야 쓸 수 있는 것들이기에 전쟁의 위험은 언제 어디서나 존재하고 있다. 겉으로는 평화를 외치지만 강대국들의 속내는 약소국을 공격할 수 있는 무기가 곧 자국의 경제를 살리는 길인 것이다.

헤밍웨이의 1929년 장편소설 '무기여 잘 있거라'는 전쟁문학의 명작으로 꼽힌다. 영화로는 1932년 제작된 흑백영화가 있고, 1962년 제작된 칼라판 영화가 있다. 학창시절에 텔레비전 주말의 영화에서 1962년 록 허드슨 주연의 무기여 잘 있거라를 감명 깊게 보았었다. 그 영화를 오랜만에 다시 찾아보았다. 참혹한 전쟁터에서 죽어가는 젊은이들의 처절한 모습을 담은 영화다. 하얀 눈이 뒤덮인 첩첩 산으로 무거운 무기를 짊어지고 걸어가는 군인들, 그들은 왜 싸움터에 있는 것인가.

온몸이 갈기갈기 찢긴 채 추위 속에 하얀 눈밭에 피를 흘리며 걸어가는 가. 무엇을 위해서 그들은 전쟁터에 나와 총칼을 들고 있는가. 사랑하는 가족과 사랑하는 연인을 그리워하며 젊은이들이 죽음 앞으로 걸어가는 것, 인간이 만들어 낸 무기를 써버려야만 하기 때문인지 모른다.

세계 제1차 대전이 일어나자 이탈리아 전선에 의용군으로 참전한 미국 군의관 프레드릭 헨리 중위는 부상을 입어 후방으로 송환되어 치료를 받게 된다. 그곳에서 영국의 지원 간호사 캐서린 버클리를 알게 되고 둘은 사랑에 빠진다. 캐서린 버클리는 지난 전투에서 약혼자가 사망한 상처를 가지고 있었기에 헨리 중위와의 사랑에서도 전쟁의 두려움이 있다. 그러나 환자와 간호사의 몰래 한 사랑은 전쟁터에서 피어난 위험한 꽃처럼 아름답지만 위태로운 시간이 흐른다. 몰래 사랑을 키워가던 둘은 캐서린이 임신을 하게 되었지만, 프레드릭 중위는 부상이 완치되어 전선으로 복귀해야 하는 상황이 온다. 그러나 두 사람의 사랑은 순탄할 수 없는 전쟁의 비극 속에 놓인다.

전쟁이란 늘 죽어가는 사람들을 보는 일인지도 모른다. 전쟁터에서의 삶이란 비참하게 죽어 나가는 사람을 보면서도 나는 죽지 않으리라는 희망을 갖는 일이다. 좌절하지 않고 적을 죽여야 내가 살 수 있다. 그러나 어느 순간에 죽을지 모르는 두려움 속에 그저 하루하루를 견디는 일인지도 모른다. 군인이기에 용감해야 하고 씩씩해야 하고 울지 않아야 하고, 어떤 어려움도 두려움도 이겨낼 수 있다고 무장해야 한다. 참혹함 속에서도 행복했던 추억을 떠올리며 미래를 말하고 싶지만, 현실은 암울하고 허무한 것이 인생이라는 것을 깨닫는 것. 그러면서 밤하

늘의 총총한 별을 보며 혼자서 조용히 눈물 흘리는 일이다. 살아있다는 것의 희망은 어떠한 상황에서도 떠오르는 새로운 태양과 같다. 미치지 않고 견딜 수 있는 자신이 놀라울 수 있는 현실이 전쟁터다. 생각해보라. 밥 먹다가 죽어가고 똥 싸다가도 죽어간다. 적군이 아니라 아군의 총에 후임이 죽는 것을 본다, 포탄에 맞아 부상을 당하고서야 훈장을 받는다. 퇴각하던 아수라장 길에서 소령이 헌병에 붙잡혀 간첩혐의로 총살당한다. 참을 수 없는 비이성적인 상황을 변호한 프레드릭 조차 탈영병의 낙인이 찍히고 총살 위기에 처하는 비상식인 전쟁의 현실에 처한다. 그는 강물에 뛰어들어 겨우 목숨을 건진다. 도망쳤지만 탈영병의 신분이 된 프레드릭은 조심스럽게 캐서린을 다시 만나게 되었고, 둘은 전쟁을 피해 가까스로 국경을 넘어 스위스에 정착한다. 하지만 둘의 행복은 오래가지 않는다. 그곳에서 출산을 기다리며 잠시 행복했던 두 사람의 미래에 해피앤딩은 없다. 결국 캐서린은 아이를 사산한다. 비를 맞으며 걸어가는 프레드릭의 쓸쓸한 뒷모습이 전쟁이 남긴 허무일 뿐이다. 지금까지 무엇을 위해 살아왔던가. 가수 박상민의 노래 '무기여 잘 있거라'에서 마지막 부문이 이렇다. 나 예전에 사귀었던 여자친구가, 웬 아이를 떡 안고서 나타나게 되었던 거야. 그녀 내게 이 한 마디 남겨놓고서, 아주 멀리 떠나갔어 무기들아 잘 있으라고. 전쟁에서 희망이란 없었다.

연인

프랑스 소설가: 마르그리트 뒤라스
1992년 영화/감독: 장 자크 아노
주연: 제인 마치, 양가휘

"때때로 많은 것들을 지나고 난 뒤에야 알게 된다."

"열여덟 살에 나는 늙어 있었다."

프랑스 여류소설가 마르그리트 뒤라스 소설 '연인'의 주인공이 하는 독백이다. 소설의 전반적인 내용이 앞 짧은 문장 속에 함축되어 있다고 할 수 있다. 그 문장의 의미는 각자 해석이 다를 수 있겠지만 소설 내용으로 보면, 삶의 비참함을 일찍 알아버린 소녀의 고백적 말이다. 10대에 가질 꿈이 있고, 20대 30대 40대 50대 그 이상의 나이에 따른 삶이 있다. 그런데 소녀는 10대에 이미 삶의 모든 것을 알아버렸다는 독백, 작가는 66살에 그 독백과 함께 그 나이에 이미 죽음을 생각하며 살았다는 것을 내포하듯 소설을 냈다. 작가의 자전적 소설로 분류되는 '연인'은 식민지 베트남에서 가난에 지친 가정의 10대 프랑스 소녀가 부유한 중국 남자를 만나 경험한 로맨스 이야기 전개다. 남녀가 연인으로 남을 수밖에 없었던 시대적 상황과 가족 분위기, 식민지 백인 우월성을 잘 드러내고 있다.

영화 '연인'은 1992년 소설보다 먼저 우리나라에서 개봉되었다. 연인의 감독 장 자크 아노 감독은 영화 '장미의 이름'의 감독이기도 하다. 배 위에 서 있는 소녀는 머리 가운데로 가르마를 타고 양 갈래로 머리를 땋았다. 그리고 짙은 립스틱을 발랐다. 남자들이 쓰는 모자를 쓰고 무릎까지 닿는 포대 자루 같은 옷을 입고 허리에 벨트를 가볍게 맨 백인 소녀, 멋을 내지 않은 아직 앳된 소녀의 독특하고 순수한 매력에 저절로 눈길이 끌릴 수밖에 없다. 영화 '연인'에서 유혹의 장면은 소녀가 배 위에서 무표정으로 세상을 바라보는 모습이다. 멀어져가는 육지일 수도 있고 모든 것을 삼켜버린 잔잔한 바다일 수도 있고, 거친 숨소리를 내며 무섭게 다가오는 바다일 수도 있다. 그리고 소녀가 살았던 베트남일 수 있고, 프랑스일 수도 있다. 하지만 또 있다. 그것은 '연인'의 제목처럼 그리워하는 사람, 사랑하는 사람일 수도 있었다. 그러나 소녀의 가슴은 돌과 같았다. 따뜻함이 무엇인지 사랑이 무엇인지 감지할 수 없는 사막에 오랫동안 놓여 있던 뜨거운 작은 돌이었다. 그러나 또 소녀는 사람이었다. 그래서 가슴속에 벌집을 지어 놓은 사람들이 살고 있는 것이다. 우리도 이 소녀처럼 가슴속에 보이지 않는 많은 사연들을 품고 세상을 살아간다. 그리고 그 시절 어느 시절 속에 얽힌 사람들과의 사연들은 그 나이에 머물러 있다가 톡 튀어나온다.

지난 시절은 나이와 함께 늙지 않기에 우리는 언제나 10대 또는 20대로 되돌아갈 수 있는 것인지 모른다. 어린 시절 함께 생활하는 가족들의 성격과 가정환경이 한 인간의 삶에 어떻게 영향을 미치는지 읽어 가게 된다. 어떠한 상황에서도 울지 않는 소녀를 보면서 내가 대신 눈물이 맺힌다. 특히, 10대에는 아직 미성숙한 시기이므로 가족 구성원들의 사랑이 얼마나 중요한가. 연인에서의 주인공 가족에게는 그러한 사랑이 존재하지 않았다. 가족은 한마디로 돌들로 구성되어 있다. 던지면 모든 것이 박살나버리는 상황에 직면한 가정이다. 가난이 가져온 비참한 가족을 연인에서 볼 수 있다. 연인이라는 따뜻한 단어 속에 숨어 있는 돌들, 그래서 남녀는 연인으로 남을 수밖에 없는 것이고, 그래서 연인이라는 단어는 불행한 단어가 되는 소설이자 영화이다. 사랑이라는 것이 어떤 것인지 전혀 알 수 없는 삭막한 가족 분위기는 소녀를 일탈의 삶으로 끌어내지만, 그곳에 사랑이 있었음을 나중에서야 알게 되는 것, 우리도 때때로 많은 것들을 지나고 난 뒤에야 알게 된다.

소설 '연인'은 영화보다 더 늦은 2004년에 한글로 번역되어 읽히게 되었지만, 민음사 세계명작 시리즈에 포함될 만큼 뛰어난 소설이다. 세계 3대 문학상 중 하나인 콩쿠르상 수상작이다. '연인'이 두 글자만큼 떨리는 글자가 있을까. 영화 '연인'은 황지우 시인의 시 '너를 기다리는 동안'을 줄여 놓은 것 같은 영화다. 네가 오기로 한 그 자리에/ 내가 미리 가 너를 기다리는 동안/ 다가오는 모든 발자국은/ 내 가슴에 쿵쿵거린다/ 바스락거리는 나뭇잎 하나도 다 내게 온다/ 기다려본 적 있는 사람은 안다/ 세상에서 기다리는 일처럼 가슴 애리는 일 있을까/ 네가 오기로 한 그 자리, 내가 미리 와 있는 이곳에서/ 문을 열고 들어오는 모든 사람이/ 너였다가/ 너였다가, 너일 것이었다가/ 다시 문이 닫힌다/

사랑하는 이여/ 오지 않는 너를 기다리며/ 마침내 나는 너에게 간다/ 아주 먼 데서 나는 너에게 가고/ 아주 오랜 세월을 다하여 너는 지금 오고 있다/ 아주 먼 데서 지금도 천천히 오고 있는 너를/ 너를 기다리는 동안 나도 가고 있다/ 남들이 열고 들어오는 문을 통해/ 내 가슴에 쿵쿵거리는 모든 발자국 따라/ 너를 기다리는 동안 나는 너에게 가고 있다.

프랑스 식민지령 사이공에서 메콩강을 건너는 나룻배를 타고 고등학교에 다니던 그녀를 바라보는 한 남자가 있다. 남자의 가슴이 쿵쿵거린다. 그는 그녀보다 열두 살이 더 많은 중국 남자다. 그 남자가 소녀에게 다가온다. 소녀는 열다섯 살이지만 두 살을 높여 열일곱 살이라고 말한다. 소녀는 남자의 가슴이 쿵쿵거림을 느낀다. 중국 남자는 그녀에게 연인이 된다. 소녀는 말한다.

"당신이 습관적으로 다른 여자에게 하는 것처럼 대해 주세요."

남자에게 아무 감정을 갖고 싶지 않다는 표현이다. 삶의 가치관도 도덕적인 것도 그녀에게는 필요가 없다. 소녀에게 다가온 중국 남자가 부자라는 것만 필요했다. 연인이 된 그들에게 육체의 결합이 곧 사랑이다. 영화에서 계속 흐르는 파격적 정사 신은 연인들이 대화로 풀어갈 수 없는 무거운 문제들이 함축되어 흐른다. 서로 미래에 대한 어떤 말도 할 수 없는 연인이다. 그게 어쩌면 완전한 연인인지 모른다. 미래가 없다. 중국 남자는 자기 스스로 아무것도 할 수 없다. 모든 것이 아버지에게 달려있는 허약한 육체에 부유한 중국인일 뿐이다. 또한 소녀에게는 그녀의 삶을 짓누르는 가족들만 있을 뿐이다. 그녀에게 가족들은 모두가 죽어 없어졌으면 좋은 사람들인지 모른다. 그러나 그녀의 가족들이고 그래서 그녀는 불행할 수밖에 없다.

소녀의 부모는 둘 다 재혼이었고 학교 교사였었다. 식민지 사이공으로 발령받았지만 아버지가 풍토병으로 떠난 뒤 어머니는 아이들과 힘든 생활을 하게 된 것이다. 어머니는 사기를 당해서 더욱 가난해지고 정신은 피폐해졌으며, 큰오빠는 폭력적 인간이 되고, 작은오빠는 유약한 인간으로 연민의 대상이 되어버렸다. 그들은 식민지 사이공에서 우월한 백인이지만, 그들은 가난에 허덕이며 비참한 생활을 하는 미쳐가는 백인일 뿐이었다. 소녀는 고등학교를 졸업하고 프랑스로 떠난다. 배 위에서 보는 사이공 부둣가에 연인이었던 남자의 고급차가 보인다. 그 남자가 아니 한때의 연인이 뒷자리에서 그녀를 보고 있다. 그가 보이지 않을 때까지 그녀는 남자의 차를 계속 바라봤다.

82년생 김지영

한국 소설가: 조남주
2019년 영화/감독: 김도영
주연: 정유미, 공유

"너무 힘들면 참지 마세요."

우리나라 대선을 앞둔 시점, 여성가족부 존재 여부가 이슈가 되는 것을 보면서 떠오른 소설이 82년생 김지영이다. 2016년에 출간된 조남주 장편소설 82년생 김지영은 이 시대 젊은 여성의 아픔을 담아내어 여성들의 공감을 샀다. 현 시대가 옛날 엄마들의 삶에 비해 좋아졌다고 하지만, 김지영의 이야기를 접하면서 66년생인 내가 살았던 삶이나 82년생 여성의 삶이나 다른 게 없다는 것을 느꼈다.

82년생 김지영은 출간되자마자 베스트셀러에 올랐고, 2019년에 영화로 제작되었다. 그만큼 여성의 사회적 활동이 두드러진 반면, 그 이면에는 아직도 여성이라는 이유로 차별받는 아픔이 많이 존재하고 있었던 것이다. 하지만 우리 사회가 그랬듯 가부장적 관습에 젖은 기성세대는 받아들이기 힘든 이야기일 수도 있다. 우리나라가 발전한 이유는 부모들의 대단한 교육열이 한몫을 차지한다. 가난을 탈피하기 위해서는 오로지 많이 배워야 한다는 것을 숙명처럼 여기며 자식들을 가르쳤다. 나라가 발전하면서 교육열도 남녀 차별을 두지 않게 되었고, 학교에서 같이 공부한 남녀가 똑같이 사회에 진출하지만 사회 속에서 받아들여지는 남녀 간의 차별은 쉽게 달라질 수 없었다.

내가 결혼할 때 직장을 그만두어야 했던 것도 그 이유였다. 그래서 여성은 벌어먹여 살릴 수 있는 남자를 만나야 했던 것이다. 여자가 결혼 후 직장을 계속 다니기 힘든 구조 때문이다. 그런 사회적 제약이 분명 있었고 여러 분야에서 약자에 속할 수밖에 없었던 여성들에게 여성가족부의 필요성이 부각되었을 것이다.

김지영은 82년생 한국 여성이고, 열심히 공부했고, 취직했었고, 결혼하면서 전업주부가 되었고, 아이를 낳은 우리나라의 젊은 엄마다. 그러나 김지영은 한 남자의 아내가 되고, 아이의 엄마가 되면서 그동안 공부한 것과 가졌던 많은 꿈과 희망이 한꺼번에 사라졌다. 그리고 모든 것이 한 남자에 귀속된 삶을 살아야 한다는 것, 똑같은 교육을 받은 여성으로서 참을 수 없는 현실을 자꾸 맞닥뜨리는 일인지 모른다. 이러려고 그토록 공부했나 하는 비참한 생각을 들게 하는 그 첫 번째가 우리나라의 유교적 가정 관습에서 비롯된다. 전통적 관습에서 여성인 나는 누구인가? 시댁에서의 나는 식모에 불과한가. 전통적인 관습에서 남자와 여자의 위치는 확연히 달라지고 젊은 남편도 관습은 당연한 것처럼 아내의 생각은 안중에 없다. 그래서 김지영은 자신의 정체성에 고민하게 되고 여성은 약자라는 것을 실감하며 적응하려 하지만 힘들다. 자신의 엄마가 살았던 삶을 따라 살고 싶지 않지만 저절로 그 여성의 삶으로 속해 들어가게 되는 것이다. 자신이 가졌던 옛 꿈은 어디로 갔던가. 가정에서 남편의 뒷바라지와 하루 종일 아이만 돌보는 것이 내가 꿈꾸던 일이었던가. 받아들이기 힘들지만 사회 속으로 다시 뛰어드는 것은 더 힘들다. 그러나 어디에도 내 힘든 이야기를 할 곳도 없다.

여성가족부는 당시 그 명칭을 붙인 시대적 당위성이 있었을 것이다. 여가부 신설은 김대중 대통령의 공약이었다. 김 대통령이 취임 후 2001년 기존 여성특별위원회를 여성부로 개편하여 초대 장관으로 여성운동가인 한명숙을 내정했다. 이후 참여정부에서 여성가족부로 개편한 것이다. 2008년 이명박 정부 때에 여가부 폐지론이 본격적으로 수면 위로 떠올랐다. 이명박 정부 때부터 꾸준히 제기돼온 여가부 폐지론이 다시 쟁점이 되었는데, 정치적 관점이 아니길 바랄 뿐이다. 지난 여성가족부가 제대로 역할을 못했다면, 잘못된 부분을 수정 보완하여 새롭게 만들면 될 것이다. 당시에는 여성의 사회참여가 현저하게 어려운 시대임이 분명했고, 여성가족부가 생김으로써 여성의 사회적 활동 범위뿐 아니라 광범위한 여성과 가족정책이 좋아진 부분도 있을 것이다. 당시 여성가족부의 존재여부가 부각된 시점에서 20년이 지났기에 어느 정도 여성의 사회적 참여와 활동범위가 넓어진 시대다. 하지만 '82년 김지영'이라는 책에서 비춰진 것처럼 현 시대 여성들의 힘든 점이 무엇인지 돌아볼 필요가 있지 않을까 싶다.

나는 딸만 둘 있는 집에서 자랐는데, 지금은 아들만 셋을 둔 엄마여서 더 생각이 많아진다. 여성의 사회적 활동이 많아지면 남성의 설 자리가 적어지는가. 또 여성에 비해 남성의 삶은 덜 힘든가. 생각해 본다. 여성이나 남성이나 사회 속에서 모두 힘들다. 그래도 딸만 있는 집에서 자란 내가 우리 아들들이 행복하기 위해서 바라는 것은 사회적으로 여성들이 행복해야 한다는 생각이 들었다. 요즘 각종 시험에서 남녀 합격률에서도 여성이 앞서가고 있다는 뉴스를 접하면서, 그렇다고 그 여성들이 계속 똑같이 경쟁할 수 있느냐는 다르다. 그래서 결혼을 포기하려는 여성들이 많아지는 것이다.

결국 결혼이라는 것은 여성의 사회 활동에 많은 제약이 따르게 한다. 결혼, 출산의 문제에서 자유로워져야 사회 속에서 여성도 남성과 똑같이 경쟁할 수 있다. 그러므로 여성가족부라는 명칭은 어쩌면 나쁘지 않을 수도 있다. 여성의 사회적 진출과 더불어 결혼 출산까지 여성은 한 가정의 중심에 있고 가족의 중심인 것이다.

82년생 김지영의 아픈 삶이 더 이상 92년생 김지영 2022년 김지영으로 이어지는 사회가 되어서는 안 된다. 여성과 남성이 서로 존재의 가치를 중요하게 생각하는 건강한 사회를 만들려는 정치인의 노력이 필요하다. 정치가 젠더 갈등을 부추겨서는 안 된다.

메디슨 카운티의 다리

미국 소설가: 로버트 제임스
1995년 영화/감독: 클린트 이스트우드
주연: 클린트 이스트우드, 메릴 스트립

"어머니의 가슴에도 한 편의 드라마 같은 사랑이 있었다."

영화 메디슨 카운티의 다리는 중년 남녀의 단 4일간의 사랑 이야기다. 4일간의 짧은 감정도 그토록 확실한 사랑의 감정이 될 수 있고, 평생을 바꿀 만큼 긴 일생 같은 이야기가 될 수 있음을 알려준다. 이 영화는 원작 소설이 있다. 제목은 '메디슨 카운티의 추억'이라는 제목으로 미국 소설가 로버트 제임스 윌러가 1992년에 낸 소설로 뉴욕 베스트셀러로 무려 37주간이나 1위를 차지하고 850만 부가 팔렸다.

한국에서도 시공사에서 펴내 70만 부가 넘게 팔린 소설이다. 책을 구할 수 없어 영화로만 볼 수밖에 없었던 '메디슨 카운티의 다리'다. 중년의 불륜관계를 다루고 있지만 야릇하게 빠져들게 하는 낭만적인 분위기에 불륜이란 걸 순간 잊게 한다. 중년의 남녀에게는 조심스러운 듯 잔잔한 감정의 파도가 흐른다. 메디슨 카운티 다리라는 연결고리와 흐르는 은은한 남녀의 감정, 그들은 어떻게 다리를 건널 수 있을 것인가. 걱정된다. 그러다가 다시 이건 아닌 것 같은데 하며 마음이 왔다 갔다 한다.

촌 아줌마의 반란 같은 감정인가 아니면 가족이라는 테두리에서 잠깐 일탈하고 싶은 여자의 충동인가. 아니면 늙어감에 대한 여성의 비애인가. 아니면 진짜 사랑이 오기를 기다린 어느 날인가. 그 어떤 것이든 간에 처음 보는 남자에게 그토록 사랑을 느낀다는 것을 이해하기 힘들 수도 있지만 사랑의 감정은 어느 날 다가온다. 여자가 순수하게 보이기보다는 약간 일탈의 끼가 있어 보인다고 해야 할까. 그런데 남자도 여자에게 묘한 사랑을 느끼게 되고, 둘은 한 가정이라는 울타리를 사랑이라는 단어로 빠르게 파괴시키려 한다. 그리고 둘의 가슴에 묘한 사랑의 감정이 요동친다.

엄마라는 신분, 아내라는 신분을 잠깐이라도 버리고 나로 돌아가고 싶어지는 날이 왔다. 그것은 낭만적인 공간 속에서 마치 아무도 없고 둘만이 있다는 착각인 것 같았는데, 도저히 이해가 안 되는 사랑이 두 사람에게서 벌어진다. 버릴 수 없고, 변할 수 없는 삶의 일상에서 한 번쯤 갖고 싶은 낭만적 사랑, 많은 중년들이 하고 싶은 감성적 사랑을 이 영화에서는 보상하듯 보여준다. 우연히 마주한 사람과 사랑을 나눈다는 그 4일간의 사랑이 평생 잊지 못할 그리운 사람으로 간직되는 사랑 이야기가 되었다.

가정을 지킨 어머니의 가슴에도 한 편의 드라마 같은 사랑이 있었다는 것이고 어머니의 불륜이 죽는 순간까지 잊지 못하는 찐 사랑이 된

숨겨진 인생이야기라고 하겠다. 또한 많은 중년 남성이 아련히 꿈꾸는 희망의 로맨스이고, 남자의 가슴을 아리게 한 꿈을 꾸듯 보는 영화이기도 하다. 하지만 조심스러운 것 하나 다른 이면으로 보자면, 남편이라는 입장에서 보면 어떨까. 먼저 떠난 남편은 아내의 이런 가슴을 알지 못해서 다행인 걸까. 하여간 이 영화에서는 남편의 존재는 중요하지 않다는 것.

이 영화에서는 중년의 불륜 말고도 진정 빼놓을 수 없는 것이 있는데, 어머니라는 존재다. 심순덕 시인의 시 '어머니는 그래도 되는 줄 알았습니다.'에서처럼 어머니는 한 여자이기 전에 가정에서는 모든 게 넋두리처럼 들리는 감정 없는 그림자처럼 산다는 것이다. 이 영화를 보면서 그러한 사고가 동서양이 똑같다는 것을 알게 되고 어머니들에게도 소중한 개인의 사랑과 추억이 있음을 다시 인지하게 된다. 어머니의 유언 속에서 만나는 어머니의 파격적인 사랑 이야기에 놀라는 자녀들, 이해하고 싶지 않지만 어머니는 내 어머니이기 전에 남편이 있었고, 또 다른 한 남자가 사랑한 여자였고, 그 알지 못하는 한 남자를 찐하게 사랑한 엄마였다. 나의 엄마는 가족만 알고 살아온 여자인줄 알았는데, 엄마의 가슴에도 불타는 청춘이 있었다는 것이다. 가정을 버리고 싶을 만큼 사랑한 남자가 있었던 엄마였고, 받아들이고 싶지 않지만 어쩌면 그것이 우리의 인생이라는 것을 깨닫는 순간이기도 하다.

메디슨 카운티 다리를 두고 만난 어머니의 사랑은 모든 어머니들이 가슴에 간직한 사랑에 대한 긴 여운과 추억을 알려주고 있다. 우리나라는 1995년과 2017년 두 번 개봉되었으며 클린트 이스트우드와 여배우 메릴 스트립의 주연으로 세계적 큰 흥행과 성공을 거둔 영화로 평가된다.

사진작가인 로버트는 잡지표지에 담을 다리 사진을 찍기 위해 메디슨 카운티에 오게 된다. 이곳에서 우연히 만나게 된 여인이 프란체스카다. 남편과 아들딸이 박람회를 보기 위해 여행을 떠났고 자신은 모처럼 혼자 집에서 쉬겠다고 남았다. 홀가분한 기분으로 집 청소를 하던 그녀에게 나타난 한 남자가 길을 묻는다. 메디슨 카운티의 다리로 가는 길이다. 사진작가의 매우 자유로워 보이는 모습에서 가정주부로서 살아온 자신의 모습을 돌아보는 계기가 될 수도 있다. 살림만 하던 프란체스카에게도 예전엔 교사의 삶이 있었지만 결혼과 함께 가정주부의 삶을 택했다. 이혼을 한 로버트는 사진작가라는 자유로운 삶 속에서 가정이라는 안정적인 삶이 어쩌면 꿈같을 수 있겠고, 그 반대로 새장에 갇힌 새처럼 살아가는 프렌체스카에게는 사진작가의 자유로움이 꿈일 수 있다. 서로의 끈끈한 눈빛에서 약간의 설렘을 보지만 어쩐지 느끼하다. 이미 중년 나이의 남녀이기 때문이다. 이것도 내 편견일까. 왜 가정주부가 우연히 마주한 외간남자에게 끌린단 말인가. 아무리 그가 매력적인 남자라 해도 그렇게 쉽게 마음을 열어 놓을 수 있다는 게 좀 의문이지만 첫인상에서 서로에게 매료되는 것은 3초라던가. 그렇다 해도 자신의 모든 것을 열어놓는 그녀를 보면서 가정주부의 일탈이 참으로 무섭다는 것을 느낀다.

프렌체스카가 충실한 주부에서 하루아침에 자신의 일탈을 과감히 하는 것을 보면서, 여성의 사회활동이 필요하다는 생각도 들었다. 불현듯 찾아온 사랑이라기보다는 가정에서 자신의 욕망을 누르고 사는 게 힘들어서 한 남자에게 무너지고 있는 것처럼 보이기도 한다. 하지만, 4일간 우연한 만남으로 이루어진 가정주부와 이혼남의 찐한 로맨틱한 사랑은 한 가정주부가 평생 가슴에 숨기고 왔던 사랑이고, 한 남자가 평생 간직한 아름다운 사랑일 수 있다는 점이었다.

영화는 끝까지 둘의 불륜을 아름답게 미화하고 있지만, 아름답다고 하기에는 뭔가 여운이 남기도 한다. 그래서 두 가지 대사를 비교해 보았다. 로버트가 말한 "이렇게 확실한 감정은 일생에 오직 한 번만 오는 것이요." 그리고 남편이 죽기 전에 아내에게 했던 "당신이 포기한 것들을 잘 알고 있소. 고마웠소."라는 대사다. 남편은 아내의 드러내지 않은 사랑을 알고 있었던 사람처럼 말하고 있는 것이다.

그리스인 조르바

그리스 소설가: 니코스 카잔차키스
1964년 영화/감독: 마이클 코야니스
주연: 안소니 퀸, 앨런 베이츠

"진정한 자유인은 카르페 디엠, 현재에 집중하라."

설날 명절에 어떤 책을 읽을까 하고 책꽂이를 뒤적거리자 아들이 한 권의 책을 빼주었다. 책꽂이에 꽂혀 있지만 그동안 관심을 갖지 않았던 책, 그리스인 조르바다. 혹시 영화로 제작이 되었을까 영화를 찾아보니 있다. 1964년 제작되어 노틀담의 곱추로 더 유명한 안소니 퀸 주연의 흑백 고전영화, 원작 그리스인 조르바는 그리스인 니코스 카잔차키스의 소설이다.

그리스어가 아닌 러시아어로 썼더라면 톨스토이나 도스토에프스키와 어깨를 나란히 하는 소설가로 인정되어 노벨문학상을 받았을 소설가로 평가되는 카잔차키스의 소설이다. 그리스인 조르바는 다 읽고 나서도 수준 높은 지적 통찰에 대한 감동이 쉬 가시지 않았다. 두꺼운 한 권의 장편소설에 거룩한 삶 속 자유가 무한히 흐른다. 읽은 문장을 또 다시 읽고 밑줄을 긋자면 그 모든 문장의 명언에 밑줄이 그어지게 생겼다.

어려운 듯하면서도 쉬운 이야기 그게 어쩌면 우리의 삶인지도 모른다. 조르바가 너무도 쉽게 풀어가는 삶이 우리에게 쉽지 않은 이유는 무엇일까. 영화를 먼저 보았기에 그나마 심오한 철학적 명언들을 쉽게 받아들일 수 있었지만 내내 생각하게 만드는 문장들이다. 종교의 거룩함과 인간의 자유의지 속에 있는 거룩함 이 두 가지의 혼돈은 그곳 사람들의 본성이 어둡다는 것에서 흐른다. 사랑과 평화가 종교의 뿌리라면 삶은 따뜻해야 하지만, 사람들의 실제 생활은 차갑고 냉소적이다. 배경이 되는 크레타섬은 신들을 길러낸 그리스 신화의 보금자리이다. 하지만 인간들의 생활이란 세속적인 곳이고 신은 섬기는 어떤 보이지 않는 존재다. 그래서 신은 불안전한 인간들 사이에 오히려 불협화음을 불러오며 갈등을 낳는다.

영화를 보다가 두 번이나 잠이 들어 버려서 세 번째에 제대로 본 영화다. 흑백영화에다 누추한 남자들의 대화에 처음엔 흥미를 못 느꼈다. 섬으로 가는 배에서 만난 젊은 지식인 한 사람은 무겁고, 나이 든 한 사람은 경쾌하다. 젊은 광산 개발 사장 버질과 노동자 조르바 이들 둘은 계약을 맺는다.

'일할 때는 고용인지만 놀거나 노래할 때는 자유' 이처럼 조르바는 매우 흥미로운 인간이지만, 버질은 글을 쓰는 책벌레에 교과서 같다. 크레타섬 작은 마을은 오래된 관습이 지배하고 있는 데다 가난한 사람들의 터전이다. 광산개발이라는 것 자체가 오지의 남자들 일자리인 데다 생과 사를 넘나드는 섬, 험한 산등성이에 위치하고 있다. 그러나 이곳에 알 수 없는 무거움이 흐른다. 왜 남자들은 철과 같은 가슴을 가졌는가. 그것은 신이라는 존재가 인간 본능을 가로막고 있기 때문이다. 신은 인간을 남자와 여자로 따로 만들어 본성을 주었으면서도 때론 애정조차 쾌락이라 몰아붙이며 죄악시 한다.

지성보다 일이 전부인 광부들의 삶은 매우 삭막하고 궁핍하게 돌아간다. 그곳에 존재하는 여자들의 존재는 어떠한가. 그곳 자연적 조건과 맞물려 있다. 타국의 침략과 오랜 전쟁으로 여자들의 삶은 나약해져 있다. 노인 조르바는 여성들의 미약함을 받아들이는 유일한 남자였다. 여자를 사랑하는 방법은 그저 여자이기 때문에 본능으로 다가간다고 말한다. 매우 자유로운 삶을 사는 조르바를 지켜보는 버질은 좀처럼 규율적인 자신을 버리지 못한다.

조르바가 말한다. "두목은 선생처럼 말하고 선생처럼 생각해요. 그럴 때 선생의 팔이며 다리며 가슴은 굳어 있어요." 조르바는 어떤 이유로 만난 여자이든 여자가 사랑받는 기쁨을 갖게 하는 남자다. 여자를 소유로 생각하지 않는 것이다. 그러한 태도가 저질 같아 보이지만 여자에겐 신비함으로 다가오기도 한다. 여성의 마음을 잘 읽어내는 조르바의 배려와 공감력 그리고 따뜻함이 있기 때문이었다. 그러나 젊은 버질은 금욕적인 마음에서 일어나는 끊임없는 본성에 괴로워할 뿐이다.

두 여자가 나온다. 한 여자는 마을에 들어왔던 제독들과의 사랑을 잊지 못하는 여자로 조르바와 사랑을 나눈다. 또 한 여자는 마을의 매력적인 젊은 과부다. 과부에게 마을의 모든 남자가 눈독을 들인다. 그들은 서로 누가 그녀를 찾아가는지 감시한다. 남자들은 모두 질투의 눈으로 여자를 노려본다. 그러면서 자신이 차지하지 못하는 과부를 이유없이 경멸하게 된다. 마을의 모든 여자들은 그녀를 질투한다. 그저 과부라는 이유다. 그러던 중 버질도 과부로 인해 번민하는데, 어느 날 과부와 하룻밤을 보내게 된다. 과부는 찾아온 버질에게 묘한 울음을 터트리고 만다. 힘든 삶에 대한 울분 같은 것이 폭발하듯 터져나온 것이다. 그러나 과부를 짝사랑하던 마을 청년이 자살을 하게 되고, 부활절 미사에 온 과부에게 마을 사람들은 분노의 돌을 던진다. 결국 조르바가 말려보지만 과부는 칼에 찔려 죽게 되는 끔찍한 사건이 발생한다. 또 죽어가는 호텔 여주인의 살림살이를 가져가기 위해 동네 노파들이 줄을 지어 지켜서 있다. 비정하게도 그녀가 죽자마자 노파들이 달려 들어가 살림살이를 꺼내가기 시작하고 집은 순식간에 난장판이 되어버린다.

텔레비전에서 보았던 사진 한 장이 생각났다. 아프리카에서 기아에 죽어가는 아이를 지켜보는 독수리 한 마리, 그 사진을 찍어서 세상에 내놓았던 사진작가가 마침내 자살하고 말았다는 이야기가 보도됐었다. 현실인데도 보기 힘든 너무 아픈 현실이었다. 사진을 찍을 시간에 그 아이를 구했어야 한다는 비난을 받기도 했던 사진작가는 자신이 더 견디기 힘들었을 것이다.

노인 그리스인 조르바의 삶은 그저 살아가는 본능일 뿐인데도 모두에게는 어려운 삶일 수 있다. 젊은 지식인 버질이 배운 것 없고 늙은 노동자에 불과한 조르바를 바라보면서 진정한 삶을 깨닫게 된다. 버질은 관념에 얽매이는 삶을 벗어나 자유로운 삶이 진정한 삶이라는 것 깨달게 되는 것이다. 결국 버질과 조르바는 사업에도 실패하고 모든 걸 잃고 만다. 그렇지만 둘은 바닷가에서 어깨동무를 하고 신나게 춤을 추는 장면이 극적이다. 진정한 자유를 얻었고 그래도 인생은 계속되기 때문이다.

줄무늬 파자마를 입은 소년

아일랜드 소설가: 존 보인
2008년 영화/감독: 마크 허만
주연: 에이사 버터필드, 젝 스캔론

"우리는 친구가 될 수 없대. 우리는 적이래."

    2022년 2월 세계인의 축제 올림픽 기간에도 전쟁의 위협은 도사리고 있었다. 러시아의 우크라이나 침공이 줄곧 제기되어 왔지만, 결국 미국이 러시아가 16일에 침공할 것이라고 날짜를 제시하면서 현실로 다가왔기 때문이다. 게다가 이러한 사태를 틈타 중국이 대만을 침공할 것이라는 설도 나오면서 전쟁이라는 단어를 떠올리게 했었다. 그러한 시기에 우리나라에서는 선제타격이라는 전쟁 용어를 쓰기도 하면서 전쟁의 두려움을 안겼다. 전쟁과 관련된 단어를 생각하면 무섭다. 우크라이나 경우 코미디언 대통령을 뽑았다며 세계적으로 웃음거리가 되는 보도가 있기도 했었는데 얼마 안 되어 전쟁의 위기에 처해 있는 것이다. 사실 우크라이나 젤렌스키 대통령이 코미디언 출신이긴 하지만 법학을 전공한 사람이라는 것은 뒤로 하고 나온 평가들이었다. 그만큼 한

나라의 지도자는 국민들에게 믿음을 주어야 한다.

자칫 세계전쟁으로 번질 수 있는 우크라이나의 전쟁에서 우리나라의 안전도 무관하지는 않고 있다. 국가 지도자는 평화를 지향하는 자세가 필요하고 국민들의 안전을 위해 노력하는 모습이 무엇보다 요구되는 사회다. 시리아나 이라크 아프가니스탄 아프리카 등 여러 나라들이 전쟁과 내전으로 인해 국민들이 얼마나 큰 고통 속에 살고 있는가. 탈출하기 작은 작은 배를 타고 망망대해를 떠돌다가 모두 죽었다는 보도, 또는 바닷가에 숨진 세 살배기 시리아 난민 아이에게 세계인들이 애도하기도 했다. 문명은 발전했지만 어느 곳에서는 지속된 내전이 일어나고 있고, 그로 인해 어린아이들이 총을 들고 군사훈련을 하고 있다.

세계사에서 어떤 이유로든 전쟁은 끊임없이 있어 왔다. 부수고 다시 일으키며 발전해온 지금의 문명도 자칫 어느 한순간 또 무너져 버릴지 모른다. 앞다퉈 만들어 내고 있는 최신 무기들은 쓰기 위해 만드는 것 아니겠는가. 그런가 하면 총알도 아까워 사람을 한꺼번에 독살했던 지나간 세계전쟁들에서 그 끔찍했던 현실을 우리는 문학과 영화를 통해서 과거의 아픔을 돌아보기도 한다. 전쟁은 서로에게 비극을 낳을 뿐이다.

영화 줄무늬 파자마를 입은 소년은 세계 2차 대전을 배경으로 나치 장교의 아들이던 8살 부로노와 유대인들이 홀로코스트의 학대를 받은 아우슈비츠수용소에 있던 8살 수뮤엘의 아름다운 우정을 다룬 이야기지만 결말이 끔찍하고 비극적이다. 이 영화는 2008년 개봉되었으며, 아일랜드 작가 존 보인의 소설이다. 전쟁의 잔인성을 아이들의 우정과 함께 흐르게 한 이 이야기는 빵 부스러기 하나로 인해 두 아이들의 가슴에 커다란 상처를 만든다. 갑과 을의 위치에 서 있는 두 아이, 그러나 아직 어린아이에 불과한 그들에게 서로 다른 상처를 줄 때는 눈물을 흘리지 않을 수 없었다.

부루노의 아빠는 나치의 최고 엘리트 장교다. 어느 날, 아빠의 전근으로 베를린에서 폴란드로 이사를 가게 되었는데 그곳이 시골 한적한 곳에 위치한 아우슈비츠가 있는 농장이었다. 친구가 없어 심심했던 부루노는 숲 속을 돌아다니다가 철조망을 발견하게 되고, 그 안쪽에서 줄무늬 파자마를 입은 동갑내기 수뮤엘을 보게 된다. 철조망을 사이에 두고 둘은 친구가 되었지만 둘이 처한 환경은 너무도 다르다. 아무것도 모르는 어린아이의 순수한 우정 속에서 전쟁으로 인해 대비되는 나치의 잔인성과 악랄함을 보면서 어쩌면 인간이 저럴 수 있을까 하며 가슴이 먹먹해진다.

나치에 몸 담고 있는 군인들은 오로지 사상에 물들어 충성심에 도취될 수 있지만 그에 따른 가족들은 이해하지 못할 수 있다. 하지만 당시 유대인은 짐승이나 다름없는 사람들이었다. 장교 집안에 줄무늬 파자마를 입은 초췌한 사람들이 비인간적인 대접을 받으며 시중을 드는 모습, 그들은 한때 지식인에 속했던 유대인들, 유대인이라는 이유만으로 그들은 처참한 종살이를 하고 있는 것이다. 그러나 그것도 다행인 대접이고, 대부분 수용소에서 짐승처럼 살아가고 있는 것이다. 마을 저 발치에서 늘 고약한 냄새를 풍기며 하늘로 치솟는 검은 연기가 보인다. 그리고 주변엔 온갖 경계를 서고 있는 무장한 군인들만 존재하는 곳,

한적한 시골이고 그저 자연과 평화만 있을 것 같은 농촌이지만 전쟁의 피비린내가 나는 중심지였던 것이다.

부루노가 집에 일을 도우러 왔던 수뮤엘에게 빵 한 조각을 건네주고는 들키자 순간 주지 않았다고 거짓말을 한다. 이후 그 거짓말에 수뮤엘을 볼 수 없게 되자 부루노는 죄책감을 안고 철조망으로 가본다. 그곳에서도 한동안 수뮤엘을 볼 수 없다. 그러던 어느 날 철조망 안에 수뮤엘이 나타났고, 아버지를 볼 수 없게 되었다고 말한다. 부루노는 사과하고 싶었고, 그런 의미로 철조망 아래를 파고 들어가 함께 아버지를 찾아주기로 한다. 그날은 장교 가족이 아들의 심리적 건강을 생각해 그곳을 떠나기로 한 날이었지만 아들 부루노가 보이지 않는다. 부루노는 이미 수뮤엘이 구해온 줄무늬 파자마를 똑같이 입고 수용소 안으로 들어왔지만, 그동안 아버지가 보여준 유대인 홍보영화와는 딴 세상이 그곳에 존재해 있었다. 그러나 하필 그날이 그곳 유대인들을 가스실로 데려가 학살하는 날이었던 것. 부루노와 수뮤엘은 함께 끌려가 가스실에서 희생되고 말았다.

전쟁은 없어져야 하지만, 언제든 국가 간 대립은 전쟁으로 치달을 수 있다. 그렇다면 문재인 대통령의 종전선언이란 무엇이었던가. 한반도에서 비정상적인 정전 상태를 종식시키고 확고한 평화체제 수립을 하겠다는 확고한 의지 같은 것이라고 본다. 북미 교착상태를 풀기 위한 돌파구로 쓸 도구 같은 것이며 평화 모드를 만들기 위한 하나의 이벤트로서 남북미중 정상이 함께 모여 선언식이라도 하자는 것이다.

영화를 본 후 이러한 종전선언에 대해 아들과의 대화에서 의견이 달랐다. 북한이 탄도미사일을 쏘며 도발하는데 종전선언은 의미가 없다는 아들의 주장이다. 내가 종전선언이란 평화모드를 만들어 가기 위해 대통령으로서 최소한 해야 되는 것 아니겠냐고 설득하지만, 의견은 계속 상반됐다. 지금까지 북한이 해온 도발로 봤을 때 해봤자 아무 때고 찢어버리는 종이쪽지에 불과하다는 반박이다. 하여간 우리나라에서 전쟁의 위협을 방지할 어떤 노력이라도 해야 되는 것 아니냐고 결국 나는 일방적으로 몰아붙일 수밖에 없었다.

"가장 위대한 유산은 나를 사랑하는 사람들이다."

위대한 유산은 영국의 작가 찰스 디킨슨이 1860년에 발표한 장편소설이다. 청소년 성장소설로도 추천되는 이 소설은 어린 시절 어떤 계기에 어떤 사람을 만난 후 개인의 인생이 어떻게 달라지는지에 대해서 사고하게 한다. 갖가지 인간 군상들을 볼 수 있는 이 소설은 독특한 캐릭터를 지닌 사람들을 보며 내 주변에 그동안 경험했던 많은 사람들에 대해서도 돌아보게 만들었다.

어린 시절 어떤 사람들이 내 주변에 있었던가. 그중에서도 어느 날 나에게 어떤 일로 해서 기억에 또렷이 남아 있는 사람도 있다. 긍정적인 사람이라면 자신에게 어떤 식으로든 도움이 되었던 사람들을 더 기억할 것이고, 부정적인 성격이라면 피해를 준 사람들을 더 많이 기억할 것 같다. 가난하고 불우한 태생의 가난한 소년, 만약 어떤 재능이 있다

한들 주변 환경이 도와주지 않으면 재능을 발휘할 기회를 얻기 힘들다.

내가 어린 시절 이 책을 읽었더라면 어느 날 내게 천사가 거지 모습으로 나타나 주길 바라는 꿈을 늘 꾸었을지 모르겠다. 지난날을 생각해 보면 모두 어떤 만남들로 계속 길을 걸어왔다. 특히, 이성에 대한 첫 느낌을 갖게 된 순간, 첫사랑이지만 상대는 그렇지 않을 수도 있다. 제대로 전달할 수 없었던 사랑의 감정들이다. 타인의 소중한 감정을 가지고 노는 사람이 생길 수도 있다. 어느 순간 간절했던 사랑도 시간이 지나면 언제 그랬냐며 사그라진다. 가장 많은 사연은 서로의 환경이 다른 경우다. 그것은 빈부의 차이에서 오는 갈등이다. 불우한 환경의 사람이 성공을 하게 되면, 신분 상승을 하여 과거를 지우고 싶어 하는 경우가 있다.

홀어머니가 노점상을 하며 힘들게 공부시켜서 아들이 판사가 되었는데, 부잣집 사위가 되더니 남 몰라라 하였다는 사연처럼 어느 날 갑자기 엄청난 부를 얻게 되고 신사 같은 삶을 살게 되자, 예전 자신을 사랑으로 보살펴준 사람을 창피하게 생각하고 속물근성을 보인다. 그러나 결국 상류층에서 벌어지는 온갖 비인간성을 겪은 후 정신적으로 성장한다. 다른 세계의 사람들에게서 느끼는 이질감을 발견하고 그것이 계기가 되어 위대한 유산이 무엇인가를 알게 된다.

소설 위대한 유산은 여러 번 영화로 제작되었다. 그중 1998년 개봉된 영화를 보았다. 영화는 방대한 양의 소설을 단순한 줄거리로 집약하여 불우한 소년이 어떤 만남으로 인해 완전 변화된 삶을 맞이하게 되는 부분을 다루었다.

미국 플로리다 해안의 작은 마을에서 살고 있는 소년 핀은 누나와 동거남 조와 함께 살며 그림그리기를 좋아한다. 어느 날 바닷가에서 그림을 그리고 놀던 핀에게 탈옥수 한 명이 나타난다. 탈옥수는 핀에게 쇠사슬을 풀 절단기와 음식을 가져오라고 협박한다. 그날 밤 집에서 탈옥수가 부탁한 것들과 술을 가져온 핀에게 탈옥수는 멕시코로 함께 가자며 보트에 태워 바다로 향한다. 그러던 중 해안 경비대를 만나게 되는데, 탈옥수는 바다로 뛰어들어 부표에 숨고, 핀은 그에게 구명조끼를 던져준다.

얼마 후, 텔레비전을 통해 탈옥수가 잡혔다는 뉴스를 보게 되는데 그가 러스티그라는 사형수였다는 것을 알게 된다. 누나의 방임 속에서 살던 핀에게 대장장이 조는 정신적 안정을 주는 따뜻한 매형이었다. 그러던 중 일이 힘들게 된 조는 엄청난 갑부인 딘스모어의 저택으로 핀을 데려간다. 그 저택에는 여덟 살 동갑인 예쁜 소녀 에스텔라가 있었는데, 갑부 노라 딘스모어는 매주 핀이 조카딸 에스텔라와 놀아주는 조건으로 500달러를 주기로 한다. 노라 딘스모어 여사는 결혼식 날 파혼을 당하자 이별의 고통과 충격으로 그날 결혼식 시간에 멈추어버린 정신 상태가 혼란한 여성이었다.

핀은 그녀 앞에서 에스텔라의 그림을 그리기도 하고, 저택 분수대에서 물을 먹다가 둘은 키스를 하기도 한다. 생애 첫 키스라고 할까. 자신이 넘보기 힘든 신분의 차이를 느끼는 예쁜 소녀와 한 첫 키스, 어린 시절의 장난이라고 할 수도 있지만, 가난한 소년에겐 영원한 향수가 되기도 한다. 그러던 중 누나 메기는 가출을 하고 매형 조가 핀을 사랑으로 키운다. 그렇게 성장하던 어느 날 파티를 마치고 핀의 집에 들른 에스텔라는 자신의 그림으로 가득 찬 핀의 방을 보게 된다. 그러나 도도한 그녀는 핀을 유혹하듯 흥분시키고는 그만 가버린다. 핀은 에스텔라가 파리로 유학을 떠났다는 소식을 딘스모어 부인에게 듣는다.

과거에 집착하며 사는 딘스모어 부인은 핀이 에스텔라에게 갖게 된 연정을 지켜보며, 그동안 학습도구처럼 생각한 핀에게 야릇한 여성성 복수심을 느낀다. 그러나 그 모든 건 어렸을 적 추억일 뿐 핀은 어부로 살아가고 있다. 그러던 어느 날 핀에게 레그노라는 변호사가 방문하더니 핀의 그림 재능을 후원할 후원자가 있다고 알려준다. 그가 딘스모어 부인이라고 혼자서 판단한 핀은 에스텔라를 만나기 위해 뉴욕으로 간다. 이후 알지 못하는 후원자의 도움을 받아 그림으로 크게 성공한 핀, 짝사랑한 에스텔라와 결혼하려고 하지만 에스텔라는 매번 유혹의 손길을 뻗치더니 이내 다른 남자와 결혼하여 떠난다.

핀은 성공한 자신의 개인전에 찾아온 매형 조를 부끄럽게 여기는 행동을 하게 되고, 조는 유명한 화가로 성장한 핀을 이해하며 그 길로 시골로 돌아간다. 하지만 그날 예전의 탈옥수가 홀연히 나타나더니 핀의 전화를 빌려 쓴다. 그러고 나서 그만 그가 지하철에서 쫓던 자의 칼에 찔려 죽어가는데, 그때 그가 자신의 후원자였음을 알게 된다. 갑자기 옆에서 죽어가는 그가 자신이 모은 전 재산을 핀의 성공에 도움을 준 장본인이었다. 결국 핀의 성공을 도운 후원자는 어렸을 때 바닷가에서 만난 탈옥수였던 것이다.

핀은 그때서야 자신의 위대한 유산에 대해서 깨닫는다. 아낌없는 후

휜자였던 탈옥수와 자신을 사랑으로 키워준 순수한 영혼의 남자 매형 조가 자신에게 가장 중요한 사람들이었던 것이다. 핀은 고향으로 발길을 향하여 조를 찾아간다. 영화의 끝은 해피앤딩이다. 에스텔라는 결혼에 실패해 이혼하고 딸과 함께 고향 저택에 돌아와 있다. 핀은 상처만 준 에스텔라를 용서하며 사랑을 찾는다.

전쟁과 평화

러시아 소설가: 톨스토이
1958년 영화/감독: 킹 비더
주연: 오드리 헵번, 헨리폰다, 멜 페러

"폭력이 아닌 사랑을 위한 삶을 살아라."

평화로운 시대에는 전쟁을 상상하지 못하지만 전쟁의 참상 뒤에는 평화가 얼마나 소중한지 알게 된다. 러시아의 대문호 톨스토이는 장편 소설 전쟁과 평화에서 1805년부터 1820년까지 약 15년간 러시아를 배경으로 벌어진 전쟁에 얽힌 방대한 서사를 남겼다. 대하소설이라고 할 수 있는 전쟁과 평화에는 등장인물만도 600여 명이 된다. 참혹한 전쟁 속에서도 약동적인 진한 생명력을 불어넣으며 인간애를 표현하고 있지만 15년이란 긴 전쟁을 생각해봐야 할 것이다. 한 아이가 태어나서 열다섯 살이 되어있는 것이다. 십대 소년 소녀가 서른 살이 넘을 수 있다. 청춘을 전쟁 속에서 보내는 것이다. 자신의 삶이 어떻게 변해갈 것인가에 대해서 바라볼 희망이 있을 수 있는가.

우크라이나 전쟁에서도 러시아가 수도 키예프를 탈환할 것이라 예상했지만 국민의 저항에 쉽게 탈환하지 못하고 있다는 소식이 들려왔었다. 그러더니 푸틴이 핵전력에 경계 태세를 명령했다는 소식도 있었다. 그러고는 간섭하는 외부 세력에는 상상할 수 없는 타격을 가하고 말 것이라고 위협하고 있는 푸틴이다.

　전쟁과 평화에서도 나폴레옹이 모스크바를 탈환했지만, 모스크바에는 방화범과 약탈자들만 존재하고 정작 자신에게 항복할 사람들은 보이지 않는다. 나폴레옹이 러시아 전쟁으로 모스크바를 탈환하여 무엇을 얻었단 말인가. 나폴레옹은 아무것도 얻은 것이 없이 다시 모스크바를 떠나 돌아가면서 엄청난 군대의 희생을 치른다. 러시아의 환경을 제대로 파악하지 못해 추위와 굶주림으로 후퇴하던 군력이 엄청난 희생을 치른다. 거기에다 퇴각하던 나폴레옹 군대는 러시아의 공격으로 크게 패하고 죽음의 사경을 헤매며 돌아가게 된 것이다. 푸틴이 일으킨 전쟁의 결과는 어떨 것인가. 전쟁의 끝은 그렇게 환멸만 남긴다.

　영화 전쟁과 평화는 1958년 제작되었는데 208분짜리 긴 영화다. 하지만 읽기 힘든 대하소설을 3시간 영화로 감상할 수 있다는 것, 얼마나 행복한 일인가. 주연으로는 오드리 햅번과 헨리폰다, 멜 페러 등이 등장한다. 전쟁이라는 처참한 환경에서도 아름다운 인간애에 심취할 수 있는 것은 나타샤를 연기한 오드리 햅번의 아름다운 모습과 순수함이 반짝이기 때문이었다. 19세기가 시작되면서 유럽 전역에는 전쟁의 어두운 그림자가 드리운다. 그 그림자를 몰고 다니는 자가 프랑스의 나폴레옹이다. 그런 것처럼 지금 우크라이나를 중심으로 동유럽에 어두운 그림자를 드리우고 있는 자, 그자가 푸틴인 것이다.

1805년 러시아 페테부르크에서 사교모임이 열리고 나폴레옹의 이야기만 떠들썩하다. 러시아 군대의 막강한 전력을 아무도 의심하지 않는 가운데, 젊은 귀족 안드레이와 피에르는 참전에 대해 서로 다른 의견을 나눈다. 나폴레옹의 군대는 아직 수천 킬로미터나 떨어진 곳에 있었고, 모스크바의 거리는 신나는 행진 열기가 가득하다. 청순한 나타샤를 사랑한 피에르는 사생아로 아버지의 인정을 받지 못하다가 아버지의 죽음으로 막대한 재산을 유산 받는데, 그의 재산을 탐낸 헬렌과 결혼한다. 하지만 굉장한 미녀였던 그녀는 방탕한 기질의 여자였고, 피에르는 결국 아내로 인해 백야의 결투까지 벌이지만 끝내 아내와 이혼하고 만다.

나타샤의 오빠 니콜라스는 전쟁 중 도망쳐오고 친구 안드레이는 자신을 괴롭혀온 아내 리제가 아이를 낳다가 죽은 뒤 나폴레옹을 숭배해온 자신을 저주하며 환멸에 빠진다. 시골에 간 피에르는 나타샤의 가족과 우연히 친구 안드레이를 만나게 되는데, 이후 나타샤는 안드레이를 연모하게 된다. 하지만 공작 집안 안드레이의 아버지는 나타샤와의 결혼을 반대한다. 이후 안드레이의 아버지는 나타샤와의 결혼 조건으로 1년간 전쟁에 나가도 마음이 변하지 않으면 허락하겠다고 한다. 하지만 안드레이가 전쟁에 나간 그 사이에 나타샤는 한 남자를 알게 된다. 그가 하필 천하의 바람둥이 헬렌의 오빠 아나톨이다. 아나톨은 나타샤의 미모에 반해 접근하게 되고 그에게 나타샤는 마음을 빼앗긴 것이다. 아나톨의 사랑 장난을 진정한 사랑이라 착각한 나타샤는 사랑에 목말라하며 괴로워한다. 하지만 피에르는 아나톨이 난봉꾼임을 알기에 그

둘을 만나지 못하게 막게 되는데, 마음이 흔들린 나타샤는 실의에 빠진다. 그러던 시기에 전쟁이 일어나고 나폴레옹은 모스크바로 진군해 들어온다. 전쟁터로 변한 모스크바는 피난을 가기 위한 사람들이 각기 살림살이를 마차에 가득 싣게 있다. 이때 나타샤는 아버지에게 살림살이 대신 부상한 군인들을 태우고 가자고 제안한다. 그 부상자 중에서 안드레이를 본 나타샤는 안타까움으로 그의 죽음을 지켜보게 된다.

전쟁의 참상을 경험한 피에르는 나폴레옹을 숭배했던 자신을 되돌아보며, 포로가 되어 감옥에서 만난 프라톤에게서 삶의 진실을 깨닫게 된다. 포로가 되어 끌려가던 피에르는 퇴각하던 나폴레옹 군대가 초토화되면서 기적으로 살아남아 모스크바로 돌아와 결국 성숙해진 나타샤와의 사랑을 찾는다. 전쟁은 개개인의 삶을 철저히 파괴해 버렸다. 오로지 나를 구해줄 수 있는 자는 내가 기다리는 구원자 신뿐이다. 그래서 삶은 신이다. 따라서 신을 사랑하는 자는 삶을 사랑하는 자라고 톨스토이는 말하고 있다.

러시아의 우크라이나 침공은 미국을 중심으로 한 서방과 러시아와 중국 등의 연합으로 신냉전이 본격 도래된다는 점이다. 이어 연쇄적인 세계 지정학적 갈등의 우려를 낳는 것이다. 매일 뉴스로 보도되는 우크라이나의 전쟁 상황을 지켜보면서 전쟁을 왜 일으키며 전쟁을 통해 얻는 것은 무엇인지 생각하게 한다. 전쟁이란 결코 없어야 한다며 평화를 외치지만, 지금도 세계 곳곳에는 야만적 지도자들로 인해 전쟁이 지속되어 처참해진 나라들이 있다. 더구나 러시아의 침공은 푸틴의 야심으로 벌어진 명분 없는 전쟁이라는 점이고 신냉전 체제로 가는 세계를 방관할 수 없는 것이다.

푸틴 대통령의 전쟁은 우크라이나가 러시아 역사의 핵심 부문인 옛 영토라는 인식에 있는 것이다. 소련 붕괴 후 동유럽에서 영향력이 약화된 러시아가 옛 소련을 부활하여 미국과 초강대국으로 부활하여 안정된 자신의 장기 집권을 꿈꾸는 것이다. 미국과 러시아 간 대립이 더욱 첨예해지는 가운데 세계 평화 질서가 무너질까 두려워지고 있다. 전쟁과 평화는 항상 공존하고 있다.

콰이강의 다리

프랑스 작가: 피에르 불르
1981년 영화/감독: 데이빈 린
주연: 윌리엄 홀든, 잭 호킨스, 알렉 기네스

"미쳤어! 모두 다 미쳤다고!"

지난 주말 EBS 세계의 명화를 통해 콰이강의 다리를 보게 되었다. 영화 콰이강의 다리는 1957년 영국과 미국이 합작영화로 제작하였고 우리나라에서도 1981년 4월 개봉하여 대성공을 거둔 영화다. 나는 이 영화를 학창시절에 단체관람했었다. 162분이라는 긴 상영시간이지만 전쟁터에서 인간의 미묘한 심리와 갈등을 보게 된 영화였다.

러시아가 우크라이나를 침공하여 전쟁의 참상이 연일 보도되고 있는 가운데 다시 보는 전쟁영화들에서 전쟁이 얼마나 무의미하며 평화가 얼마나 중요한지 깨닫는다. 그런가 하면, 지난 3월 9일 치러진 우리나라의 대선 이후도 마치 전쟁과 같다. 총칼만 들지 않았을 뿐 거친 언어와 거친 행동들은 그 어떤 전쟁보다 더 격렬해지고 있기 때문이다.

나라 간 전쟁이나 정쟁이 끝나고 나면, 서로 상처투성이가 된다. 그 상처를 치유하기 위한 방법은 무엇이던가. 현대에 와서도 이라크나 시리아 아프가니스탄 등 전쟁 후의 참상은 회복이 되지 않고 있다. 정치 또한 전쟁과 같아서 보복이 반복되고 선량한 국민들은 정치인들의 욕심에 희생양이 될 뿐이다. '평화를 빕니다'라고 서로 평화의 인사를 나누는 종교예식을 그토록 매주 치르지만, 현실은 언제나 전쟁, 정쟁 중이다. 세계적으로 종교인들이 그토록 많고 우리나라에서는 십자가가 그토록 많다고 하는데, 왜 평화롭지 못한 언행들을 부추기는가. 정치인들은 매일 으르렁대며 싸우고만 있다. 첨예하게 갈라진 여야의 이념은 달라도 너무 다르다는 느낌이다. 갈라진 정치권을 중재할 나라의 어른도 없어 보인다. 정치인들은 모두가 국민을 위한 일이라고 말하고 있다. 하지만 국민을 위한 일이라는데 국민의 목소리는 들으려 하지 않는 것, 서로 양쪽 진영의 국민이 따로 있다는 것이 무섭기만 하다. 남북으로 갈라진 것도 모자라 남한 내에서 좌우로 갈라져 있다. 서로 싸우는 모습은 결국 서로 피를 보는 일밖에 없는 것이다. 콰이강의 다리를 보면서 다리가 한순간에 폭파되는 장면이 있다. 지나온 삶을 통해 진정 미친짓이 무엇인지 깨달아야 할 것이다.

로마의 황제 네로가 기독교인들을 콜로세움에서 사자의 밥이 되게 하자 그 광경을 보고 흥분하여 열광하는 사람들이 생각난다. 무엇에 흥분하고 있는가. 독에 받친 언어들이 후에 어떤 결과를 낳을 것인지 돌아봐야 한다. 전쟁 중에서도 꽃을 피우는 것은 인간성이다. 콰이강의 다리는 1558년 아카데미작품상, 알렉기네스의 남우주연상 등 7개 부문을 휩쓸었는데, 2차 대전 중의 사실을 바탕으로 한 소설이 있었다.

혹성탈출의 원작자인 프랑스 작가 피에르 불르가 버마 철도 건설 당시 일본군과 영국군 사이 갈등을 주제로 다뤄 1952년 출간되었고, 54년 영어로 번역되어 영화화된 것이다.

구할 수 없는 책이라 읽을 수는 없지만 영화의 큰 평가에 원작의 큰 의미를 둔다. 그런데 논란도 있었다. 프랑스인이 영국인을 소재로 하여 영국인을 디스하는 묘사가 많아 영국 참전용사들이 작가를 공개적으로 고발한 것이다. 영화 또한 각색을 담당한 마이클 윌슨과 칼 포먼이 반미 활동위원회를 격렬하게 비난했다는 이유로 블랙리스트에 올라간 상태였기에 원작자 피에르 불르에게 각색상이 돌아갔다. 이후 1984년이 되어서야 실제 각색자들에게 아카데미상이 추서된 것이다.

우리나라에서도 예술가들이 블랙리스트에 올라 불합리한 상황을 겪기도 하고, 어떤 문학 작품들 또는 대중가요, 미술작품들도 재판을 받는 등 금지되기도 했었다. 그러나 시대가 지나면서 나중에서야 재평가되는 작품들이 꾀 많은 것은 문화예술 작품은 고대 사람들이 남긴 유물처럼 인간의 삶을 그대로 조명하는 시대의 산물이기 때문이다. 인간 삶은 똑같은 길을 가면서도 모두 생각의 차이가 있기에 아옹다옹하며 크고 작은 논쟁을 낳는다. 그것 또한 인간 삶의 하나라고 생각된다. 하지만 근본적인 인간성을 상실하는 무의미한 보복심과 집단의 무차별적 쟁취욕의 끝은 불씨의 잿더미와 같다. 그 잿더미 위에서 우리는 삶의 허무를 계속 반복하는 것이다.

전쟁이 남긴 것들에 대해 요즘 지나가는 대화로도 쉽게 주고받고 있다. 군인 정신은 무엇인가. 적군을 모두 죽이는 것인가. 그럼 군인에게 인간성은 실종된 것인가. 군인 정신을 보게 되는 콰이강의 다리에서 전쟁이란 나약하고 허무하기 짝이 없는 인간의 내면을 그리고 있었다.

　태평양 전쟁이 한창인 1943년 태국 밀림에서 영국군 공병연대가 일본군 포로수용소로 잡혀 온다. 일본군은 보급로를 개척하기 위해 철도 공사를 진행 중이어서 포로가 된 이들을 이용해 콰이강에 다리를 건설할 계획을 세운다. 철조망도 없는 수용소지만 주변은 온통 밀림이어서 탈출은 불가능한 상황이다. 이때 일본군 수용소장 사이토 대령과 영군군 공병 대장 니콜슨 중령이 서로 투철한 군인 정신과 진실한 인간성으로 마찰한다. 장교들도 강제노역에 동원한다는 일본 측 방침에 자존심이 상한 포로들은 죽음을 결사하고 항거한다. 결국 니콜슨 중령은 영웅적인 지도력을 발휘하여 일본 소장을 심리적으로 누르고 콰이강의 다리를 독단적으로 건설해나간다. 포로들은 군기를 잃지 않고 휘파람으로 행진곡을 부른다. 유명한 '보기 대령 행진곡'이 이 영화를 통해 더욱 유명해졌다. 영국군 공병연대는 군인의 명예와 자존심을 걸고 콰이강의 다리를 완공하지만 영국군 유격대는 다리 폭파 작전을 감행하고 있다. 다리 개통식 날 기차가 통과하는 장면을 여유 있게 바라보려던 그는 폭파장치를 발견하고 경악한다.

　"미쳤어! 모두 다 미쳤다고!"

　자기가 그동안 이룬 것은 무엇이었나 하며 허망할 뿐이다. 영웅이 되고 명예를 중시했던 군인 정신은 너무나도 인간적인 약점으로 인해 한순간에 다리와 함께 날아가 버린다.

색, 계

중국 소설가: 장아이링
2007년 영화/감독: 이안
주연: 양조위, 탕웨이

"치명적이고 가슴 아픈 사랑의 경계."

중국 영화 〈색, 계〉는 장아이링의 원작 단편소설로 1950년대 썼으나 1979년 출간된 소설이다. 영화 〈색, 계〉는 우리나라에서 2007년 11월 8일에 개봉되었으며, 원작 소설과 내용은 거의 같다. 이안 감독, 양조위, 탕웨이가 주연한 로맨스 영화지만, 일본에 점령당한 중국의 일제시대 이야기여서 중국의 비참하고도 가슴 아픈 역사적 무게가 심오하게 깔려 있다. 내가 본 중국 영화 중에 언제든 다시 보고 싶은 나의 최애 중국 영화이기도 하다. 특히 양조위와 탕웨이의 뛰어난 표정 연기가 애잔한 여운을 남긴다. 일제시대라는 불안한 시대의 남녀 간 욕망과 심리적 갈등에서 가슴이 먹먹하다가 우울함이 밀려온다.

장아이링은 1920년대 태어난 중국 현대 문학 최고봉으로 평가받는 중국 대표 작가다. 장아이링은 불우한 가정에서 청소년 시절을 보내고

1944년 친일파 관료인 후란청과 결혼했는데, 일본이 패망하자 매국노로 찍혀 1952년 홍콩을 거쳐 1955년 미국으로 이민을 갔다. 이후 미국에서 LA의 한 아파트에서 숨진 지 며칠 만에 발견된 불행한 삶을 살았다. 사후 중국 문학계에서 새롭게 각광을 받는 장아이링은 중국의 역사와 관습, 남성 우월주의 시대에서 비극적인 삶을 산 여인들의 이야기를 다루었는데, 실제 발생했던 사건을 소설화했다는 점에 새로운 자극과 충격을 주었다.

소설은 1939년 당시 상하이에서 미모로 이름을 날리던 정핑루가 친일파 간부 딩모춘을 유혹해서 살해하려다 실패하고 사형을 당한 사건을 다루었는데, 중국인들은 장아이링이 남편이었던 후란청에게 듣고 소설을 집필한 것이라 추정하고 있다. 영화 색계는 중국 일제시대에서 불안한 삶을 사는 남녀의 욕망과 경계를 뛰어넘는 심리묘사가 뛰어나다. 무거움이 흐르는 정적 속에 남녀 색기가 어린 눈빛에 끌려간다. 조금은 반짝반짝할 것 같은 분위기는 이내 반전되어 불안한 남녀의 파국적 사랑으로 치닫는다. 그리고 허전함과 아쉬움에 털썩 주저앉고 만다.

친일파를 암살하려다 결국 사랑에 빠져버린 여인, 그래서 동료들과 함께 죽음을 맞이했던 불행한 그 여인에게 역사적 평가를 한다면 그녀는 매국노와 같을 것이다. 그러나 내 안에서 밀려오는 사랑의 힘을 어찌할 것인가. 치명적이고 가슴 아픈 사랑의 경계일 뿐이다.

중일전쟁 발발 후, 난징은 일본군에 점령되었다. 왕치아즈는 영국에 있는 아버지의 도움으로 홍콩으로 피난 가 광저우대 1학년생이고, 선배 광우민을 사모하여 그의 권유로 애국 연극서클에 가입한다. 그들은 연극을 통해 홍콩 시민들의 애국심을 고취시키는데 성공한다. 그러던 중 이곳 홍콩으로 친일파 핵심 인물이자 정보부대장 이모청 부부가 오게 되는데, 그의 홍콩 보좌가 선배라는 것을 안 광위민은 조국을 위해 친일파를 암살할 계획을 연극서클 멤버들과 하게 된다.

왕치아즈와 연극 멤버 남자가 밀수 사업가 막 부부로 변장하고 보좌를 하는 광위민의 선배를 통해 접근한다. 그러나 매국노 이를 미인계로 유인해 암살하겠다고 하지만, 왕치아즈는 성 경험이 없었다. 그래서 연극 멤버들 중 성매매를 해본 경험이 있는 동료와 경험을 하기로 결정한다. 그래서 왕치아즈는 동료 남자와 성교를 처음 하게 된다. 그런 상황에서 왕치아즈는 사모하는 광위민을 돌아보지만, 그는 그녀를 외면하고 있다. 조국을 위해 어떠한 일도 감수해야 하는 절대 절묘한 일이라 할지라도 결코 광위민을 용서하지 못할 것 같았다.

이후 막 부인으로 변장한 왕치아즈가 이를 유혹하는데 성공한 듯했지만 매국노 이가 상하이로 돌아가 버렸기에 실패로 끝나고 만다. 그러나 광위민의 선배가 연극부원들에게 찾아와 모든 걸 알고 있었다면서 한몫 줄 것을 요구하며 왕치아즈를 음흉한 눈으로 바라보았고, 결국 연극부원들은 그를 칼로 찔러 죽이고 만다.

3년 후, 왕치아즈는 상하이로 돌아와 이모 집에 머물며 일본어 공부를 하던 중 국민당 요원이 되어 상하이에 잠입한 광위민을 만나게 되어 다시 막 부인으로 변장하게 된다. 홍콩 첫 만남에서 강한 끌림을 받았던 이는 왕치아즈를 다시 보자 흔들린다. 결국 이를 유혹하지만 이는 옷을 찢고 벨트로 때리며 왕치아즈를 거칠게 범한다. 그는 여자를 묶어 두어야 안심할 정도로 암살을 경계하며 불안한 심리로 살아가는 사람인 것이다. 그러나 시간이 갈수록 오히려 이에게 사로잡혀 가는 것을 느낀 왕치아즈는 자신의 감정을 국민당 우영감에 토로하지만, 우영감은 암살할 것만을 강하게 밀어붙인다. 괴로운 왕치아즈에게 다가온 광위민은 키스를 하려하는데 왕치아즈는 "왜 3년 전에 해주지 않았어?"라며 쓸쓸하게 돌아선다.

암살계획은 진행되고 이와 왕치아즈의 계획된 밀회는 계속되는데, 이가 왕치아즈에게 자신의 온전한 사랑의 마음을 표현하려고 한다. 주위의 삼엄한 경계와 불안한 삶 속에서 사는 친일파 이의 가슴은 허할 뿐이다. 그 허한 가슴을 채워준 여인 왕치아즈에게 고마움을 갖게 되고 사랑하고 있는 이다. 이는 왕치아즈에게 보답의 선물을 주기 위해 철저한 계획으로 보석상에서 만나기로 한다. 하지만 왕치아즈의 보고로 국민당 암살 요인들이 이를 암살하기 위해 잔뜩 깔려 있다. 보석상에 도착한 왕치아즈는 6캐럿의 진짜 다이아 반지를 보며 이의 진짜 사랑을 확인하고 몹시 흔들린다. 다이아보다 반지 낀 손가락이 보고 싶을 뿐이라고 말하는 남자의 진실한 눈빛, 그를 사랑하게 된 왕치아즈는 떨리고 작은 목소리로 이에게 도망치라고 알려준다.

결국 연극부원들은 체포되고 채석장으로 끌려가 모두 죽임을 당한다. 이는 자신의 집에 돌아가서 비어버린 왕치아즈 방 침대 위에 앉아 쓸쓸한 표정을 짓는다. 결국 미인계 암살계획은 안타까운 사랑의 감정으로 마지막까지도 숨 가쁜 경계의 선을 남겼다.

〈2년 전에 홍콩에서부터 주도면밀하게 시작된 미인계가 결국 마지막 순간 미인의 변심으로 자신을 살리지 않았는가? 그녀는 진심으로 자신을 사랑한 것이다. 그녀는 그의 평생 유일하게 자기를 사랑한 지기였다. 중년 이후 이런 만남이 있을 것이라고는 전혀 생각지도 못했었다.〉

서편제

한국 소설가: 이청준
1993년 영화/감독: 임권택
주연: 김명곤, 오정해, 김규철

"한이란, 살아가면서 먼지처럼 쌓여 생기는 것."

영화 서편제는 한국인이 꼭 보아야 할 영화라고 말하고 싶다. 우리 민족의 한을 한 여인의 판소리로 표현한 서편제, 민족의 한이든, 개인의 한이든, 한이란 마른 눈물과 같은 것이다.

원작은 1976년 이청준 작가의 연작소설집 '남도사람'에 실린 단편소설이다. 소설을 읽다 보면 마치 작가가 옆에서 언젠가 본인이 겪었던 이야기를 조근조근 들려주는 것처럼 빠져들게 든다. 문장이 마치 판소리 가락의 한 대목 대목처럼 장단 고저를 따라가다가 우리의 정서와 맞닿는다. 그래서 이청준 소설가의 작품들이 영화로 많이 제작되어진 이유는 아마도 옆에 앉아 옛이야기를 듣는 듯한 편한 문장 때문일까 싶었다. 책을 읽다가 자꾸만 그 다음에 어떻게 되었는데요? 라고 묻고 싶어지는 궁금증이 생긴다. 그렇게 이야기에 빨려 들어가다가 마침내 감동의 도가니에 갇히게 되는 것이다. 그러다가 막 슬퍼지는 어떤 사람의 일생 이야기, 이야기 서사가 민족의 한과 개인 개인의 한을 내포하고 있다.

푸른 하늘에 떠 있는 하얀 뭉게구름이 금방 먹구름으로 변해 버릴 것 같은 이야기, 먹구름이 금방 주변을 어둡게 하고 우르르 쾅쾅 굉음을 내며 억센 비를 쏟아부을 것 같은 이야기다. 그 미묘한 움직임에 마음이 점점 무거워진다. 한 개인의 불운이 우리의 역사와 시대 속에 흘러왔고, 가난했던 민초들의 이야기는 춘향전이나 심청전 판소리 가락처럼 때로는 즐겁기도 하고 슬프기도 하면서 자연스럽게 슬픔을 받아들이게 되는 것이다. 소설의 대사 중에 한에 대한 표현이 있다.

"한이란 누구에게서 받아 생기는 것이 아니다. 살아가면서 먼지처럼 쌓여 생기는 것이다." 그런 것처럼 서편제에서 흐르는 슬픈 한이 어느새 허공 속의 먼지처럼 나의 허파 속에 깊숙이 스며들고 말았다.

서편제는 1993년 임권택 감독이 영화로 제작하여 100만 명이 넘는 관객을 이끌며 널리 알려졌다. 김명곤, 오정해, 김규철 주연의 서편제에서는 한 서린 판소리 가락이 삶의 절규처럼 다가온다. 아버지, 누이, 아들, 이 세 사람은 가족이지만 별개의 사람들로 구성되어 있다.

1960년대 소리 품을 팔고 다니는 유봉은 어느 대가 집 잔칫집에서 소리를 한다. 그곳에서 동호의 어미이자 과부였던 금산댁을 만나 자신이 데리고 다니던 양딸 송화와 함께 새로운 생활을 시작한다. 그러나 금산댁이 아이를 낳다가 그만 아이와 죽게 되고, 유봉은 양딸 송화와 금산댁이 데려온 아들 동호를 데리고 살게 된다. 유봉은 송화와 동호에게 판소리를 가르치지만 동호에게는 가망이 없어 보이자 송화에게만 소리를 가르치고 동호에게는 북을 가르친다. 이들 가족은 북을 메고 팔도강산을 돌아다니며 소리를 팔아 연명한다. 유봉이 먹고 사는 방법은 오로지 소리뿐인 것이다. 그러나 시대는 변해간다. 예전처럼 소리꾼을 찾는 사람이 많지 않은 것이다. 그들은 가난을 면치 못하고 궁핍한 생활을 이어 가고 유봉은 번 돈을 술로 탕진하게 된다. 더욱이 소리꾼들을 대하는 사람들의 하대와 멸시가 점점 심해져서 삶은 힘들어진다. 그러자 오직 소리만을 천직으로 여기며 살아온 유봉은 송화에게 한 맺힌 소리가 나와야 한다며 다그치기만 한다. 그런 생활이 지겨운 동생 동호는 아버지 유봉에 반항하며 집을 나가버린다. 이후 유봉의 판소리에 대한 집착은 송화의 삶을 송두리째 불행에 빠지게 만든다. 자신이 이루지 못한 판소리 득음에 대한 열망을 송화를 통해 이루고 싶은 마음으로 지나친 과욕에 빠져든다. 송화에게 한이 없어 제대로 된 소리가 나오지 않는다고 생각한 유봉은 송화에게 한을 심어 주려 한다. 한 맺힌 소리가 진짜 판소리라고 생각한 유봉은 송화에게 한약의 일종인 '부자'를 넣어 약해진 송화에게 보약이라며 먹이는 것이다.

"이제부터는 네 속에 응어리진 한에 파묻히지 말고 그 한을 넘어서는 소리를 해라."

송화는 아버지가 준 보약을 먹고 진짜로 점점 눈이 멀어버리고 봉사가 된다. 어쩌면 유봉은 동호가 자신 곁을 떠나버리자 송화마저 자신을 떠나버릴 것을 걱정한 나머지 송화에게 눈을 멀게 한 것일 수도 있다. 하여간 유봉은 송화에게 한 맺힌 소리를 강요하고 송화는 열심히 판소리를 부르며 아버지 유봉을 따르게 되고 득음을 하게 된다. 딸의 눈을 멀게 한 비정한 아버지 유봉을 따르면서 판소리를 하는 것이다. 어쩔 수 없이 보호자인 아버지 밑에서 생활한 어린 송화의 한 맺힌 삶을 보면서 슬픔의 눈물을 흘리지 않을 수 없다. 어떻게 저런 생활을 할 수 있단 말인가. 봉사로 만든 딸 송화를 데리고 여기저기 소리로 벌이를 하는 유봉의 생활도 힘들고 비참하지만, 봉사로 사는 송화의 생활은 얼마나 고통스러운 삶인가. 그렇게 비극을 자초한 아버지 유봉은 딸 송화와 떠돌아다니며 소리를 하다가 죽어간다.

봉사가 된 송화의 삶에는 이제 한 맺힌 소리만 남았다. 유봉이 자신의 한을 송화를 통해 풀었을지 몰라도 송화의 삶은 유봉 없이는 살아갈 수 없게 됐다. 하지만 송화는 아버지가 자신의 눈을 멀게 한 것을 이미 알고 있었다. 자신의 의지대로 살아갈 수 없는 불운한 여인의 삶은 아버지 유봉과 소리로 일치되었지만 풀지 못할 서로의 한이 되었고, 그것이 한의 소리가 되었는지 모른다.

세월이 흘러 동호는 누이를 찾아 나섰고, 결국 아버지와 누이의 비극적 이야기를 전해 듣는다. 그리고 눈 먼 여인이 되어 집 나간 동생을 하염없이 기다리던 누이 송화는 자신을 찾아와 소리를 청하는 남자와 마주 앉는다. 장님 여인은 소리를 하고 남자는 북소리로 장단을 맞춘다. 둘은 아무런 말이 없이 소리와 북소리로 신명나는 밤을 새운다. 밤새 소리로 서로를 알아보며, 서로의 한을 풀어낸 것이다.

오리엔트 특급 살인 사건

영국 소설가: 아가사 크리스티
2017년 영화/감독: 케네스 브레너
주연: 케네스 브래너, 페넬로퍼 크루즈, 윌렘 데포, 주디 덴치

"정의와 균형보다 더 중요한 건 치유다."

영화 오리엔트 특급 살인은 1974년과 2017년 영화로 제작되었다. 학창시절에는 1974년 영화를 보고서 아가사 크리스티의 추리소설을 읽었다. 미스터리의 거장이라 일컬어지는 영국의 여류작가 아가사 크리스티의 추리소설에서 가장 뛰어난 작품으로 손꼽히는 오리엔트 특급 살인사건은 어떤 미로의 길에서 잔뜩 긴장하게 만든다. 어떻게 미로를 뚫고 나갈 것인가. 거기에는 명탐정이 나타난다. 아가사 크리스티가 창조해 낸 인물이 바로 명탐정 푸아로인 것이다. 푸아로를 통해 풀어나가는 사건의 해결은 잠시도 쉴 틈을 주지 않고 반전과 반전으로 이어진다.

1934년 출간된 소설이지만 현대에 와서도 그 추리력을 따라갈 만한 작품이 없을 정도라고 한다. 이번에 본 영화는 2017년 케네스 브레너가 감독 및 주연을 맡은 영화다. 학창시절 1974년 숀 코네리와 잉그리드 버그만 등 유명 배우들이 열연한 영화의 감동이 너무 진하게 남았기 때문인지 그때에 비해 스릴이나 반전이 덜 느껴졌다. 발전된 영화 제작이 예전에 비해 많이 세련된 버전을 보이지만, 역시 고전 소설의 매력은 영화에서도 고전미가 돋보여야 한다.

세계적으로 이름을 날리는 명탐정 포와로는 시리아에 주둔해 있던 프랑스 군대에서 벌어진 사건을 해결한 후 휴가를 하려 한다. 그러나 급히 영국으로 와달라는 지인의 연락을 받고 이스탄불에서 런던으로 향하는 초호화 열차 오리엔트 특급열차에 탑승한다. 열차에는 포와르 탐정까지 총 13명이 탑승하고 있다. 그들은 미국인, 영국인, 이탈리아인 등 국적과 인종이 서로 많이 다른 사람들이다. 명탐정 포와로에게 자신의 신변보호를 요청하는 사람이 나타난다.

그가 래쳇이다. 래쳇은 자신이 누군가에게 협박을 받고 있다며 경호를 요청하지만 포와로 탐정은 거절한다. 그런데 그날 밤 래쳇이 살해된 것이다. 그런데 열차는 폭설로 멈추게 되는데, 열차에서 살인사건이 나자 열차 차장 피에르 미셸이 포와르에게 사건을 부탁한다. 래쳇은 자신의 침대에 반듯이 누워 가슴 12곳이 칼로 찔려 잔혹하게 살해됐다. 그런데 가슴에 칼자국은 희한하게도 남자가 찌른 듯한 곳, 여자가 찌른 듯한 곳, 왼손으로 또는 오른손으로 찌른 등 여러 가지로 나타난다. 주변에는 피로 물들어진 여성용 손수건과 파이프 담배, 써버린 성냥들이 있다.

열차는 폭설로 더 이상 가지 못하는 상황이 되어있고, 범인은 내부에 있을 수 있다. 포와로는 사건을 해결하기 위해 승객들을 한 명씩 심문하는 과정에서 한 가지 공통점을 발견하게 된다. 그 공통 단서는 5년 전 세상을 떠들썩하게 했던 어린이 유괴 사건이었다. 죽은 래챗이 그때 유괴되었던 소녀와 관련이 있는 것이다. 그러나 푸아로는 열차에 탑승한 사람들을 대하는 과정에서 자꾸만 사건이 꼬이며 풀기 복잡해진다. 한 사람의 알리바이를 그 사람과 전혀 연관 없는 사람이 입증해주는 상황이 반복된다. 이상하다 생각한 푸아로는 탑승자 모든 사람이 범인이라는 것은 상상하기 어려운 상황임에도 그런 상황을 가정해보고, 모두에게 미끼를 던져본다. 그리고 명탐정의 날카로운 질문에 승객들이 함께 조작한 알리바이가 점점 균열이 생기면서 사건이 풀리게 된다.

열차에서 죽은 승객 래챗의 본명은 카세티였다. 그러니까 5년 전 미국와 영국을 떠들썩하게 했던 유괴 사건의 범인이 카세티였던 것이다. 유괴된 소녀는 데이지라는 소녀였다. 데이지는 암스트롱 대령과 그의 아내 소니아의 외동딸이었는데, 어느 날 밤에 유괴된 것이다. 암스트롱 부부는 20만 달러라는 거금을 데이지의 몸값으로 보냈으나 데이지는 이미 2주 전에 살해되었고, 카세티는 수사결과 진범임이 파악되었음에도 불구하고 풀려난다. 카세티는 그간 모은 재산이 많은 사람이었고, 사회 지도층의 비리를 알고 있는 사람이어서 처벌을 피해 도망칠 수 있었다. 그 결과 사회적으로 명망이 높던 암스트롱 부부는 충격을 견디지 못해 죽고 만다. 승객들은 모두 암스트롱 일가의 가족이나 지인이었고 암스트롱 대령에게 신세를 졌던 사람들이었던 것이다.

푸아로는 그들 모두가 범인이라는 것을 알아냈지만, 범인들이 모두 선량한 사람들이고 그들은 아픔을 치유 받지 못한 사람들이라는 것을 알게 된다. 우리 모두는 어떤 관계로든 깊이 들어가 보면 연관된 사람일 수 있다는 것을 알려주는 것 같다. 타인의 아픔이 나의 아픔일 수도 있다는 것을 알게 해주는 영화다.

내 지인의 아픔에 함께 아파한 사람들, 커다란 아픈 사건을 함께 풀어버리는 공동 치유가 필요했다. 어떻게든 상처를 풀어버려야 남은 삶을 행복하게 살아갈 수 있는 것이다. 때로 사회에서 벌어지는 무서운 사건들을 보게 된다. 그런 사건들을 국가가 치유해주지 못할 때 국민이 병드는 것이었다. 억울하게 죽은 영혼을 달래주지 않으면 나와 당신의 삶이 행복할 수 없다.

어렸을 때 강가에서 썰매놀이를 타다가 죽은 아이가 있었다. 그 아이의 영혼을 건지기 위해 굿 풀이를 하고 머리카락을 건졌다고 안심하던 어떤 가족들의 모습처럼 말이다. 마치 세월호의 영혼을 달래주지 않고는 우리의 아픔이 치유되지 않는 것과 같고, 이태원 참사로 숨진 젊은 이들에게 평안한 안식을 주지 못한다면 우리의 삶도 안녕치 못할 것이다. 우리 사회 가슴 아픈 사건들을 함께 힘모아 치유하지 않고는 사회가 밝은 미래로 나아가기 힘든 이유다. 오리엔트 특급 살인 사건은 우리의 가슴 아픈 사연들을 마치 탐정을 통해 풀어낸 것처럼 시원한 결말을 준다. 오히려 피해자 래쳇은 마땅히 죽어야 할 악당이고 범인들을 범인이라 할 수 없는 상황에 직면한 것이다. 오리엔트 특급열차라는 제한된 공간에서 벌어진 살인사건은 결국 탐정이 범인의 정체를 찾아냈음에도 범인을 은폐하는 결말로 끝난다. 포와르는 이렇게 말한다.

"이 중에 살인자는 없습니다. 치유가 필요한 사람들만 있을 뿐."

그리고 탐정 푸아로는 또다시 2022년 2월 개봉된 영화 나일강의 죽음을 해결하러 이집트로 향한다.

블라인드 사이드

미국 소설가: 마이클 루이스
2010년 영화/감독: 존 리 핸콕
주연: 산드라 블록, 팀 맥그로, 퀸튼 아론, 제이 헤드

"명예를 가지려면 용기를 내야 한다."

영화 블라인드 사이드는 2010년 영화로 제작되었고 주연 여배우 산드라 블록이 아카데미 시상식에서 골든 글러브상 여우주연상을 수상했다. 미국의 베스트셀러 작가인 마이클 루이저가 2006년 실화를 바탕으로 쓴 소설로 '인종과 계급을 뛰어 넘은 기적 같은 만남'이라는 아메리칸 드림에 관한 이야기다.

미국인들이 미식축구에 열광하는 이유가 있다고 한다. 풋볼은 미국에서만 1억 명 이상이 관전하는 지구촌 최고의 스포츠 이벤트로 통한다. 지상 최대의 돈 잔치라고 불릴 만큼 광고효과도 상상을 초월한다고 한다. 풋볼은 일종의 땅따먹기 방식으로 전진하는 경기 방식으로 서부 개척시대를 연상시키는 스포츠로써, 잘 달리고 돌파하고 몸으로 막으면 되는 경기인 것이다. 풋볼 경기를 모르는 나에겐 온몸으로 부딪혀서 상대를 제압하는 모습이 마치 거대한 코끼리가 달려드는 느낌이었다.

실화를 바탕으로 한 영화라는 것은 이미 이야기 전개가 역경을 이겨 내고 성공한 스포츠 선수라는 것을 짐작하게 되는데, 영화 시작에서 주인공의 거구가 살갑게 다가오지 않았다. 주인공 소년이 마이클 오어인데 마약에 중독된 어머니 밑에서 자라난 열세 명의 아이 가운데 하나였다. 그는 자신의 진짜 이름도 아버지도 생일도 몰랐고 글을 읽고 쓰는 방법도 모른다. 누추한 옷차림에 우울한 표정의 몸이 거대한 흑인 소년, 그는 미국 멤피스 빈민가 출신으로 그의 아버지는 교도소에서 숨졌다.

마이클은 위탁 가정에 맡겨져 전전하며 적응하지 못한 채 뛰쳐나와 노숙생활을 한다. 갈 집도 없고 반겨주는 사람 없는 마이클 오어 그의 별명은 빅 마이크다. 그러나 거대한 몸집의 흑인 소년에게도 남다른 재능은 있었다. 큰 몸집이다. 빅 마이크는 친구 아빠인 토니의 도움으로 브라이어크레스트 크리스천 스쿨에 갔을 때 풋볼 코치의 눈에 띄어 전학을 한다. 그리고 학교에서 여성 부호 리 앤의 눈에 띄게 된다. 리 앤의 두 아이가 그 학교에 다니는데 아이들을 태우고 집으로 돌아오는 길에 오갈 곳 없는 빅 마이크를 보게 된 것이다.

빅 마이크를 승용차에 태운 리 앤은 지낼 곳이 없다는 것을 알고 잠자리를 만들어주고 가족들과 추수감사절을 함께 보낸다. 이 거구의 흑인 소년을 가족으로 받아들인 가족, 이들의 모습은 천사들의 모습이다. 만약 가족 중 한 사람이라도 싫어하는 눈치를 하는 사람이 있다면 집에서 생활할 수 없을 것이다. 그런데 이 집 가족들은 인종이 다른 거구 흑인 소년 빅 마이크에게 거리를 두지 않는다. 그래서 당시 15세 소년 빅 마이크는 중산층 리 앤 가족의 도움으로 가치가 높은 소년으로 다시 태어나게 되는 과정이 시작된다.

빅 마이크에게 손길을 내민 리 앤, 혹시라도 마음이 상할까 조심스럽게 다가선다. 그런 리 앤의 행동을 보며 사랑과 자비는 실천하지 않으면 아무 소용없다는 것을 느낀다. 어둠 속에서도 진리가 있다는 것을 발견하려는 리 앤의 세상을 바라보는 시선은 거구 흑인 소년의 재능을 점차 밖으로 이끌어내는 것이다. 흑인 빈민가에서 자라난 아이들이 모두 갱단이 되고 마약중독자가 되려고 태어나지는 않았을 것이다. 누군가 아이가 갖고 있는 재능을 알아보고 내면에 잠자는 거인을 끌어내도록 조금만 도와주는 사람이 있다면 훌륭히 자랄 수 있다.

리 앤의 사랑에 빅 마이크는 마음의 문을 열고 빅 마이크라 부르지 말고 마이클이라 불러달라며 웃는다. 거대한 몸집의 흑인 소년은 풋볼의 기본도 몰랐다. 큰 몸의 재능을 살려낸 리 앤의 사랑으로 조금씩 풋볼 선수로서 빛을 낸다. 그러나 세상의 시선이 이들을 아프게 한다. 마이클 오어가 풋볼 선수로서 놀라운 기량을 보여 대학에서 서로 스카웃하려는 상황에서, 세상의 눈들이 리 앤의 가정을 오해하게 되고, 마이클 오어 또한 자신이 이용당한 것 아닌지 잠시 방황한다. 불쌍한 흑인 소년을 입양하여 이용하려는 인종 차별 문제에 부딪히는 것이다. 그러나 어린 시절부터 혼자 자라온 마이클은 그 무엇보다 보호 본능이 뛰어난 소년이었다.

리 앤이 마이클의 장점을 알아본 것이 보호 본능이 월등히 강하다는 점이었다. 그래서 어려운 상황에서 좌절하지 않고 다시 긍정적으로 되돌아온다.

"당신은 그 애의 삶을 바꿨어요."

"아니, 그 애가 내 삶을 바꿨어요."

이러한 대사처럼 선행은 결국 자신의 삶을 바꾸는 일인지 모른다. 마이클은 학업이 되지 않아 풋볼 선수를 할 수 없었다. 미국에서 스포츠인은 단지 운동만 잘해서는 되지 못한다. 학업이 어느 정도 수준이 되어야 대학 선수로 받아주는 것이다. 리앤은 마이클의 학업을 위해 훌륭한 가정교사를 붙여줘 성적을 올려 드디어 대학 풋볼팀에서 맹활약한다. 그래서 훌륭한 풋볼 선수 명예를 얻게 된다. 만약 당신이 뭔가 중요한 것을 얻으려고 하다가 죽는다면, 당신의 명예는 용기까지 둘 다 가진 것이고 그것은 꽤 좋은 것이다. 명예를 얻으려면 용기를 내야 하는 것이다.

양들의 침묵

미국 소설가: 토마스 해리스
1991년 영화/감독: 조나단 드미
주연: 안소니 홉킨스, 조디 포스터

"양들이 울음을 멈추었나?"

양들의 침묵은 토머스 해리가 1988년 낸 소설이다. 한니발이란 캐릭터를 통해 인간의 가장 어두운 내면을 날카롭게 통찰해 내며 20세기 최고의 스릴러로 평가된다. 문학이 이렇게 큰 공포를 줄 수도 있다는 것을 느낌과 동시 빠르게 읽혀지는 문장을 따라 어느새 마지막 페이지에 와 있다. 숨 막히는 추리와 폭발적인 반전, 소름 끼치는 차가운 문장들에 공포가 음습한다. 그래서 출간된 지 30년 이상이 지난 오늘날에도 여전히 범죄 스릴러의 교과서로 뜨겁게 회자되는 작품으로 평가되고 있다.

영화는 1991년 안소니 홉킨스와 조디 포스터가 주연을 맡아 큰 성공을 거두었다. 1992년 미국 아카데미 시상식에서 작품상과 남녀 주연상 그리고 다섯 개 부문의 오스카상을 휩쓸었다. 호러 영화 중에서 유일하게 최우수 작품상을 받았던 영화이기도 하다. 식인종 살인마 한니발 렉터 역할의 안소니 홉킨스의 무서운 분장과 악역 모습이 잊혀지지 않는 영화, 영화의 내용은 잊혀져도 소름 끼치는 살인마 렉터의 모습은 영원히 각인되어 버린다. 그만큼 안소니 홉킨스의 연기가 뛰어난 것이고, 마치 하이에나 같은 인간을 보는 듯하다. 어찌하여 지적인 정신과 의사가 무서운 식인 살인마가 되었을까. 영화의 전개가 순간을 놓치면 자칫 이해하기 힘들어진다. 식인 살인마 전 정신과 의사를 통해 현재의 연쇄 살인마를 찾아내는 과정이 심리전으로 이끌어지기에 이해가 어렵다.

한니발 렉터는 정신질환 범죄자 수감소에 갇힌 식인 살인마이자 지적이고 예의 바른 전직 정신과 의사다. 그에 다가서는 연약해 보이는 FBI 수습요원인 클라리스 스탈링이 있다. 스탈링은 어느 날 상관 크로포드로 부터 살인사건을 추적토록 명령을 받는다. 그 살인사건은 피해자가 모두 몸집이 비대한 여인들인데 사체의 피부가 도려내어져 있다는 엽기적인 사건이다. 이 엽기적인 사건은 버팔로 빌이라고 별명이 붙여진 살인범을 알지만 아무런 단서를 찾지 모해 전전긍긍해 있다. 사건을 담당하고 있는 크로포드는 사건 해결에 결정적인 도움이 될 한 사람을 알고 있었다.

그가 수감소에 있는 한니발 렉터 박사였다. 상관 크로포드는 한니발 렉터를 찾아가는 스탈링에게 렉터는 남의 마음을 읽는 독심술의 대가이니 그의 수법에 휘말려들지 말라고 경고한다. 한니발 렉터는 카니발 (식인종) 한니발이라고 알려진 흉악범으로 죽인 사람의 살을 뜯어 먹는 흉측한 수법으로 자기 환자 9명을 살해했었다. 눈빛만으로도 잡아먹힐 것 같은 맹수의 모습을 한 렉터, 그의 말씨는 두뇌를 빠르게 회전하며 지적이고 냉철하게 대화한다. 창살을 뚫고 덤벼들 것 같은 무서운 광기가 서린 사람, 팽팽한 신경전 속에 첫 만남을 한 렉터와 스탈링의 첫 대면은 창살이 있는데도 자꾸만 손이 쑥 들어올 듯 소름 끼친다.

렉터는 스탈링의 체취와 옷차림과 가방, 몇 마디 대화만으로도 그녀의 출신과 배경을 간파해 낸다. 자신을 캐치하는데 놀란 스탈링은 내색하지 않으려 애쓰면서 정중하게 대화에 임하지만 공포에 흔들린다. 보안관이었던 아버지가 어린 시절 총에 맞아 돌아가시고, 어머니도 빨리 잃은 스탈링은 친척 집에서 자란 그야말로 연약한 한 마리의 양이었다. 그녀는 자신의 트라우마를 극복하기 위해 FBI를 택했는지 모른다. 자신의 이야기를 렉터에게 말하는 스탈링, 어쩌면 그가 정신과 의사였기 때문에 치유를 받고 싶은 심리인지도 모른다. 렉터가 자신의 어두웠던 과거를 들춰낼 때 스탈링은 렉터에게 이야기한다. 과거 목장에서 달아나며 어린 양들의 비명소리를 듣고 문을 열어 주었지만 양들은 도망가려 하지 않았다. 양 한 마리라도 구하기 위해 양을 들고 뛰지만 곧 보안관에 붙들리고 만다. 렉터가 묻는다.

"아직 꿈속에서 양의 울부짖음이 들리니?"

트라우마를 안고 살아온 연약한 여자에게 자신을 보호하기 위한 몸부림으로 살아온 그녀를 말하는 것일까. 사회로부터 소외당한 사람들이 결국 더 자신보다 더 약자를 괴롭히는 악순환이 반복되고 사회 속에 방치된 많은 양들은 침묵하고 있다는 것인가. 이해하기 어려운 부분이었다.

덩치 큰 남자들 속에서 무서운 살인마를 만나가며 사건을 파헤쳐 가는 가녀린 수습요원 스탈링, 사건은 살가죽이 벗겨진 채 유기된 젊은 여성의 시신 여섯 구에서 검은 마녀나방이 발견되면서 풀려간다. 스탈링은 렉터를 면회하며 고도의 심리전으로 연쇄살인 사건의 진실에 서서히 다가선다. 그리고 결국 혼자의 힘으로 살인마 버팔로 빌을 찾아내고 납치된 상원의원 딸을 구해낸다. 여성이 되고 싶어서 뚱뚱한 여성을 납치한 살인범이다. 여성의 살가죽을 벗겨내 옷을 만들어 변신을 시도한 버팔로 빌, 그는 원래 성전환증은 아니었으나 불우한 어린 시절로 인해 범죄자가 되었다. 자신의 정체성을 거부하고 성전환을 꿈꾸는 사회로부터 차별받고 천대받으며 괴물이 되었다. 그리하여 약자인 여자만 괴롭히게 된 사회가 만든 괴물인 것이다. 그러나 괴물을 잡았는데 진짜 괴물을 놓치는 사건이 발생한다.

한니발 렉터가 수감소에서 교도관들을 살해하며 탈출한 것이다. 스탈링은 렉터의 도움으로 사건을 해결하고 정식 FBI요원이 되지만 감옥을 빠져나와 사회 속에 스며든 또 한 명의 살인마가 계속해서 양들에게 비명소리를 내게 할 것이다.

"클라리스, 양들의 울음은 그쳤나? 그 울음은 아마 영원히 멈추지 않을 거야."

온순한 양들은 메에 메에 하고 소리를 지르지만 극한의 공포가 오면 오히려 소리도 내지 못한다. 넘어지면 혼자 일어서지도 못하는 양, 맹수에게 금방 잡아먹히는 양, 위기가 닥쳤을 때 우왕좌왕하는 양들, 양들은 죽을 때가 되면 온순해진다고 한다. 모든 것을 체념하는 것이다.

경마장 가는 길

한국 소설가: 하일지
1991년 영화/감독: 장선우
주연: 강수연, 문성근, 김보연

"헛된 욕망 앞에서 지식은 거친 입과 위선만 남는다."

네 젖가슴, 네 젖꼭지, 사타구니, 이런 단어를 서슴없이 여자에게 던지는 남자가 있다. 소설, 경마장 가는 길에 등장하는 남자 주인공 R이 그렇다. 앞에 앉아 있는 여자에게 입에 담기도 부끄러운 외설스런 단어들을 꾸밈없이 뱉어내는 남자, 그래서 그는 이름이 없는 R이 되었는지 모르겠다. 그런데 그가 프랑스 유학으로 박사학위까지 받은 지식인이라는 것, 헛된 욕망 앞에서 지식은 거친 입과 위선만 남아 있다. 경마장 가는 길을 영화로만 본다면, 구질구질하게 이어지는 남녀의 비정상적인 대화가 지루할 수도 있다. 하지만 나는 영화가 나오기 전 20대에 책을 읽고 큰 감동을 받았었다. 이야기는 남자 R이 서울과 대구를 오가며 J를 만나는 이야기로 전개된다. R의 J에 대한 섹스 집착은 점점 정신적, 육체적 피폐한 인간이 되어가는 과정이고, 오갈 곳 없는 지식인의 자화상을 보여주고 있다. 경마장 가는 길은 포스트모더니즘 소설에 속한다.

영화에서도 계속적으로 남녀가 다방에서 주고받는 대화가 등장하는데, 마치 소설을 다큐멘터리로 엮은 것처럼 배우들의 연기가 배우 같지 않고 실제 같았다. 특히, 여주인공 강수연이 나와 같은 1966년생에다 생일이 나보다 겨우 2일 빠른 것에 더 마음이 가는 배우였다. 하지만 배우 강수연은 올해 2022년 5월 7일에 갑작스런 뇌출혈로 세상을 떠났다. 영화 씨받이로 베니스 국제영화제 여우주연상을 수상하면서 월드스타 칭호가 붙었다. 경마장 가는 길에서는 강수연의 스물다섯 살 예쁜 모습이 그대로 남아 있다.

R은 프랑스에서 귀국하자마자 3년 반 동안 프랑스에서 동거했던 J라는 여자를 만난다. 하지만 R은 J가 자신을 그다지 반기지 않는 모습을 보게 되는데, J가 섹스를 거부하기 때문이다. 그는 불쾌한 감정을 가진 채 가족이 있는 고향 대구로 내려간다. 고향에는 노부모와 가족들이 박사가 된 아들을 반겨주지만 마주한 현실 앞에서 그는 막막하기만 하다. 더군다나 이혼하고 싶은 아내와 어린 남매까지 R에게는 모두가 커다란 짐일 뿐인 것이다.

5년 만에 보는 아내를 보자마자 이혼이라는 단어부터 꺼내는 남자와 비참한 아내의 모습이 있고, 그런 부모의 이야기를 들어야 하는 아이들이 있다. R은 시간강사를 하며 서울과 대구를 오가는데, 서울에 오면 J라는 여자를 불러내지만, 그녀의 마음은 이미 떠나 있다는 것을 늘 발견한다. 그런데도 R은 끊임없이 J에게 집착을 보이는데, 그녀가 자신을 받아주지 않자, 점점 비열한 인간상을 드러내기 시작한다. R은 자신을 선생님이라 부르는 J에게 프랑스에서 도움을 준 관계에 있었다. 그가 J의 논문을 대신 써주었기에 그녀는 한국에 먼저 돌아와 문학평론가로서 활동하고 있었다. J는 R이 부르면 나와야 하는 관계 속에서 둘의 만남은 다방과 여관을 오가며 섹스로 한바탕 실랑이를 벌이곤 한다. R은 거부하는 J의 행동에 참지 못하고 거칠게 몰아붙이면서 그녀를 폭력적으로 대한다. 그녀가 계속적으로 섹스를 거부하는 과정에서 남자가 생겼다고 하자, 남자에게 자신의 존재를 알리라고 협박까지도 하게 된다. 결국 그녀는 R의 존재를 만나는 남자에게 말하고 헤어졌다고 말하는데, 그들에게 도덕이나 인간의 도리 같은 것은 필요하지 않은 냉소적인 인간상만 엿보인다.

R은 프랑스에서 그녀에게 도움 준 논문을 미끼로 J를 마치 하녀 대하듯 하고, 그녀는 그런 남자를 선생님으로 대우해주지만 결코 사랑 없이 요란할 뿐이다. 둘의 대화는 이상할 정도로 평온하지만 배배 꼬이는 말로서 지겨운 관계를 이끌어 간다. 그런데도 R의 집착은 더욱 비정상적으로 변해 가는데, 자신은 똑똑하니까 너 같은 것은 어떻게 해도 된다는 식으로 당당하다. 그런 태도는 도스토예프스키의 소설 '죄와 벌' 주인공 라스콜니코프가 지식이 있는 사람은 나쁜 일을 해도 용서되어야 한다고 착각하는 것과 비슷한 심리일지도 모르겠다.

R의 J에 대한 지독한 집착은 자신의 놓인 처지에 대한 탈출구를 찾기 위한 비상구 같은 것일까. 박사학위까지 받고 돌아왔지만 초라한 가족에게서 자신의 무능함을 발견한 R은 J에게 써준 논문에 대한 대가를 바라는 속물로 변해가고 비겁한 사람이 되어간다. 자유분방한 사회에 물

252

든 지식인이 우리사회에 돌아와 적응하지 못하면서, 자신의 풀리지 않는 욕망을 섹스에 광적으로 집착하는 모습이다.

J가 프랑스에서 5년간은 자신에게 상처였다고 말하자, R은 사랑은 그 많은 섹스를 나눈 것으로 표현하는 것이었다며, 그럼 그게 모두 상처였냐고 되묻기도 한다. R은 J와 좀처럼 원활한 섹스를 나누지 못하게 되면서. 그녀에게 결별을 선언했다가 돌연 3천만 원을 요구하기도 하는데, 그녀가 돈이 없다고 하자 3천만 원어치 섹스를 해주라고 말한다. J는 점점 R에게서 창녀가 된 기분에 처참해지지만, R은 아랑곳하지 않고 도무지 문화 차이가 적응되지 않는 한국을 함께 떠나자고 제안한다. 그러던 중 J는 R을 받아들이는 관계 속에서 어느 정도 프랑스에서처럼 진한 애정을 나누는 관계가 되는데, 함께 한국을 떠나기로 했던 J는 R을 다시 배신하고 완고하게 돌아선다. 배신감과 추해진 자신의 모습을 발견하는 것은 영화의 마지막에 담겨 있다. R은 버스에서 창밖을 바라보다 광주리를 이고 가는 아주머니들을 보고 오열한다. 그리고 그는 경마장 가는 길을 써내려간다.

창문 넘어 도망친 100세 노인

스웨덴 소설가: 요나스 요나손
2014년 영화 / 감독: 플렉스 할그렌
주연: 로버트 구스타프슨

"세상만사는 그 자체일 뿐이고,
앞으로도 무슨 일이 일어나든 그 자체일 뿐이란다."

　2000년대 베스트셀러에 등극한 소설에 속한다. 영화로도 제작되어 큰 성공을 거둔 작품이다. 인생의 의미를 되짚어 볼 수 있는 사고를 하게 하는 반면, 삶이란 흥미로운 여정이라고 풀어내고 있다. 작가의 상상력 속으로 빨려들듯 읽게 되는 소설, 500p에 가까운 두꺼운 소설책을 어떻게 읽어갈까 싶었지만, 쉬지 않고 읽게 하는 마력이 이 책에 있었다. 역시 소설은 재미있으면서도 깊이 있는 이야기가 담겨야 한다. 책 두께에서 주는 무거움을 빠르게 가벼움으로 바꿔버렸다. 두께의 무거움보다 책 내용에 담겨 있는 세계사의 굵직한 사건과 얽힌 100세 노인 알란의 여정에서 놀라게 된다. 현대 세계사의 중요한 사건들이 알란의 삶과 밀접한 관계에 흐르는데, 알란의 과거 회상에서 나오는 인물들이 그렇다. 스페인 독재자 프란시스코 프랑코, 과학자 로버트 오펜하이머, 해리 트루먼 대통령, 물리학자 유리 포포프, 소련 독재자 스탈린, 중국의 마오쩌둥 거기에 북한의 김일성, 김정일까지 나오다니 놀라지 않을 수 없다. 세계의 중심인물 이름들로 인해 딱딱할 것 같은가. 절대 아니다. 웃다가 어느새 끝나지만 인생의 진리가 책에 있는 것이다.

폭넓은 인맥을 형성하며 살아온 알란의 삶에는 새옹지마, 전화위복이라는 고사성어가 함축되어 있다. 삶이란 어쩌면 한바탕 코미디라고 말해주는 것처럼 100세 노인 알란의 창문 도망에서 위안받을지도 모른다.

〈세상만사는 그 자체일 뿐이고, 앞으로도 무슨 일이 일어나든 그 자체일 뿐이란다.〉

남편의 사망 소식을 접한 알란의 어머니가 한 말이었다. 삶에서 절대 불행도 절대행복도 없다는 것을 내포한 엄마의 말이 알란의 인생철학이 된 것이다. 태어나서 죽기까지의 여정은 나이를 먹어가는 단계와 같은 것일까. 100세가 된 알란의 태생은 미약했다. 아버지가 황망히 떠난 후 홀어머니 아래서 일찍 고아가 되어 많이 배우지도 못했다. 그런 그에게도 한 가지 재능이 있었는데 바로 폭탄 제조 기능이다. 폭탄을 누구보다 잘 알다 보니 그의 여정에는 뜻하지 않은 사람들을 만나게 되는데, 세계사에서 핵무기 개발까지도 영향을 미치는 황당하면서도 현실 같은 이야기가 흥미진진하다. 알란은 세계사의 중대한 역할을 한 인물이었던 것이다. 100세까지 사는 사람이 통계적으로 몇이나 되는지는 정확히 모르지만, 문명의 발달은 인간의 수명을 계속 연장시키고 있고,

100세에도 건강한 노인들이 나오고 있다. 이 소설의 주인공 100세 노인 1905년생 알란이 그렇다. 100세 생일날 양로원을 탈출한 알란에게 돈이 든 가방이 주어지면서 사건이 발생한다. 이어지는 사건 속에서 엮이는 사람들과 그들을 통해 과거와 현재를 오가는 알란 노인의 100세 일기라고나 할까. 100세까지 산 알란의 삶에도 엄마에게서 들었던 말들은 깊이 새겨있었다. 엄마의 말이 생활의 모든 부분에 영향을 미치는 것이다. 100세 알란의 생일날부터 벌어진 사건들처럼 엄마가 자신을 낳으며 질렀던 소리와 자신이 태어나면서 질렀던 소리가 비슷하면서도 다른 것처럼 이 세상의 모든 소리를 대변한다고나 할까.

"처음으로 소리를 지른 건 우리 엄마야. 소리를 지른 건지 운 건지를 모르고 나도 비명을 지르긴 했지. 얼마나 놀랐겠냐고, 세상 빛을 봤으니, 얼마나 놀랐겠냐고."

영화의 시작은 100세 알란이 키우는 고양이가 밖에 나가 죽자, 고양이를 죽인 여우를 잡기 위해 설치한 폭탄이 터져, 양로원에 갇히게 된다. 100세 생일날 생일파티를 뒤로하고 창문으로 빠져나온 알란은 어느 역에 갔지만, 역은 기차가 다니지 않는다. 그곳에 있던 역장과 대화하던 중 한 남자가 가방을 들고 들어오더니 급히 알란에게 가방을 내밀며 갖고 있으라 한다. 알란은 가방을 들고 밖으로 나왔는데, 그 가방이 사건의 발단이 된다.

영화는 알란의 100세 현재와 과거 어린 시절부터의 회상이 반복되며 이어진다. 폭탄 제조 기능이 있었던 알란은 20대에 폭탄 실험을 하다가 실수로 이웃 식료품 가게 주인을 사망하게 한다. 그로 인해 위험

인물로 간주되어 정신병원에 수용되는데, 하필 인종주의 생물학자를 만나 남성적 기능을 제거당한다. 어쩌면 남자의 삶에서 커다란 불행이고 생을 비관할 수도 있는데, 알란은 자신에게 주어진 현실을 담담하게 받아들이는 낙천적인 성격의 소유자였다. 이후 30대에는 스페인 내전에 참전하는데 폭탄 실험 중에 우연히 지나가던 파시스트 프랑코의 목숨을 구하게 되면서 그의 최측근 인사로 영웅 대접을 받는다. 그는 스탈린을 만나 함께 춤을 추는 우스꽝스러운 일 뒤에 시베리아 수용소 생활도 하게 된다. 40대의 알란은 미국으로 건너가 원자폭탄 프로젝트인 맨해튼 프로젝트의 치명적 결함을 해결하면서 제2차 대전을 종결시키는 역할을 하게 되는데, 해리 트루먼 대통령의 수석 과학, 정치 멘토로도 활동한다. 결코 그는 평범한 삶을 살지 않았다. 50대 알란은 미국 CIA 요원으로 발탁되어 미국과 러시아의 이중 스파이로 활약한다. 이중스파이 역할은 우연히 베를린 장벽 붕괴에 역할을 하다니, 영화를 보는 내내 알란의 삶은 웃음을 안겨준다. 100세 노인 알란이 들고나온 돈 가방으로 인해 갱단의 추격전이 뒤따르고 노인 실종사건으로 형사의 추적도 있지만, 세상 풍파 다 겪은 노인에게 그 무엇이 무서울 것인가. 100세가 된 알란의 인생 여정과도 같은 돈 가방 사건은 알란을 따라나선 사람들에게 행복을 안겨 준다. 알란의 삶에는 늘 어머니의 말들이 늘 따라다녔다는 것, "너무 생각하지 말고 저질러야 한다." 그리고 "소중한 순간이 오면 따지지 말고 누려라. 우리에게 내일이 있으리란 보장은 없다."

노인을 위한 나라는 없다

미국 소설가: 코맥 매카시
2007년 영화 / 감독: 조엘 코언, 에단 코언
주연: 토미 리 존스, 하비에르 바르뎀

"삶은 어쩔 수 없이 골라야 하는 동전의 앞면과 뒷면."

    영화 '노인을 위한 나라는 없다'는 19세 이상 관람 영화다. 무지막지한 살인자가 등장하기 때문이다. 영화 1984를 제작한 코언 형제가 감독한 이 영화는 원작을 각색한 작품이지만, 대사 하나까지 원작에 충실했다고 말하고 있다. 무시무시한 한 남자의 거침없는 말과 살인을 봐야 한다. 1980년 거칠고 황량한 미국과 멕시코 국경 지역의 텍사스주 일대 모래사막은 끝이 보이지 않는다. 그 길에서 200만 달러가 든 돈 가방을 든 남자를 쫓는 무법자 킬러와 그 뒤를 쫓는 보안관이 있다.

    영화의 시작은 "내 나이 스물다섯에 보안관이 되었다."라는 보안관 벨의 독백으로 시작한다. 범죄 동기도 없이 살인하는 사람들을 제어하기 힘든 세상이 왔다. 이유 없이 동전 앞뒤를 고르라 하며 생명을 위협하는 무서운 살인자가 있는 것이다. 총이 없어도 질서가 유지되던 시절은 지나갔다. "세상의 변화를 막을 수 있나"라고 말하는 노 보안관의 말은 빠르게 변해가는 세상에 적응하기 힘든 노인들의 현실을 대변한다. 고령화된 사회의 주변인들은 모두 노인들이다. 그러나 단지 노인에 비유한 것만이 아니라는 평들도 있다. 당시 베트남 전쟁 이후의 상황에서 미국의 영광이 저물어 가고 있음을 표현하였다는 것이다. 신체가 늙어서가 아닌 과거 집착에 안주하여 살아가는 사람들을 말한다.

미국의 텍사스 사막에서 사냥을 하던 르웰린 모스가 총격전이 벌어진 뒤 시체들이 널브러진 현장을 우연히 발견하게 된다. 총을 수거하던 르웰린은 차 운전석에 아직 살아 있는 남자를 발견한다. 죽어가는 남자는 물을 달라고 부탁하지만 르웰린은 물은 없다며 매몰차게 돌아선다. 그리고 현장을 수색하다 트럭에 가득 실린 마약과 돈 가방을 발견한다. 돈 가방에서 알 수 없는 두려움이 느껴진 르웰린은 돈의 유혹을 뿌리치지 못했는지 돈 가방을 들고 집에 돌아왔다. 그러나 운전석의 죽어가는 남자에게 죄책감이 든 르웰린은 어리석은 짓인 줄 알면서도 물을 들고 다시 사막으로 갔는데, 운전석 남자는 죽어 있었으며, 마약은 이미 사라지고 없다. 그러다가 갑자기 멀리서 괴한이 나타나 총격을 가하는데, 르웰린은 간신히 강물로 뛰어들어 도망친다. 이때 갱단에서 풀어 놓은 무서운 개 한 마리가 강물로 뛰어들어 수영하는 르웰린을 뒤따르는 데는 아찔하다. 살아서 집에 돌아온 르웰린은 두려움에 더욱 휩싸이게 되고, 부인에게 오데사의 친정에 가 있으라 한 뒤 가방을 들고 도망친다. 만약, 르웰린이 죽어가는 남자를 다시 찾아가지 않고 돈 가방만 챙겼더라면 삶이 달라졌을까. 그래서 돈, 행운은 그냥 주어지지 않고 그만한 대가를 꼭 치르게 된다는 것일까. 하여간 돈 가방을 보게 된 순간이 행운은 아니었다. 버려진 돈이란 있을 수 없다는 것을 새삼 느끼게 하는 장면일 수 있다. 어떤 돈이건 누군가 주인이 있기 마련이어서 반드시 찾는 자가 나선다는 점을 암시한다. 하지만 르웰린은 과거 베트남 전쟁에서 살아난 것처럼 행운에 대한 믿음이 더 강한 사람이었다는 것이 실수였다.

르웰린을 추격하는 남자 안톤 시거는 그야말로 무법자다. 평온한 표정이지만 살기가 몸에 밴 섬뜩한 악마의 상, 지옥도 두려워하지 않는 독특한 통제 불가능한 인간상이다. 그는 상대방의 사정에는 무관심인데, 유일하게 타협하는 방법이 동전 앞뒤 면을 고르라는 말이다. 자기만의 원칙으로 사람을 죽이는 그야말로 사이코패스다. 앞에 있는 사람이 "왜 죽일 필요 있나요?"라고 두려움에 물으면 "하나같이 같은 소리"라고 무표정으로 내뱉는데 배우의 연기가 매우 뛰어나다.

살인마 안톤 시거는 경찰을 수갑 찬 채로 목 잘라 죽이고 경찰서를 유유히 빠져나갔다. 그는 총 대신 산소통을 들고 다니며 그것으로 살인을 하고 자물쇠도 날려버린다. 르웰린은 모텔에 숙박할 때마다 치밀하게 돈 가방을 숨기지만 안톤 시거는 돈 가방에 든 추적 장치를 통해 르웰린의 뒤를 쫓아간다. 추격당하는 자와 추격자 간의 무서운 긴장감 속에서 총격전이 벌어지고 서로 약간의 총상을 입게 되지만, 르웰린은 돈 가방을 국경 풀숲에 던진 뒤 멕시코 국경을 넘는다. 안톤 시거에게 사주를 한 갱단은 안톤 시거를 제거하기로 하지만 결국 안톤 시거에게 갱단도 르웰린도 모두 죽임을 당한다. 하지만 신은 악마를 그냥 놔두지는 않는다. 차를 타고 이동하던 안톤 시거는 자전거를 타고 가는 두 소년을 힐끗 보다가 교통사고를 당하고 어디론가 사라지고 만다. 그는 어디선가 계속 살인을 저지르고 있을지 모르는 보이지 않는 사이코패스다. 은퇴를 앞둔 늙은 보안관 에드 톰 벨이 사건을 맡아 조사해 나가지만 살인은 계속 일어난다. 안톤 시거의 무자비한 살인을 막지 못하고 모두 미해결로 쌓여만 가는 것이다. 결국 벨은 무참하게 벌어지는 살인사건 속에서 책임감을 느끼고 퇴직하기로 한다. 노 보안관은 무법자, 무질서의 시대 앞에서 노인이 된 자신의 한계를 느낀 것이다. 신문을 보던 벨이 동료에게 하는 말은 노인이 된 자신이 아무것도 할 수 없음을 비관하는 듯하다.

"노인들한테 월세로 방을 내준 다음 죽여서 사회보장 연금을 타 먹었대. 지난주 캘리포니아 에서 부부를 체포했다는데 노부부를 고문부터 했대, 이유를 몰라. TV가 고장 나 심심했나." 벨은 계속 동료에게 신문의 사건을 읽어 준다. "개목걸이를 두른 채 도망친 노인 보고 이웃이 경악을 했대. 그게 상상이나 할 수 있는 상황이야. 하지만 그쯤 돼야 쳐다보거든. 뒷마당에 무덤 파도 눈 하나 꿈쩍 안 하니."

오징어 게임

2021년 넷플릭스 영화/감독: 황동혁
주연: 이정재, 박해수, 오영수, 위하준
정호연, 허성태, 김주령

"세계인은 왜 오징어 게임에 열광할까?"

넷플릭스에서 제작한 오징어 게임이 2021년 9월 17일 오픈 되자마자 선풍적인 인기를 얻었다. 황동혁 감독과 우리나라 배우들이 출연하여 만들어져서 놀랍다. 또 우리나라 전통놀이를 게임화하여 우리의 옛 전통놀이의 향수를 느끼게 한다는 점에서 우리 것에 대한 자부심을 고취했다. 하지만 영화 자체는 굉장히 잔인하고 냉정하며 참혹하다. 그런데 이 오징어 게임에 세계인들이 열광하고 있었다. 세계인들이 우리나라의 전통놀이를 모르는데도 빠져드는 이유가 있을 것이다. 그게 놀이에 돈을 걸었기 때문인가 싶었다. 오징어 게임은 돈이라는 주제를 다루었으니 누구든 관심을 갖게 만든다. 돈이란 우리의 현실이고 자본주의 상징이다. 그런데 영화가 촌스러운 면이 흐르는데도 세련미가 있다는 것, 그것이 전 세계인이 공감하는 부분도 된다.

456명이 모두 초록색 츄리닝을 입고 있는 모습 자체가 무슨 수용소 같다. 돈을 벌기 위해 지옥으로 뛰어든 사람들의 색깔이 초록이다. 초록색은 조화롭고 안정적인 삶을 선호하는 자연의 색이다. 세상과 동떨어져서 어떤 안정을 찾고자 숲으로 숨어버린 인간 본성을 의미하는 것일까. 루소의 철학을 한마디로 정의한 '자연으로 돌아가라.'라는 명언이 생각났다. 현대사회는 인간성이 점점 무디어지고 물질만능주의 시대가 되어있다. 세계인들은 강대국 미국의 자본주의를 동경하게 되었다. 자본주의는 사람이 돈에 지배받는 구조로 만들어졌다.

인간의 삶이 어느 나라라고 해서 다르지는 않다. 자연 속에서 혼자 모든 것을 해결하던 인간이 사회 집단을 이루면서 소유욕이 생기다. 더 가진 자들이 보이는 것이다. 무엇이든 나보다 뭔가 월등하고 태어날 때부터 다르게 태어난다는 것을 깨닫는다. 인간이 문명의 발달 속에 화폐가 만들어졌고, 화폐가 자본주의 상징이다. 자본주의 사회에선 돈이 곧 행복이 된 것은 바로 평등하지 못한 사회구조에서 시작되지 않았을까 싶다. 어떻게 하면 부자가 될 수 있는지, 나에게 혹시 보이지 않는 어떤 운이 있는지, 텔레비전 프로에서도 사주도사들이 속속 등장했다. 그 이유는 살기 힘든 사회에서 어떤 일확천금을 바라는 사람들이 많아진 것이다.

희망이 없는 이번 생이 많아졌다. 이번 생은 이미 망쳤다며 새로운 돌파구도 찾지 못하고 다음 생이 희망이 되어 버린 사람들이다. 가난한 나라 사람들은 내가 가진 것이 없는데도 옆 사람도 별 가진 것이 없어 보이니 불행을 못 느낀다. 반대로 부자나라에서는 내가 많이 가졌는데도 옆 사람은 더 가진 것 같은 허황된 사회구조 속에서 행복하지 못하다.

놀이는 혼자 하면 재미가 없다. 전통놀이 또한 혼자 하지는 않는다. 놀이는 재미이고 함께 놀기 위해서 하는 것이다. 그리고 거기에 내기가 들어가야 흥미가 있어진다. 둘 이상, 셋이나 넷이서 누구 편이 이기나, 누가 먼저 도착하나, 이런 과정에는 규칙들이 있고 그 규칙은 누구에게나 똑같이 적용된다. 행여 규칙을 어기는 사람은 승자가 된다고 해도 인정하지 않는다. 그는 비웃음 대상이 된다. 오히려 손가락질받으며 다음부터는 게임에 끼어주지 않는다. 이런 말이 있다. '나는 놈 위에 노는 놈 있다.' 그만큼 잘 노는 사람이 결국 잘 사는 사람이란 말이다. 오징어 게임에서는 아무 생각 없이 그저 잘 놀아야 거액의 돈을 벌게 된다.

한때 나훈아 가수의 노래 '테스형'이 나오면서 큰 인기를 얻었다. '세상이 왜 이래'라는 가사가 우리 모두의 입 속에 담긴 달콤한 사탕처럼 말이다. 그런 것처럼 영화 오징어 게임 속사람 들을 보면, 미치지 않고서는 도저히 못 할 일에 열중하고 있다. 문화는 사람들의 삶과 함께 어우러진다. 대중문화로 풍자되는 사회 현상의 문화콘텐츠가 어색하지 않으면서도 굉장히 불편한 진실로 다가온다. 뭔가 불편한 세상에서 약간은 미쳐서 사는 게 정답인지 모르겠다. 하여간 우리나라의 문화콘텐츠가 세계적으로 대단한 위상을 떨치고 있음은 분명하다. 세계인을 집중시키는 문화를 이끌고 있으니 말이다.

보통 직장인들이 1년 동안 모을 수 있는 돈은 얼마 정도인가. 생각해보면 일반 직장인이 1년에 천만 원을 모으기도 사실 빠듯하다. 누군가에게 당장 100만 원을 빌릴 수 있는가. 가족들에게 물어봤다. 당장

100만 원을 빌려올 수 있는 사람 손들어 보라고 했더니 다들 자신 없다고 했다. 나 또한 선뜻 100만 원을 빌려줄 사람이 생각나지 않는다. 삶에서 때론 실패할 수도 있다. 실패를 해봐야 성공도 더 쉽다는 말도 있다. 그러나 실패하여 빚더미에 앉아보지 않은 사람은 실패가 얼마나 삶을 비참하게 만드는지 모를 수 있다.

어찌됐든 오징어 게임에 등장하는 인물들은 돈에 쪼들리는 사람들이다. 누가 신용불량자에게 돈을 빌려주는가. 그런 사람은 비싼 대가를 바라는 고리 대금업자밖에 없다. 벼랑으로 몰리듯 빚에 쫓기는 신세가 된 사람들에게 접근해오는 사람은 누구일까. 갑자기 천사가 나타나서 돈 가방을 주고 가는 일은 없는 일이다. 나쁜 운이 다가올 때는 이상하게도 어떤 사람의 말이 솔깃하게 들어온다고 한다. 그만큼 절박하기 때문이다.

오징어 게임에는 456억 원의 상금이 걸려 있고, 그 거액의 상금을 타기 위해서는 최후의 승자가 되어야 한다. 돈에 절박한 사람들이 456억이라는 거액에 홀리듯 들어왔다. 그들은 의문의 서바이벌에 참가하여 최후의 승자가 되기 위해 목숨을 걸고 극한의 게임에 도전한다. 모여든 456명은 빚에 쫓기며 마지막 희망을 잡으려 한다. 오로지 희망은 거액의 돈을 갖는 일이다. 거액의 상금을 타면 새로운 삶을 시작할 수 있다. 그러나 1등은 한 명이다. 455명이 데스될 때 거액의 상금이 모두 한 사람, 자기 것이 된다는 자체가 이미 모순된 욕망 놀이다. 그런데 모두 돈이라는 망각에 빠져 돈 외에는 보이지 않는다.

놀이에는 규칙이 있어 모두에겐 동등한 기회와 규칙이 주어지는데,

게임에서 탈락하는 사람 수대로 1억이 충전된다. 한 사람이 죽어가고 1억이 충전되니, 내가 가져갈 돈이 자꾸 늘어나는 묘한 희열을 맛본다. 자신이 언제 희생자가 될지도 모르는 상황에서도 말이다. 빚에 쪼들리던 사람들은 천장에 매달린 돼지 저금통을 보면서 계속 돈의 노예가 되어 간다. 잔혹한 게임 속에 던져진 이들은 점점 도덕성이 무디어져 가고 결국 네가 죽어야 내가 돈을 번다는 뇌 구조로 바뀐다.

오징어 게임은 총 9화로 제작되었다. 1화부터 9화까지 쉬지 않고 보게 되는 마력은 놀이라는 즐거움에 있었다. 배우는 이정재(기훈), 박해수, 위해준 등 출연자들의 연기가 한몫을 해내어 빛이 났다.

★제1화— 무궁화 꽃이 피던 날

어릴 적 동네에서 하던 오징어 게임이 있었다. 오징어처럼 그려놓은 그림 때문에 오징어 게임이란 이름이 붙여졌다. 아이들이 무리를 지어 공격과 수비로 나뉘어 움직인다. 게임이 시작되면 수비는 두 발로 공격자는 깽깽이 발로 움직여야 한다. 하지만 공격자가 기회를 노려 오징어 허리를 가로지르면 두 발로 자유롭게 다닐 수 있는 자격을 얻는다. 이유는 알 수 없지만 그걸 암행어사라고 불렀다. 최후의 전투를 할 준비가 되면 공격자들은 오징어 그림의 입구로 모인다. 승리하기 위해선 공격자는 오징어 머리 위에 작은 선 안을 발로 찍어야 한다. 이때 수비가 밀려 선을 밟거나 밖으로 나가면 죽는다.

주인공 기훈은 오징어 게임을 하고 놀았었다. 40대 중년이 된 기훈은 이혼남으로 홀어머니와 살고 있는데 어머니가 이만 원을 놓고 가자 미소를 짓는다. 재혼한 엄마와 살고 있는 딸 가영의 생일선물을 사려던 기훈은 어머니가 나가자마자 어머니의 카드를 꺼내 50만 원을 출금한다. 그리고는 경마장으로 가서 돈을 따게 되는데, 사채업자가 다가온다. 도망치다가 돈을 소매치기 당하고 사채업자에게 끌려가 얻어맞고 신체 포기각서를 쓴다. 한마디로 찌질한 40대 중년 남자의 모습이다.

결국 딸을 만나고 헤어지고 오던 길에 지하철을 놓치고 앉아 있는데 한 남자가 다가온다. 이 말끔하게 양복을 차려입은 남자가 배우 공유다. 남자가 가방을 열자 돈과 딱지가 들어 있는데 한판 게임을 하자고 한다. 둘이 딱지치기로 따귀 때리기를 하다가 결국 남자에게 딱지를 넘기고 큰돈을 받는다. 그때 공유가 하는 말 "이런 게임 몇 번이면 큰돈을 벌 수 있습니다." 남자는 기훈의 신상에 대해서 이미 다 알고 있다. 십년 전 구조조정 당시 희망퇴직과 치킨집 분식집을 열었지만 모두 실패하고 지금은 대리기사로 일하고 있다. 삼년 전 이혼한 부인은 재혼했고 열 살 딸을 양육하고 있다. 자신의 과거에 대해 줄줄이 알고 있는 양복의 남자가 명함을 주며 사라진다.

기훈은 어머니에게 돈을 벌어왔다며 내민다. 어머니는 손녀 가영이가 엄마와 함께 미국으로 떠난다는 사실을 알려주었고, 기훈은 늦은 밤까지 고민을 하다 받은 명함에 전화를 건다. 이후 밖으로 나온 기훈 앞에 승용차 한 대가 멈추고 차에 타자마자 가스가 나오더니 잠이 들어버린다. 정신을 차려보니 그곳에는 엄청난 사람들이 모여 있고, 기훈에게는 456번, 456명 중 마지막에 온 사람이 기훈이었다. 모두는 똑같이 초록색 체육복을 입고 있고 이때 숫자 1번을 단 노인 일남을 알게 된다. 여기에는 다양한 사람들이 모여 있다. 모두가 죽을 만치 삶의 벼랑에 몰린 사람들이다. 깡패 덕수, 기훈의 돈을 소매치기한 새벽, 서울대 수석입학생 동네 후배 상우도 있다.

이곳에 빨간색 옷으로 얼굴까지 무장한 진행요원들이 등장한다. "여러분들은 6일간 모두 6개의 게임을 하게 됩니다." 이들은 여기 모인 사람들이 자발적으로 왔음을 강조하면서 다시 선택의 기회를 주겠다고 한다. 천장에 대형 돼지 저금통이 있다. 결국 이들은 다시 게임을 하기 위해 넓은 운동장으로 집합하여 첫 번째 게임이 시작된다. 중앙에 있는 대형 여자 인형이 '무궁화 꽃이 피었습니다.'를 말한다. 말이 끝나자마자 움직이던 발길을 멈추는 게임이다. 그때, '무궁화 꽃이 피었습니다.'라는 인형의 말이 끝나고 움직이는 사람들에게 총알이 날아갔고 실제 사람들이 죽어서 실려 나간다. 생각지 않았던 공포의 현장이지만 이제 이러지도 저러지도 못한다. 정해진 시간 안에 들어와야 하는 현실 앞에, 살기 위해 필사적으로 달려 살아난 사람들, 그 속에서 다행히 기훈은 살아남았다. 생각보다 엄청난 공포 속에서 영화를 봤다.

이게 사실일 수 있을까. 정말 이런 일이 있을 수 있을까. '무궁화 꽃이 피었습니다.'라는 놀이를 친구들과 했던 기억이 떠올랐다. 술래가 말을 내뱉은 후 돌아볼 때 움직이고 있으면 지는 것이다. 우리는 놀이 게임을 하며 깔깔거리며 웃어대고 서로 돌아가며 술래를 한다. 재밌는 놀이를 이처럼 살벌하게 만들다니, 세계인들에게 한국의 국화가 무궁화 꽃이라는 것을 알리는 데는 좀 무시무시한 이야기이다.

★제2화 — 지옥

게임을 계속할 것인가, 여기서 중단할 것인가. 무궁화 꽃이 피었습니다. 게임을 마친 후 참가자들은 무서운 두려움에 휩싸인다. 사람들이 죽어나간 현실에서 이런 게임을 계속해야 하는지 서로 의견이 대립되어 둘로 나뉜다. 이때 진행요원이 과반수 이상 동의하면 게임을 중단할 수 있다는 게임 규칙 제3항을 알려준다. 계속할 수 없다는 사람들과 돈 욕심에 계속하자는 쪽으로 의견이 갈리게 되고 투표가 진행된다. 사실 바깥세상에서 이들이 처한 현실은 더 가혹했으니 눈앞에 쌓여 있는 250억 상금을 그냥 두고 나가자니 발걸음이 돌려지지 않는 사람들이 있다. 그러나 투표에서 마지막 남은 1명 1번 일남이 게임 중단으로 선택하자 게임은 중단된다. 다만, 차후 언제든 재 참가를 원하는 사람은 다시 참가할 수 있는 기회를 주겠다고 하는데, 모두는 속옷만 입혀진 채로 왔던 곳에 내팽개쳐진다.

기훈은 경찰서 지구대로 찾아가 경찰에게 신고를 하지만 그의 말은 정신병자처럼 허무맹랑한 이야기로 들릴 뿐이다. 그곳 지구대에서 기훈은 자기 말을 믿지 않는 경찰들에게 난동을 부린다. 그 모습을 보게 된 경찰 황준호는 기훈의 특이한 명함을 보게 된다. 황준호는 형이 고시원에서 갑자기 사라진 후 형을 찾고 있었던 터였다. 그때 황준호는 고시원 형 방에서 봤던 명함과 기훈이 내민 명함이 똑같음을 발견한다. 외국인 노동자 알리는 일한 대가와 치료비도 받지 못하고 사장과 몸싸움을 하고 돈을 들고 도망친다. 동생을 보육원에 둔 탈북자 새벽의 생활도 여전히 소매치기를 전전하고, 60억의 빚을 지고 있는 상우는 시장에서 장사하며 잘난 아들이 미국에 가 있다고 믿는 엄마를 몰래 보면서 자살을 하려다 다시 명함을 받게 된다.

기훈은 노모의 병원비에 전 부인을 찾아가는데, 아내의 새 남편이 200만 원을 주면서 다시는 나타나지 말라는 말을 한다. 자존심만 상한 기훈은 편의점에서 혼자 소주를 마시다가 1번 일남 할아버지를 우연히 만나 담소를 나누던 중 일남이 다시 게임에 참여할 것이라고 말하자 공감을 한다. 일남 할아버지는 뇌종양으로 얼마 살지 못하기에 남은 날에 자신이 하고 싶은 대로 해보고 싶다며 거기나 여기나 지옥은 똑같다는 말을 하였던 것이다. 깡패 덕수도 조직에서 오히려 목표물이 되어 자신의 장기를 받아가겠다는 필리핀 조직원에 쫓기는데, 세상에 제대로 정착할 수 없는 이들 모두는 재 참가를 하여 다시 모이게 된다. 하늘 어느 곳에 천국이 있다고 믿는 것처럼 이곳에 들어온 사람들은 천장에 매달린 커다란 황금색 돼지 저금통을 쳐다보며 천국을 생각한다. 이곳을 나가면 바로 지옥인 사람들, 이곳 지옥 속에서 유일한 희망 황금색 돼지 저금통에 미래를 걸어볼 수 있는 것, 차라리 한 가닥 희망을 가질 수 있다.

이런 희망의 지옥에 경찰 황준호가 잠입한다. 오징어 게임 규칙 제1항은 참가자가 임으로 게임을 중단할 수 없다. 제2항, 게임을 거부하는 참가자는 탈락으로 처리한다. 제3항, 참가자의 과반수가 동의할 경우 게임을 중단할 수 있다. 모든 놀이에는 규칙이 중요하다는 것을 강조하는 오징어 게임, 그래서 천국과 지옥은 매 순간 자신과 함께 있다.

★제3화 ─ 우산을 쓴 남자

어떤 낙인이 찍힌 사람들처럼 살아있는 모든 곳이 지옥인 사람들, 차라리 천장에 매달린 돼지저금통을 가질 수 있다는 희망이 있는 지옥을 택했다. 경찰 황준호는 상부에 보고하고 알 수 없는 차량에 탑승하여 어디론가 향하는 배를 타고 섬에 도착한다. 이들이 있는 곳은 어느 무인도였다. 빨강색 옷으로 얼굴까지 모두 가린 진행요원들 일명 일꾼들이 사람들을 바코드처럼 찍을 때, 어쩔 수 없이 준호는 일꾼 한 사람을 죽인 후 29번 일꾼으로 위장을 한다.

일꾼들에게도 나름대로 규칙이 있다. 1. 방 밖에서는 항상 가면을 착용한다. 2. 허가 없이는 상호 간 대화를 하지 않는다. 3. 허가 없이는 방을 나가지 않는다. 이 세 가지 규칙을 지키지 않으면 일꾼도 목숨을 잃는다. 그러나 세 가지 규칙을 알리가 없는 황준호는 여러 번 들킬 뻔한 위기를 재치로 모면한다. 이곳에 있는 모든 사람들과 일꾼들은 일거수일투족이 CCTV로 감시대상이다. 늦은 밤 한 미녀가 화장실에 가고 싶다며 난동을 부리고 담배를 피운다. 그때 칼을 들고 나타난 새벽이 미녀에게 망을 보게 하고 화장실 천정 통로구로 올라가 부엌 같은 곳에서 무언가를 큰 통에 녹이는 모습을 발견한다. 이들은 화장실을 간신히 빠져나오고 다음 날 모인 사람들은 다시 초록색 체육복을 입고 도열하여 게임준비를 한다.

이번 게임에서는 그룹을 조성하여야 한다. 상우 기훈 일남 알 리가 한팀이 된다. 일꾼 중 스파이가 있어 한 참여자의 빵 안에 쪽지가 있고, 그 쪽지에 '설탕 뽑기'라는 문구가 쓰여 있다. 게임을 하기 위해 긴장한 모습으로 도착한 곳은 파란색 벽에 ○ △ ☆ ☂ 그림이 그려져 있는 놀이터다. 아무도 알 수 없는 암호 같은 그림에서 눈치가 빠른 상우는 새벽에게서 들었던 말을 눈치로 알아챈다. 상우는△, 알 리가○, 기훈은 ☂, 일남이☆을 선택했다. 10분 내에 달고나 그림을 떼어내야 하는 게임, 기훈은 우산을 떼기 위해 혓바닥으로 쉬지 않고 빨아댄다. 시간은 촉박하고 우산 잡이가 끊어져 총알을 맞는 사람들이 생겨난다. 여기서 기훈이 우산을 떼기 위해 달고나를 혀로 핥는 모습을 보고 따라서 하는 사람들이 생겨난다. 위기에 처한 한 사람이 일꾼 한 사람을 잡고 총을 뺏어 가면을 벗으라 하는데, 어린 미소년인 것 아닌가. 그러나 결국 다른 대장이 나타나 가면을 벗게 된 일꾼을 총으로 쏘아버린다.

오징어 게임에서는 모두가 규칙이 있고 그 규칙에 위반된 사람은 모두가 죽음을 면하지 못한다. 달콤한 설탕 뽑기에서 무엇을 알려주려는 것인가. 잔혹한 두 번째 게임에서 운이라는 것을 말해주려는 것인가. 어떤 것을 뽑았느냐에 따라 삶이 좀 더 쉬어지고 어려워지고 죽음을 면하지 못하는 순간이 다가오는 것이다. 그러나 운이라는 것에도 약간의 노력과 머리를 쓴 자가 더 쉬운 길을 걸었다는 것, 상우는 좋은 머리로 세모를 선택해서 쉽게 통과했고, 새벽은 그런 상우를 뒤따라 했으며, 아무 생각 없는 기훈은 생사의 기로에서 5초를 남겨두고 살아남았다. 그리고 잠입한 황준호의 나날은 긴장감이 극도로 높아만 간다.

★제4화 ― 쫄려도 편먹기

두 번째 달고나 게임에서 79명이 탈락했고 모아진 총 상금은 348억이 되었다. 그리고 점점 부실해지는 배급 문제로 사람들은 신경이 날카로워진다. 빵과 우유, 이후 나오는 삶은 계란 1개와 사이다 이런 식사 배급에서 누군가가 새치기를 하여 더 얻어가는 사람들이 있고 못 받는 사람들이 생겨난다. 남은 인원은 총 107명이고 마음껏 먹지 못한 사람들이 상대를 공격대상으로 생각하게 되면서 모두는 살벌한 위기에 놓여 있다. 배식을 받지 못한 남자가 덕수에게 항의하자 덕수는 남자를 폭행하여 죽인다. 기훈이 사람이 죽었다고 소리치지만 아무 소용이 없다. 밤에는 무슨 일이 벌어질지 몰라 서로 팀을 이루어 상태 팀의 공격을 대비해 번갈아 가며 보초를 서는 지경에 이른다. 덕수 패거리 일행은 인원수를 줄이기 위해 가장 약한 놈을 먼저 죽여 인구수를 줄이려 한다.

한편, 죽은 참가자들의 시신에서 장기를 적출하여 뒷돈을 챙기는 관리자가 있다. 참가자 중 의사 출신인 병기로 하여금 장기를 적출하고 몰래 판매하는 일에서는 소름이 끼칠 정도다. 병기가 얻는 것은 다음 게임이 무엇인지 알아내는 일이었는데, 죽어 나간 시체로 장사를 하는 사람들, 지옥에서 더 깊은 지옥의 나락에 사는 사람들이 있는 것은 너무도 끔찍한 현장이다. 장기 적출을 해준 후 숙소로 돌아온 병기는 덕수에게 같은 편이 되겠다고 하지만 덕수가 거절하자 다음 게임이 무엇인지 알고 있다고 말한다.

잠시 후, 스페셜 게임이 시작될 것이라는 안내 말과 동시 실내가 소등이 되는데, 덕수는 자신이 새치기했다고 말한 여자를 찾아가 가장 먼저 죽인다. 한마디로 동물의 왕국이 된 것이다. 다시 불빛이 깜빡이며 서로를 볼 수 있게 되자, 덕수가 새벽을 죽이러 간다. 그러나 기훈과 상우 알리와 대립하면서 새벽을 어쩌지 못한다. 그때 두려움에 떨던 일남 노인이 높은 곳에 올라가 절규하듯 소리친다. "제발 그만해. 나, 무서워. 이러다가는 다 죽어. 다, 다 죽는단 말이야." 이후 불은 다시 들어오고 스페셜 게임이 마무리되는 것 같다. 그러니까 스페셜 게임이란, 약한 자를 제거하는 시간이었던가. 죽는 자는 1억이 돼지저금통으로 들어가는 순간이다. 힘센 강자가 된 덕수는 한 미녀와 화장실에서 서로의 육체를 탐하는데, 미녀는 덕수에게 자신을 절대 배신하지 말라며 배신하면 다 같이 죽는 것이라고 강하게 몰아붙인다.

그리고 세 번째 게임이 시작되는데, 제한시간 10분 안에 10명씩 짝을 지어 팀을 만들어야 한다. 어떤 게임이 등장할지 아무도 알 수 없는 상황에서 어떤 사람들이 한 팀이 되어야 유리한지 계산해보지만 상상일 뿐이다. 아무래도 힘이 좋은 사람들이 모이는 게 유리한 게임이라고 생각한 덕수는 패거리 부하에게 힘이 좋아 보이는 사람들로 모아오라고 지시한다. 그러자 팀에 끼지 못한 미녀가 덕수에게 항의하는데, 덕수는 미녀를 매몰차게 버려 버린다. 기훈의 팀은 어쩔 수 없이 일남 노인과 새벽, 새벽이 데려온 지영이와 오갈 곳 없던 미녀가 붙는다.

게임은 줄다리기인데, 무시무시한 줄다리기가 시작된다. 지는 팀은 우수수 낙엽처럼 아래로 떨어져 쓸쓸한 죽음으로 쓸려나간다. 이미 힘으로는 불리한 상황인 기훈의 팀은 좌절해있고, 덕수는 기고만장해 있다. 첫 번째로 덕수 팀은 승리했다. 기훈의 팀은 상대 건장한 남자들로 구성된 팀과 대결하게 되는데, 이때 일남이 줄다리기에 대한 소싯적 견해를 말해준다. 줄다리는 힘으로 하는 것이 아니라 작전과 단합만 잘되어도 이길 수 있다는 방법이었다. 상대 팀에 끌려가던 기훈 팀은 결국 일남의 말대로 작전으로 승리를 거두며 살아남는다. 인간이 동물의 왕국 사자가 될 수는 없다. 인류의 많은 전쟁들이 스페셜 게임이었던가. 결국 약한 자는 강한 자에게 굴복하고, 그 위에는 또 머리를 잘 쓰는 자가 우두머리가 되는 것이 세상의 이치일지 모른다. 나는 놈 위에 노는 놈 있다.

★제5화 ─ 평등한 세상

또다시 밤은 찾아온다. 기훈과 팀원들은 만일의 사태에 대비해 번갈아 가며 불침번을 선다. 기훈이 덕수에게 말한다. "너희 팀이라는 저 쓰레기 같은 인간들을 정말 믿는 거야? 나 같으면 불 꺼지고 싸움이 나면 기회 봐서 너부터 죽일 거야. 네가 제일 센 놈이니까." 덕수는 기훈의 말에 자신의 패거리들을 살펴본다. 이제 자기 팀도 믿지 못하는 상황이 된 것이다. 조직의 우두머리가 된 순간 안전하지 못하게 되는 것은 모두를 의심하게 되기 때문이다.

병기는 장기를 적출하기 위해 빠져나간다. 적출현장에는 관리자와 병정 일꾼이 있다. 병정이 평소보다 더딘 병기의 손길을 타박하며 예전 의료사고를 내고 사람을 죽였다는 사실을 말한다. 이때 황준호는 일꾼의 마스크를 쓰고 시신에서 장기를 적출하는 상황을 지켜보게 되는데, 처음 죽인 일꾼이 이곳에서 적출된 장기를 배송하던 일꾼이었던 것이다. 병기가 장기 적출을 하지만 병정은 병기에게 다음 게임에 대해 알려주지 못한다. 아직 게임에 대한 정보를 알지 못한다고 말하는 병정에게 병기는 게임 정보를 주지 않으면 숙소로 돌아가지 않겠다며 병정 하나를 인질로 삼는다. 결국 프런트 맨이 나타나서 병정을 총으로 쏘고 병정이 병기를 쏘아 죽인다.

"너희들은 이곳에서 가장 중요한 걸 망쳐놨어. 평등이야. 이 게임 안에선 모두가 평등해. 참가자들 모두가 같은 조건에서 공평하게 경쟁하지. 바깥세상에서 불평등과 차별에 시달려 온 사람들에게 평등하게 싸워서 이길 수 있는 마지막 기회를 주는 거야. 너희들이 그 원칙을 깼어. 프런트 맨이 병정에게 말했다. 준호의 존재를 알게 된 프런트 맨은 준호를 쫓기 시작하지만 준호는 프런트 맨의 개인 방에 숨어든다. 준호는 방에서 여러 파일들을 보게 되는데, 오징어 게임은 아주 오래전부터 해왔으며, 매년 우승자 명단에서 형 황인호의 이름을 발견한다. 한편, 준호를 찾는 사이렌이 울리고 병정들은 참가자들을 한곳에 모이게 한다. 이때 일남 노인이 일어나려 하는데 이불에 소변을 본 것이다. 일남은 점점 뇌종양이 악화되는 모습이다.

어떤 조직이든 완벽할 수 없다. 조직에 위기가 오는 것은 내부 사람들로 인해 발생된다. 가장 내부를 잘 아는 사람들에 의해 사건이 나고, 개인적 욕심들 속에서 서로 각자의 계산법에 따라 함께 하는 무리가 생겨난다. 그러나 때로는 나름대로의 인간적 의리를 따르는 사람들도 있다. 그래서 영원한 조직은 존재하지 않는다.

★제6화 — 깐부

네 번째 게임이 시작된다. 2인 1조로 진행되는 게임에서 두 사람이 짝을 이루라는 방송이 흘러나온다. 상우가 알리와 먼저 짝을 이루자, 기훈은 다가오는 일남이 게임을 함께 하자는 줄 알고 거절하지만, 일남은 게임을 같이 하자는 게 아니라 자신의 옷을 벗어주는 것이었다. 기훈이 바지에 실수를 한 일남에게 점퍼를 벗어 허리에 둘러 주었었고, 그 점퍼를 돌려주는 일남은 "이 옷 입고 가 윗옷이 없으면 사람들이 자네를 우습게 볼 거야."라고 말한다. 결국 기훈은 일남에게 다가가 손을 내밀고 짝이 된다.

이번에도 다음 게임이 어떤 게임인지 전혀 알지 못하는 참가자들은 어떻게 짝을 이루어야 하는지 모르지만 그동안의 게임으로 봐서 힘이 있는 사람과 짝이 되는 것을 선호한다. 새벽은 어쩔 수 없이 지영과 짝이 되었고, 모두가 짝을 이루지만 미녀만 짝이 없어 혼자 남게 된다.

게임은 바로 구슬치기다. 각자 10개의 구슬이 주어지는데 짝이 된 두 사람이 어떠한 방법이든 구슬치기 놀이를 하여 상대방의 구슬 10개를 모두 따내어 20개를 만드는 것이므로 한 사람은 결국 죽어야 하는 살인 게임이다. 네가 죽어야 내가 산다. 이런 게임이라니, 이곳에는 부부가 짝이 된 사람도 있었으니 살기 위해서 택한 길에서 이제는 당신이 죽어줘야 내가 산다는 현실이 벌어졌다. 부부는 그동안 함께 살아남기 위해 죽기 살기로 노력해왔는데, 이제 한 명이 죽어줘야 하는 게임에 봉착했다. 결국 부인이 먼저 죽었고, 혼자 살아남은 남편도 목을 매 자살하고 만다.

기훈은 약간 정신이 오락가락하는 듯하는 일남에게 속임수를 쓰려하는데, 일남은 기훈에게 깐부 이야기를 한다. "우리 깐부부터 맺어야지. 아니, 구슬치기 좀 한다면서 깐부도 몰라? 동네에서는 구슬이랑 딱지랑 같이 쓰는 친구 말이야. 네 거 내 거 없어." 일남은 정신 줄을 놓은 듯 오래전 자신이 살던 동네랑 비슷하다며 자신이 살았던 집을 찾기 바쁘다. 알리와 상우의 구슬치기는 상우가 양심과 싸우고 머리를 써가며 알리를 속여 20개의 구슬을 차지한다. 지영과 새벽은 구슬치기 게임 대신 둘이 많은 대화를 나누고 막판에 구슬 10개를 한꺼번에 걸자고 하지만 지영이 새벽을 위해 게임에서 져준다. 또한 덕수는 구슬을 계속 잃다가 살벌한 역전을 해서 성공한다. 서로 짝을 이룰 때는 서로를 반겨 맺었지만 상황은 반전되었다. 무조건 내가 살기 위해서는 구슬치기에서 이겨야 하고 상대가 죽어줘야 하는 슬픔에 가슴이 미어진다.

일남은 치매기를 보이고 기훈은 그런 일남을 어떻게든 속여서 살아남고 싶은 욕심에 거짓말을 하는데, 일남에게 구슬 1개가 남았다. 기훈이 눈물을 흘리자, 일남이 남은 구슬 하나를 기훈에게 건네주며 우린 깐부라고 말한다. 그리고는 그동안 고마웠다며 인사를 건넨다. 그런 일남을 뒤로 하고 나온 기훈의 뒤에서 총소리가 들려온다. 그리고 여기 운 좋아 살아남은 여인이 있다. 한 미녀다. 미녀는 짝이 없어서 게임을 하지 못했고 공평한 규칙에 의해 살아남은 행운녀다.

★제7화 — VIPS

이제 오징어 게임의 실체들이 점점 드러난다. 빨간 옷을 입는 자들의 리더가 VIP들을 특별관람석으로 안내한다. 곧 시작된 다섯 번째 게임을 직접 보며 즐기기 위해서 VIP들이 찾아왔다. 누군가 잠입한 사실을 안 프런트 맨은 바닷가에서 황준호의 경찰 신분증을 발견한다. VIP의 방문 소식을 들은 프런트 맨은 이 사실을 부엉이 가면을 쓴 호스트에게 보고한다. 프런트 맨의 말을 들은 호스트는 쓰고 있던 가면을 벗지만 얼굴은 보이지 않는다. 프런트 맨은 호스트를 찾는 VIP들에게 부득이한 사정으로 참가하지 못한다고 말해준다. 그런 중에 다섯 번째 게임이 시작되고 VIP들은 오징어 게임을 감상하는데, 그곳에 검은 옷으로 갈아입은 황준호가 잠입하여 시중을 들고 있다. 살얼음판을 걷는 듯한 긴장감 속에서 참가자들은 조심스레 발걸음을 내딛는데, 남은 참가자는 16명이고 남은 상금은 440억이다.

16명에게 1에서 16번까지의 숫자가 적힌 조끼를 하나씩 고르라고 한다. 사람들은 처음과 끝을 제외한 가운데 숫자부터 고르기 시작하고 이 숫자는 다음 게임을 하기 위한 순서라는 방송이 나온다. 게임을 먼저 하는 게 유리하다고 생각한 기훈이 1번을 골랐는데 1번을 하고 싶어 한 남자가 나타난다. 그는 평생 뒤에서 숨어만 살았는데 지금도 남의 눈치만 보다가 끝에 남았다며 1번을 양보해 달라고 기훈에게 사정한다. 그렇게 기훈은 16번이 된다. 참가자들의 게임을 구경하는 VIP들은 인간 소파에 앉아 낄낄거리면서 사람을 물건 취급하듯 서로 내기를 하고 즐거워한다. 그들은 참가자들에게 돈을 걸며, 굉장히 즐겁고 재미있는 구경거리를 보게 되었다는 듯 흥에 겨운 술잔을 나눈다. 그러나 게임을 하는 사람들은 그야말로 공포의 전쟁터다.

높은 곳에 놓인 유리 징검다리를 건너는 일, 거기에는 두 가지 유리가 있는데 강화유리와 일반유리다. 강화유리에는 두 사람이 설 수 있지만, 일반유리에 올라서면 유리와 함께 바닥으로 떨어져 파리 목숨처럼 죽는 것이다. 먼저 출발하는 앞 번호가 무조건 불리한 게임이니 기훈은 안도의 한숨을 쉬게 되고, 1번을 바꿔 간 사람은 얼굴빛이 초조해진다. 운명적으로 기훈은 뜻하지 않게도 운이 좋았다. 제한 시간은 16분, 16분 안에 유리 다리를 건너야 한다. 제한 시간이 있기에 앞 사람이 오래 멈추고 있으면, 뒷사람까지도 불리해져 함께 죽게 되는 현실이다. 그때 갑자기 덕수가 모두 같이 죽자며 버티기 시작한다. 이때 미녀가 덕수 뒤에 있던 남자를 밀어버리고 덕수 뒤 유리 위로 올라서더니 덕수를 끌어안고 같이 떨어져 버린다. 미녀는 덕수에게 복수를 한 것이다. 결국 상우와 새벽, 기훈이 징검다리 건너기를 통과하는데, 유리 다리가 폭발하면서 이들에게 파편이 날아들었고 새벽은 배에 유리 파편이 꽂혀 혼자서 괴로워한다. 한편 황준호의 정체를 눈치 챈 프런트 맨은 준호를 쫓고 준호는 게임장을 빠져나와 인근 섬으로 도망친다.

★제8화 — 프런트맨

다섯 번째 게임에서 이기고 숙소로 돌아온 세 명의 참가자들, 그러나 새벽은 배에 꽂힌 유리 파편으로 인해 출혈이 심해지고 고통스러워한다. 그녀는 화장실로 가서 최대한 출혈을 막기 위한 조치를 하면서 상처를 비밀로 감수한다. 기훈은 징검다리 건너기에서 상우가 앞 유리판에 섰던 유리공장에서 일했던 남자 5번을 밀어 죽게 만든 일에 대해 화를 낸다. 현실과 상황에 이성적으로 판단하며 행동하는 상우에 비해 감정적이고 상환판단이 흐린 기훈, 이런 상황에서 그들 중 누가 옳다고 평가 내리기는 힘들다. 그런 상황에 처했을 때 사람마다 성격에 따라 판단이 다를 것이다. 어쩌면 상우의 현실적인 판단이 살아남아야 하는 상황에서 옳지만 인간성 도덕성을 상실한 인간의 모습에서 야만적으로 보인다. 또 기훈이 자꾸 현실을 망각한 채 감정과 인정에 치우치면서 자기 목숨조차 부지하기 힘든 불안한 인간으로 비친다.

살아남은 3명의 참가자들에게는 고급스러운 식사가 준비되어 있다. 이들 주변으로 그동안 진행됐던 게임들이 벽에 그려져 있다. 기훈과 상우가 허겁지겁 음식을 먹어 치우지만, 새벽은 상처 통증으로 인해 음식을 먹지 못한다. 셋이 식사를 다 마친 후 그릇을 모두 치웠지만 한 가지가 치워지지 않는다. 나이프다. 그리고 살벌한 기운이 감돈다. 기훈은 새벽에게 다가가 다음 게임을 함께 하자고 제안한다. 새벽은 여기서 이겨서 나가면 누구든 서로의 가족을 챙겨주자고 한다. 그러나 기훈은 살기가 돈 표정으로 그런 소리 마라며 저놈 재치고 나가면 된다고 말한다. 이제 얼굴에 독기만 남은 기훈은 둘이 함께 상우를 이길 수 있고 상금을 반반씩 가지고 나가자고 한다.

잠든 상우를 본 기훈이 칼을 들자 새벽이 기훈을 말리는데 그때서야 새벽이 심하게 다쳤다는 것을 알게 된다. 기훈은 다급하게 일꾼들을 부르며 혹시 의사가 있는지 불러보지만 이후 기훈이 잠시 새벽의 옆을 비운 순간 상우가 새벽의 목을 찔러 죽인다. 상우는 손에 피 묻은 칼을 들고 어차피 죽을 몸이었다며, 빨리 죽여주는 게 낮은 일이라고 말한다. 기훈은 상우에게 미친 듯 달려들지만 불이 켜진 숙소에서 더 이상 살인은 용납할 수 없으므로 일꾼들이 제지하고, 새벽은 관에 실려 나간다. 이제 기훈과 상우 둘 중 최후의 승자 한 사람이 상금 456억 원을 차지하게 되어있다.

잠수를 해서 섬으로 도망친 준호는 핸드폰으로 최대한 이곳의 실체를 알리려고 통신 신호를 잡아보지만 뜻대로 되지 않는다. 준호는 계속 쫓기면서 벼랑 절벽까지 도착한다. 절벽 앞에는 바닷물이 출렁거린다.

바다로 뛰어들거나 추격해온 프런트 맨 일행에게 항복하거나 둘 중 하나다. 절벽 끝에 선 준호 앞에 프런트 맨이 다가온다. 그가 배우 이병헌이다. 프런트 맨에게 황준호가 총을 쏘지만 어깨 쪽에 총을 맞은 프런트 맨은 손을 내밀며 자신과 함께 가야 살 수 있다고 말한다. 그리고는 자신의 얼굴을 드러낸다. 그가 바로 사라졌던 황준호의 형 황인호였다. 그 순간 프런트 맨이 준호를 총으로 쏘았고, 준호가 절벽 낭떠러지 아래 바다로 떨어진다.

★제9화 ─ 운수 좋은 날

마지막 게임 시간이 됐다. 최후까지 남은 두 사람은 한동네에서 자란 선후배 사이 456번 성기훈과 218번 조상우다. 운영자가 두 사람에게 환영 인사를 한다. 게임에 앞서 공수를 가리는데, 동전 던지기에서 승리한 기훈이 공격을 고르면서 상우가 수비를 맡게 된다.

그 장소가 첫 번째 게임 '무궁화 꽃이 피었습니다.'를 했던 곳이다. 제목은 오징어 게임이다. 그리고는 운영자가 오징어 게임의 룰을 설명하기 시작한다. 첫째, 공격자가 오징어 그림 안으로 들어가서 수비자를 뚫고 오징어 그림의 머리를 발로 밟으면 승리한다. 둘째, 수비자는 그림 안으로 들어온 공격자를 그림 밖으로 밀어내면 승리한다. 셋째 공격자나 수비자 중에 어떤 한쪽이 게임을 진행할 수 없는 상태가 되면 나머지 한쪽이 승리한다. 이때 기훈이 질문을 한다. "게임을 진행할 수 없는 상태는 어떤 상태입니까?" 윤영진이 "참가자가 사망한 상태를 말합니다. 지금부터 게임을 시작하겠습니다."라고 대답한다.

깨금발로 출발한 기훈은 게임 시작 전 미리 집어둔 운동장의 모래를 상우의 눈에 뿌려 다리를 통과해 두 발을 쓸 수 있게 된다. 빗속에서 난투극을 벌이는 두 사람은 치열한 몸싸움을 한다. 굶주린 짐승들처럼 그들은 서로를 죽이려 한다. 상우가 기훈을 제압하면서 기훈이 죽을 위기에 잠시 처하지만 기훈이 상우의 칼을 맨손으로 밀어내어 반격에 성공한다. 그러나 기훈은 상우를 죽이지 않고 살려주는데, 자리에서 일어난 기훈이 오징어 머리를 향해 걸어가고 진행 요원이 상우에게 총을 겨눈다. 그때 다시 기훈이 외친다. "안 해, 그만두겠어. 동의서 제3항 참가자 과반수가 동의하면 게임은 중단된다. 우리 두 사람이 포기하면 여기서 끝나는 거야." 갑자기 기훈이 마음 바꿔 게임을 포기하는 선언을 하지만 쓰러진 상우가 말한다. "어릴 때 형이랑 이러고 놀다 보면 꼭 엄마가 밥 먹으라고 불렀는데, 이젠 아무도 안 부르는데…" 그러자 기훈은 "가자, 집에 가자."며 상우에게 손을 내밀지만, 상우는 미안하다는 말을 남기고 자살을 한다.

결국 기훈은 최후의 승자가 되었고 456억이라는 거액의 상금을 받게 된다. 왜 이런 짓을 하는 거지? 라는 의문 속에서 허탈하고 착잡한 심정 속에 놓인 기훈에게 프런트 맨은 당신들은 경마장의 말이라고 말한다. 경마장의 말이 의외였다며, 당신은 얼마 달리지 못할 줄 알았다고 말한다. 그리고는 그냥 꿈을 꿨다고 생각하라며 수면 가스로 기훈을 깊은 잠에 빠지게 만든다. 길가에서 안대를 한 채 일어난 기훈 앞에는 사이비 종교인이 다가와 기훈의 안대를 풀어준다. 기훈의 손에는 카드가 있었고, 현금인출기에 가서 비밀번호 0456을 누르고 1만 원을 인출해보는데 정말로 456억원이 들어 있는 것 아닌가.

집으로 돌아가는 길에 생선 장사를 하는 상우 어머니를 만났을 때, 기훈에게 고등어를 쥐어주는 상우 어머니, "기훈아, 요즘 상우랑 연락한 적 없지?" 그러나 상우가 죽었다고 차마 말할 수 없는 기훈의 심정은 찢어질 것만 같다. 집에 돌아오니 어머니가 싸늘한 시신이 되어있다. 죽은 어머니 옆에서 오열하지만 효도할 시간은 되돌아오지 않는 것. 그렇게 1년이 지난다.

은행 지점장이 기훈에게 돈을 예치한 지 꽤 됐다며 왜 아무런 말씀이 없느냐고 공손히 묻는다. 기훈은 "무슨 말을 꼭 해야 합니까?"반문한다. 지점장은 더 높은 이율을 받을 수 있는 VIP전용의 새로운 상품을 소개하지만, 기훈은 갑자기 지점장에게 만원을 빌린다. 그 돈으로 강변에서 깡 소주를 마시는 기훈에게 꽃장수가 다가와 꽃을 판다. 한 송이 꽃 속에 명함이 있다. 그 명함은 오징어 게임 명함이었고, 뒷면에 깐부로부터의 초대장이 있었다.

약속 장소에서 기훈은 병상에 누운 일남 노인을 마주하게 된다. 고층빌딩 창밖으로 내려다보이는 도로 가에 한 남자가 쓰러져 있다. 그 사람을 가리키며 일남이 말한다. "저기 저 남자 말이야, 술에 취한 건지 벌써 몇 시간째 저러고 있어. 행색으로 봐선 노숙자 같은데⋯ 저대로 놔두면 금방 얼어 죽을 텐데 아무도 도와주는 사람이 없어. 자네라면 어쩌겠나? 가던 길 멈추고 저 냄새 나는 인간쓰레기를 도와주겠나? 나랑 게임 한 번 더 하자. 자정까지 저 사람이 그대로 있으면 내가, 누군가 저 사람을 도와주면 자네가 이기는 거야." 당신이 한 짓이냐고 묻는 기훈에게 일남은 대답 대신 게임을 제안하고 있다. 게임을 해주면 질문에 답을 주겠다는 일남에게 왜 그런 짓을 했느냐고 따진다. 일남은 "자네 돈이 하나도 없는 사람과 돈이 너무 많은 사람의 공통점이 뭔 줄 아나? 사는 게 재미가 없다는 거야. 돈이 너무 많으면 아무리 뭘 사고 먹고 마셔도 결국 다 시시해져 버려. 언제부터인가 내 고객들이 하나둘씩 나한테 그러는 거야. 살면서 더 이상 즐거운 게 없다고, 그래서 다들 모여서 고민을 좀 해봤지. 뭘 하면 좀 재미가 있을까?" 그리고는 자신은 한 번도 강요한 적이 없다면서, 어릴 때는 친구들이랑 뭘 하고 놀아도 재미있었는데, 죽기 전에 꼭 한 번 관중석에 앉아서는 절대로 느낄 수 없는 그 기분을 느끼고 싶었고, 기훈과 노는 게 재미있어서 살려줬다고 말한다.

창밖에 쓰러져 있는 노숙자를 도와주는 사람은 없다. 그런데 자정이 되자 노숙자를 보고 지나갔던 남자가 다시 노숙자가 있는 곳으로 경찰을 데리고 오는 것 아닌가. 그 광경을 목격한 기훈은 일남에게 "당신도 봤지? 당신이 졌어."라고 다그치지만 일남은 이미 숨을 거둔 상태다. 죽은 일남의 눈을 감겨주는 프런트 맨, 그는 과거 일남이 직접 게임에 참가하기 위해 자신에게 손님들을 맡아달라고 부탁했던 일을 회상한다. 기훈은 폐인처럼 지낸 생활을 정리하고 보육원에 가서 새벽의 남동생 철이를 데려온다. 그리고 생선가게가 사채업자에게 넘어간 후 붕어빵 장사를 하는 상우 어머니에게 철이를 맡기고 딸을 만나러 미국으로 향한다.

공항철도 승강장에서 자신에게 오징어 게임을 제안했던 양복의 남자 공유가 어떤 남자와 딱지치기를 하는 모습을 보게 되는데, 그를 보고 황급히 반대쪽 승강장으로 달려갔지만 그는 이미 떠나는 전철 속에서 손을 흔들고 있다. 딱지치기를 하던 남자에게 가서 다시 오징어 게임이 시작된 것을 알게 된 기훈은 남자가 게임에 참가하지 못하도록 말리지만, 프런트 맨이 말한다. "456번 허튼 생각 하지마, 그 비행기를 타. 그게 당신한테 좋을 거야." 기훈이 오징어 게임에 적혀 있는 전화번호로 전화를 걸어 자신은 말이 아니라 사람이라고 말하지만, 프런트 맨은 경고하는 말만 한다. 결국 기훈은 미국으로 가는 비행기를 타지 않고 발길을 돌리면서 영화는 끝을 맺는다.

영화로 읽는
명작소설

이현숙 지음

발 행 처 · 도서출판 **청어**
발 행 인 · 이영철
영   업 · 이동호
기   획 · 천성래
편   집 · 방세화
디 자 인 · 이수빈 ┃ 김영은
제작이사 · 공병한
인   쇄 · 두리터

등   록 · 1999년 5월 3일
(제1999-000063호)

1판 1쇄 발행 · 2022년 12월 30일

주소 · 서울특별시 서초구 남부순환로 364길 8-15 동일빌딩 2층
대표전화 · 02-586-0477
팩시밀리 · 0303-0942-0478

홈페이지 · www.chungeobook.com
E-mail · ppi20@hanmail.net
ISBN · 979-11-6855-111-4(03680)

이 책은 전라남도, (재)전라남도문화재단의 후원을 받아 발간되었습니다.